Ursula Lewis

Horoskope – selbst gestellt

Ursula Lewis

Horoskope – selbst gestellt

Ein Astrologie-Handbuch
mit Anleitung für das persönliche Horoskop
und dessen Deutung

Deutsche Bearbeitung von Werner Thiel

Wolfgang Krüger Verlag

Aus dem Amerikanischen von Klaus Berger

2. Auflage, 11. bis 15. Tausend
Titel der Originalausgabe *Chart Your Own Horoscope*
Erschienen im Verlag Grosset & Dunlap, New York

Umschlagentwurf: Hannes Jähn
Satz: Otto Gutfreund & Sohn, Darmstadt
Druck: May & Co., Darmstadt
Einband: G. Lachenmaier, Reutlingen
Printed in Germany 1982
ISBN 3-8105-1105-6

Für meinen Mann *Art*,
der mich ermutigt,
mich selbst zu verwirklichen

Inhalt

Abbildungsverzeichnis

Abbildung

Abbildung

Einleitung

In den letzten Jahren hat das Interesse an Astrologie wieder zugenommen. Eine ständig wachsende Zahl von Menschen verschiedenster Herkunft und jeden Alters befaßt sich heute ernsthaft mit dieser alten Wissenschaft. Einige haben mehr durch Zufall zur Astrologie gefunden, so z. B. dadurch, daß sie sich mit den Konjunktur-Zyklen der Wirtschaft, den Verhaltenszyklen der Tiere oder den biorhythmischen Zyklen von Pflanzen und Obstbäumen befaßten. Anderen hat sich die Astrologie auf eine unmittelbarere Weise erschlossen. Sie haben erkannt, daß sie eine nachweislich sichere Methode ist, um Verhaltensweisen und Tendenzen vorauszusagen.

Jedes Lebewesen besitzt eine eingebaute Uhr. Menschen haben eine eigene Uhr, die anders geht als die von Vögeln, Tieren und Bäumen. Vor mehr als dreißig Jahren schrieb Prof. John H. Welsh, der als Biologe und Forscher an der Harvard University lehrte: »Die ›Tageskurven‹ (die rhythmischen Zyklen des Tages) des Menschen hängen von so vielen Faktoren ab, daß man zu höchst verwirrenden Ergebnissen kommt, wenn man aus ihnen Schlüsse zu ziehen versucht.« Inzwischen hat sich die Forschung sehr viel eingehender mit den rhythmischen Zyklen des Menschen beschäftigt. Die Astrologie ist ein Hilfsmittel, um sie zu verstehen.

Es gibt nicht zwei Menschen, die ganz genauso auf eine gegebene Situation reagieren. Zwei Menschen, die zur selben Zeit und am selben Ort mit identischen Horoskopen geboren wurden, werden nicht in der gleichen Weise auf bestimmte Erlebnisse in ihrem Leben reagieren. Ihre Erbanlagen, die Stellung ihrer Eltern in der Gesellschaft wie auch die Umgebung, in der sie aufwuchsen, werden verschieden sein und einen Einfluß auf ihre Reaktionsweisen ausüben. Die Forschung hat jedoch erwiesen, daß einige Menschen mit identischen oder fast identischen Geburtsstunden und Geburtsorten tatsächlich ähnliche, wenn nicht gar identische Erlebnisse in ihrem Leben haben.

Man muß verstehen, daß die Astrologie keine starre Lehre ist und nicht für sich allein genommen werden darf, daß man sie vielmehr im Rahmen der sozialen Struktur und der Erbmasse interpretieren muß. So wird z. B. der persönliche Erfolg in der westlichen Kultur nach anderen Kriterien gemessen als in der Kultur Afrikas. In jeder Kultur haben Kinder einen anderen Maßstab für Erfolg als Erwachsene.

Astrologie ist wie ein riesiges Puzzle, in dem nach und nach zahlreiche, scheinbar selbständige Teile durch aufeinander folgende Untersuchungen zu einem sinnvollen Ganzen zusammengefügt werden. Deshalb schlage ich Ihnen vor, daß Sie zunächst einmal alle Kapitel wie einen Roman lesen und sich die dazugehörigen Abbildungen näher ansehen. Anschließend sollten Sie das Buch gründlich durcharbeiten. Legen Sie hierzu Ihr eigenes Horoskop vor sich hin.

Ich bin Lehrerin; mir kam es immer darauf an, daß meine Schüler selbständig denken lernen. In meinem Buch weise ich ständig darauf hin, daß man einen Menschen nicht aufgrund einzelner Faktoren interpretieren soll, man kann es auch nicht. Lassen Sie mich einen unserer besten Astrologen, Noel Tyl, zitieren: »Jeder von uns ist ein Individuum eigener Art. Dies läßt sich leicht durch folgende Zahl anschaulich machen: Die geringste Anzahl von Kombinationsmöglichkeiten der verschiedenen astrologischen Faktoren beträgt 539 370 750 000 000 000 000 000 000 000 000 000 000 000 000 000 000 000 000 000 000 000 000.

Diese Zahl ist unendlich größer als die Bevölkerung, die auf einer Million Erden existieren könnte – ergibt sich hieraus nicht eine erschreckende Verantwortung für jeden von uns, seine Individualität zu erfüllen?« Es trifft zwar zu, daß der Charakter eines Menschen im wesentlichen in der Geburtsstunde festgelegt wird – das Tierkreiszeichen, unter dem er geboren ist, bestimmt die nur sehr schwer veränderbaren Verhaltensweisen seiner Persönlichkeit. Aber während seines ganzen Lebens trifft der Mensch in einem immerwährenden Entscheidungsprozeß aus verschiedenen Möglichkeiten jeweils eine bestimmte Wahl. Menschen unterscheiden sich radikal von Computern. Wir können das Leben eines Menschen unmöglich nach einem starren Schema interpretieren. Zuerst müssen wir in einer Art Synthese sein Geburtshoroskop erstellen. Dann müssen wir sein Geburtshoroskop mit unserem Wissen über ihn und seine Vergangenheit kombinieren, um ein umfassendes Bild von ihm und seinen künftigen Reaktionen zu erhalten.

Jeder Lehrer hat stets den Wunsch, sein Wissen weiterzugeben, damit es Anwendung findet – Astrologie ist für alle da. Ich möchte den zahlreichen großen Astrologen in Vergangenheit und Gegenwart danken, durch deren Wissen und Untersuchungen die Astrologie ihren heutigen Stand erreichen konnte. Ich hoffe, daß die, die nach uns kommen, die Anwendungsmöglichkeiten der Astrologie ständig weiterentwickeln, denn um andere zu verstehen und Mitgefühl für sie zu empfinden, muß man sich zunächst selbst verstehen.

Dieses Buch ist sowohl ein Lehrbuch für den Schüler als auch ein Nachschlagewerk für den bereits Fortgeschrittenen. Ich möchte meinen vielen treuen Schülern danken; ohne ihre Hilfe hätte ich dieses Buch nicht schreiben können.

Ich wünsche Ihnen viel Freude, wenn Sie nun selbst die Astrologie testen. Sie werden sicher bald erkennen, daß man den größten Nutzen von der Astrologie hat, wenn man sie selbst beherrscht und nicht auf fremde Deutungshilfen angewiesen ist. Dieses Buch sollten Sie daher anhand Ihres eigenen Horoskopes durcharbeiten. Nur so werden Sie die Astrologie auf ihren Wahrheitsgehalt hin überprüfen können.

Wenn Sie schon von einem Astrologen eine Horoskopzeichnung erhalten haben, können Sie gleich beginnen, beim Durcharbeiten des Buches die Aussagen an Ihrem Horoskop zu prüfen.

Wenn Sie ein computerberechnetes Horoskop haben: Hier sind die Planetenstände meistens in 360°-Schreibweise angegeben. Sie müssen sich dann die Stellung in den Tierkreiszeichen ausrechnen. Am Ende des Buches finden Sie ein freies Formular, in das Sie Ihr Horoskop einzeichnen können. Achten Sie bitte darauf, daß die Computer mit Dezimalen rechnen. Sie müssen dann die Stellen nach dem Komma noch mit 0,6 multiplizieren, um Minuten zu erhalten.

In Kapitel 23 wird die Horoskop-Berechnung gezeigt. Sie müssen dazu jedoch die Gestirnstände Ihres Geburtsjahres haben, Häusertabellen usw. Wenn Ihnen das im Moment zu langwierig und zu aufwendig ist, können Sie Ihre individuellen Gestirnstände einschließlich Ascendent, Häuserspitzen usw. gegen Entrichtung einer Gebühr beim *Astro-Daten-Dienst* in Heidelberg bestellen. Auch die Gestirnstände vom Partner können Sie zu den gleichen Bedingungen dort berechnen lassen. Auf Seite 186 und am Schluß des Buches finden Sie dazu nähere Informationen.

I

Werden Sie mit den Grundelementen des Horoskops vertraut

1
Zeichen, Planeten, Felder – eine Einführung

Jeder ist zumindest oberflächlich mit den Zeichen des Tierkreises vertraut. Aber was wir Astrologen die Felder nennen, wird vielen Lesern fremd sein. Eine kurze Erklärung ist daher für die Leser, denen dieser Begriff fremd ist, angebracht.

Die Erde besitzt zwei Grundbewegungen: Sie dreht sich täglich um ihre eigene Achse und macht eine jährliche Reise auf ihrer Umlaufbahn. Jede dieser Bewegungen ergibt einen Kreis; bringt man die beiden Kreise zusammen, so erhalten wir ein Horoskop. Man teilt den Kreis, der durch den Tagesumlauf der Erde entsteht, in zwölf Teile oder kuchenstückartige Keile ein, die man »Felder« oder »Häuser« nennt. Den Kreis, der durch den Jahresumlauf (den Tierkreis) der Erde entsteht, teilt man in zwölf gleiche Teile ein; dies sind die »Zeichen«, vom Widder bis zu den Fischen.

Der Horizont des Geburtsortes legt die Felder eines Menschen fest – d.h., Geburtsort und Geburtsstunde bestimmen seine Beziehung zum Kosmos. Da die beiden Kreisbewegungen auf verschiedenen Ebenen ablaufen, und da die Felder an jedem Tag und stündlich an ein und demselben Tag andere Positionen am Himmel einnehmen, sind die Variationsmöglichkeiten für Menschen, die unter denselben Zeichen geboren wurden, enorm groß.

Es gibt zehn Planeten, zwölf Zeichen und zwölf Felder. Die Planeten sind das Wichtigste in der Astrologie. Felder und Zeichen haben Analogien zu bestimmten Planeten. Näheres darüber in Kapitel 3.

Wie bei allen okkulten Wissenschaften bilden die vier kosmischen Elemente Feuer, Luft, Erde und Wasser auch eine der Grundlagen in der Astrologie. Diese vier Elemente finden sich in unserer natürlichen Umgebung und tauchen in verschiedenen Zusammenhängen immer wieder auf. Die vier Temperamente kannten bereits die Griechen: Choleriker (Feuerzeichen), Melancholiker (Erdzeichen), Sanguiniker (Luftzeichen) und Phlegmatiker (Wasserzeichen).

Doch zunächst ein bißchen Mathematik: Einen Kreis teilt man in 360° ein. Ein Zwölftel davon ist 30° oder ein Tierkreiszeichen. Zwölf Tierkreiszeichen haben wir. Es zeigt sich nun in der Praxis, daß jeweils drei Zeichen im Hinblick auf ihr »Temperament« gewisse Ähnlichkeiten haben. Die Zeichen sind jeweils 120° voneinander entfernt.

Um es vorweg zu sagen: Es gibt noch eine weitere Einteilung in drei Gruppen: in kardinale, feste und veränderliche Zeichen. Näheres darüber in Kapitel 7.

Abbildung 1 ist eine Darstellung des Elements Feuer, das durch die drei Zeichen Widder, Löwe und Schütze gebildet wird. Menschen, bei denen die Feuerzeichen stark besetzt sind, haben folgende Eigenschaften: leidenschaftlich, aktiv und impulsiv. Feuer-Zeichen weisen auf Mut und Begeisterungsfähigkeit hin. Im Widder ist die dynamische Kraft verkörpert: Er ist kraftvoll, herrisch und aktiv. Der Löwe führt sich wie ein König auf, der Bewunderung und Verehrung von seiner Umgebung fordert. Er ist gebieterisch und beständig. Der Schütze ist Idealist, Philosoph, Lehrer und Missionar. Er paßt sich an und ist flexibel.

Abbildung 2 zeigt das Erd-Element. Menschen, die unter einem Erd-Zeichen geboren wurden, sind praktisch veranlagt und konservativ eingestellt. Der Stier ist entschlossen, umsichtig und sehr beständig. Die Jungfrau besitzt eine analytische Begabung und pädagogisches Talent. Der Steinbock ist ein unermüdlicher Kletterer, der alle Hindernisse zäh überwindet und mit diplomatischem Geschick viel erreicht.

Abbildung 3 zeigt das Luft-Element. Menschen, die unter einem Luft-Zeichen geboren wurden, brauchen den Gedankenaustausch und passen sich anderen an. Beim Zwilling finden wir Menschen, die in Gedanken und Tat unabhängig sind, sie sind schnelle Denker. Die Waage ist der ausgleichende Vermittler, der bestrebt ist, Harmonie um sich herum zu schaffen. Der Wassermann ist der unpersönliche Wohltäter und mit der Vermehrung des Wissens vollauf beschäftigt.

Abbildung 4 zeigt das Wasser-Element. Wasser-Zeichen weisen auf Gefühlsbetontheit und Sensibilität. Der Krebs ist zäh, ein Beschützer und Bewahrer. Der Skorpion ist der geheimnisvolle Sucher, der mit übersinnlichen Fähigkeiten begabte Mensch; sein Charakterbild kann sehr komplex sein.
Die Fische sind gefühlsbetont, sie sind Künstler oder arbeiten als Fürsorger, ihr Mitgefühl ist grenzenlos.

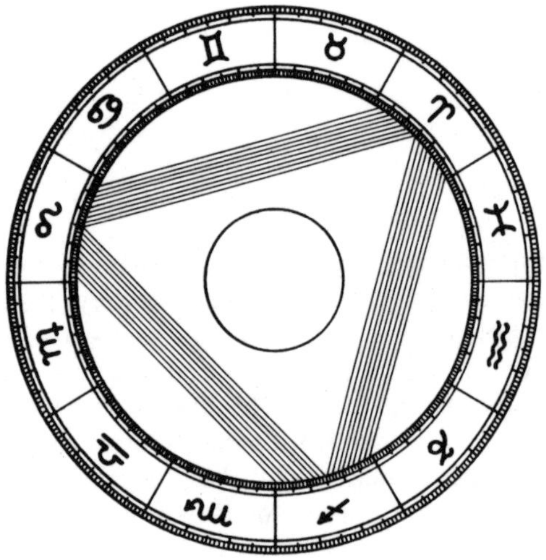

Abbildung 1
Feuer-Zeichen
Widder ♈, Löwe ♌, Schütze ♐

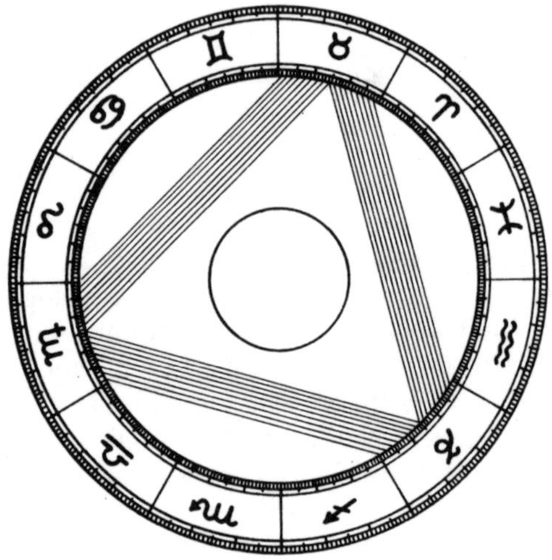

Abbildung 2
Erd-Zeichen
Stier ♉, Jungfrau ♍, Steinbock ♑

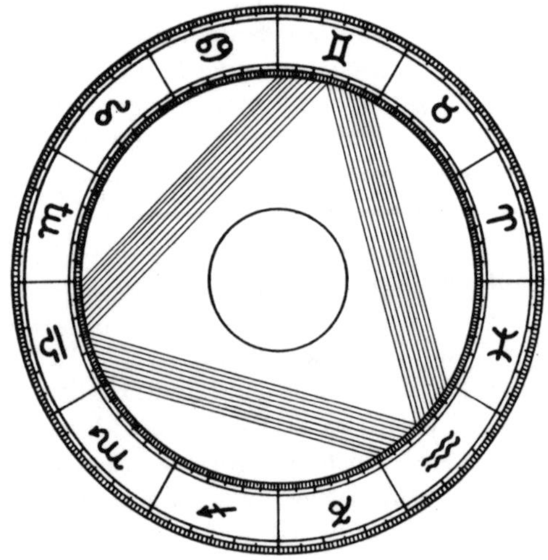

Abbildung 3
Luft-Zeichen
Zwilling ♊, Waage ♎, Wassermann ♒

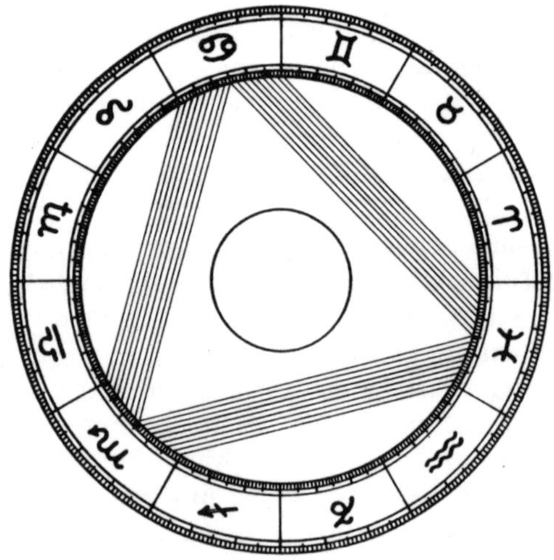

Abbildung 4
Wasser-Zeichen
Krebs ♋, Skorpion ♏, Fische ♓

Die Planeten und die Tierkreiszeichen

Die Technik der Astrologie beruht auf den Zeichen, den Stellungen und Aspekten der zehn Planeten, die in einem kreisförmigen Gürtel liegen, der »Zodiakus« (Tierkreis) genannt wird. Die Planeten sind psychologische Urprinzipien, die in allen Dingen des Lebens zu finden sind. Lernen Sie die »Schlüsselworte«, welche die Funktionen der Planeten angeben, möglichst auswendig, und merken Sie sich ihre Symbole.

SONNE ☉
Das Lebensprinzip, Vitalität, Ego, Antrieb, Willenskraft, Ehrgeiz, Beherrschung, Persönlichkeit, der Ehemann im Horoskop einer Frau. Anatomisch: der physische Körper, die Augen, der Blutkreislauf.

MOND ☾
Die Seele, Gemütsbewegung, Sensibilität, Wechsel, Ruhelosigkeit, innere Persönlichkeit, das Gefühl des inneren Getragenseins, Sentimentalität, Gewissenhaftigkeit, Unterbewußtsein, physiologische Veränderungen (einschl. Wechsel im Sieben-Jahres-Rhythmus), die Ehefrau im Horoskop eines Mannes. Anatomisch: Gebärmutter, Eierstöcke, Brüste.

MERKUR ☿
Die Fähigkeit, logisch zu denken, geistige Aktivität, statistische Tatsachen, Kontakte, Analyse, Geschicklichkeit, Selbstausdruck, erzieherische Fähigkeiten. Anatomisch: Nerven, Lunge, Schultern, Arme, Hände, Zell-Struktur.

VENUS ♀
Eros, Liebe, Harmonie, Zuneigung, Kunst, Schönheit, Liebeleien, Liebesfähigkeit, Eitelkeit, Egoismus, Frauen im allgemeinen. Anatomisch: Teint, Kehle, Venen-Kreislauf, Nieren.

MARS ♂
Der Wille, Energie, Antrieb, Trieb, Angriffslust, Begeisterungsfähigkeit, Unabhängigkeit, Krieg, Sexualtrieb, Eisen, Unfälle, der Chirurg. Anatomisch: das motorische Nervensystem, Temperatur, rote Blutkörperchen.

JUPITER ♃
Wachstum und Ausdehnung, das Sinngebende in uns, Gerechtigkeit, Gesetz, Philosophie, Religion, Reichtum, Optimismus, Appetit. Anatomisch: Hüften, Leber, arterieller Blutkreislauf, Zellenwachstum.

SATURN ♄
Das Grenzen setzende Prinzip, Konzentration, Reife, Verantwortung, Ehrgeiz, Hemmungen, Widerstände, Wissenschaft. Anatomisch: chronische Krankheiten, Haut, Zähne, Skelett, Rheumatismus, Arterien.

URANUS ♅
Freiheitsdrang, Erfindung, Luftfahrt, Unabhängigkeit, Originalität, Exzentrizität, plötzliche Veränderungen, Inspiration, Entwicklungen, Revolutionen, plötzliche Unfälle, Elektrizität. Anatomisch: Atmung, Krämpfe, abnormes Wachstum.

NEPTUN ♆
Das Unbewußte, Gefühle, Geheimnis, Phantasie, Chaos, Träume, Menschheitsideale, Musik, übersinnliche Fähigkeiten, Hellsehen, Geistigkeit, Täuschung und Selbsttäuschung, Selbstmitleid, Idealismus, Betrug, Diebstahl, Besessenheit, Gift, Sucht. Anatomisch: Zirbeldrüse, Lymphsystem.

PLUTO ♇
Das kollektiv Unbewußte, das Verstärkerprinzip, die Masse, Regenerationskraft, Macht, Zerstörung durch große Massenbewegungen, Diktatur, totale Veränderungen, Katastrophen, Wiedergeburt, Erneuerung, Atomkraft, Chirurgie, Giftstoffe. Anatomisch: Geschlechtsorgane.

WIDDER ♈
(Feuer, männlich)
Energie, Mut, Pioniertaten, Führerschaft, Unternehmungsgeist, Temperament, Egoismus, Heftigkeit, Angriffslust, Unfälle, keine Neigung zu Häuslichkeit. Anatomisch: Kopf, Kopfschmerzen, Entzündungen.

STIER ♉
(Erde, weiblich)
Kreativität, Gefühl für Werte, Kunst, Sinnlichkeit, Beständigkeit, Zähigkeit, Launenhaftigkeit, Materialismus. Anatomisch: Hals, Kehle.

ZWILLINGE ♊
(Luft, männlich)
Verstandesbetontheit, Kommunikation, Gewandtheit, Geschicklichkeit, Fortschritt, Ruhelosigkeit, Sensibilität, Nervosität, Reisen. Anatomisch: Schultern, Arme, Hände, Lunge.

KREBS ♋
(Wasser, weiblich)
Häuslichkeit, Mütterlichkeit, Sensibilität, Grübeln, Intuition, Zähigkeit, Befangenheit, Trägheit. Anatomisch: Magen, Verdauung, Brüste.

LÖWE ♌
(Feuer, männlich)
Würde, Optimismus, Kreativität, Beherrschung, Ehrgeiz, Drama, Prahlen, Taktlosigkeit. Anatomisch: Blutdruck, Herz, Wirbelsäule.

JUNGFRAU ♍
(Erde, weiblich)
Sorgfältige Arbeitsausführung, Analyse, Denkvermögen, Dienstbarkeit, Geduld, Gesundheitsbewußtsein, Hygiene, Literatur, hoher Anspruch, Besserwisser. Anatomisch: Eingeweide, Verdauung, Dickdarm.

WAAGE ♎
(Luft, männlich)
Partnerschaften, Harmonie, Kunst, Romantik, Verbindungen, Verfeinerung, Verhandlung, Bewertung, Gleichgewicht, Gerechtigkeit. Anatomisch: Nieren, Eierstöcke.

SKORPION ♏
(Wasser, weiblich)
Beobachtung, Analyse, Gefühlsbetontheit, Forschung, Streben, Wissenschaft, Heftigkeit, Eifersucht, Rachsucht, Zerstörung. Anatomisch: Fortpflanzung, Eingeweide, Nase.

SCHÜTZE ♐
(Feuer, männlich)
Unabhängigkeitsdrang, Redetalent, Intelligenz, Neugierde, Impulsivität, Sport, Reisen, Philosophie, Religion, Stolz, Rechtsangelegenheiten, Vorlesungen, Außenpolitik. Anatomisch: Unfälle, Hüften, Oberschenkel.

STEINBOCK ♑
(Erde, weiblich)
Konzentration, Vorsicht, Ausdauer, Überlegung, Grübeln, Hemmungen, Widerspruch, Egoismus, Geiz, Politik, Verwaltung. Anatomisch: Erkältungen, Rheumatismus, Knie, Knochensystem.

WASSERMANN ♒
(Luft, männlich)
Freundschaften, Menschenfreundlichkeit, unkonventionell, Uneigennützigkeit, Einzelgänger, Absonderung, staatsbürgerliche Interessen, gesellschaftliche Ordnung, Theorien, Erfindungen, Elektronik. Anatomisch: Krämpfe, Waden, Fußknöchel, Blutkreislauf.

FISCHE ♓
(Wasser, weiblich)
Gefühlsbetontheit, Mitleid, Sensibilität, Toleranz, Verschwiegenheit, Nachahmungen, Intuition, Lethargie, Hemmungen, Kummer, Zaudern, Verwirrung, Medizin, Krankenpflege, Alkohol. Anatomisch: Füße, Zehen, Schleimabsonderungen, Erkältungen.

Statt des Einteilungsprinzips »männlich« und »weiblich« kann der mit Psychologie Vertraute »extravertiert« und »introvertiert« einsetzen.
Jeder der zehn Planeten kommt in einem oder mehreren der zwölf Zeichen des Tierkreises besonders deutlich zur Wirkung. Früher sprach man davon, daß beispielsweise Mars im Widder herrsche, genauer gesagt heißt das aber, daß die Marskräfte sich im Widder am reinsten entfalten. Die folgende Liste stellt die »Schlüsselworte« für jedes Zeichen dar. Prägen Sie sich die Elemente und die Symbole für jedes Zeichen ein.

Der **Widder** wird vom Mars, dem Planeten des Handelns, beherrscht.
Der **Stier** wird von Venus, dem Prinzip der Harmonie, beherrscht.
Die **Zwillinge** werden von Merkur, dem Verstandesplaneten, beherrscht.
Der **Krebs** wird vom Mond, dem weiblich-phantasiereichen Planeten, beherrscht.
Der **Löwe** wird von der Sonne, dem Planeten der Lebenskraft, beherrscht.
Die **Jungfrau** wird, wie die Zwillinge, vom Verstandesplaneten Merkur beherrscht.
Die **Waage** wird, wie der Stier, von der Venus, dem Prinzip der Sympathie, beherrscht.
Der **Skorpion** wird von Mars (Handeln) und Pluto, dem Planeten des Umwälzens, beherrscht.

Der **Schütze** wird von Jupiter, dem Planeten der Ausdehnung, beherrscht.
Der **Steinbock** wird von Saturn, dem Planeten der Konzentration, beherrscht.
Der **Wassermann** wird von Uranus, dem Planeten des Fortschritts, beherrscht.
Die **Fische** werden von Jupiter (Ausdehnung) und Neptun, dem Planeten der Phantasie, beherrscht.
Die drei Planeten von historischer Bedeutung sind: Uranus, der 1830, Neptun, der 1846, und Pluto, der 1930 entdeckt wurde.
Jedes Tierkreiszeichen beherrscht einen Teil des menschlichen Körpers und einen bestimmten Abschnitt des Horoskops. Vergleiche Abb. 5, die die menschliche Gestalt zeigt. Betrachten Sie sie einen Augenblick lang. Merken Sie sich folgende Analogien:

♈ **Widder:** Kopf
♉ **Stier:** Kehle, Hals
♊ **Zwillinge:** Lunge und Arme
♋ **Krebs:** Brust und Magen
♌ **Löwe:** Herz
♍ **Jungfrau:** Darm
♎ **Waage:** Nieren und Harnleiter
♏ **Skorpion:** Geschlechtsorgane
♐ **Schütze:** Oberschenkel
♑ **Steinbock:** Knie
♒ **Wassermann:** Waden
♓ **Fische:** Füße

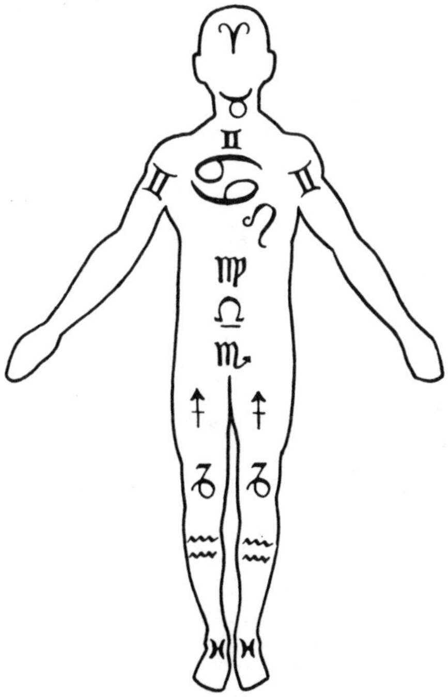

Abbildung 5
Aufteilung der Tierkreiszeichen
auf die verschiedenen Körperzonen

Die Felder des Tierkreises

Das Horoskop (Abbildung 6) ist in zwölf Abschnitte eingeteilt, die man Felder oder auch Häuser nennt. Jedes Feld hat Analogie zu einem der Tierkreiszeichen. Der Punkt, an dem ein Feld beginnt, heißt Felderspitze.
Der Widder hat Analogie zum ersten Feld.
Der Stier hat Analogie zum zweiten Feld. So geht es fort bis zu den Fischen, die Analogie zum zwölften Feld haben.
Die nachstehend aufgeführten Schlüsselworte machen Sie mit den verschiedenen Feldern und den Bezirken des menschlichen Daseins, die von ihnen beherrscht werden, vertraut. Sehen Sie sich Abbildung 6 an, wenn Sie sie lesen, und gewöhnen Sie sich daran, diese Schlüsselworte mit den entsprechenden Kreisabschnitten zu assoziieren.

Das erste Feld (Ascendent)
Das individuelle Temperament, unser nach außen gerichtetes Verhalten, Formen der Gesundheit. Dieses Feld ist als Ascendent bekannt. Es ist der wichtigste Punkt in einem Horoskop. Durch das erste Feld werden Handlungen und Reaktionen auf Umgebung und Erfahrungen offengelegt.

Das zweite Feld
Die Verwertung des Materiellen. Besitz, Vermögensumstände; Gewinn oder Verlust sind abhängig von der Stellung des Planeten im Horoskop.

Das dritte Feld
Geistige Fähigkeiten, die im Alltag genutzt werden, Studien, Auffassungsvermögen, Kontakte, Nachbarn, Brüder, Schwester.

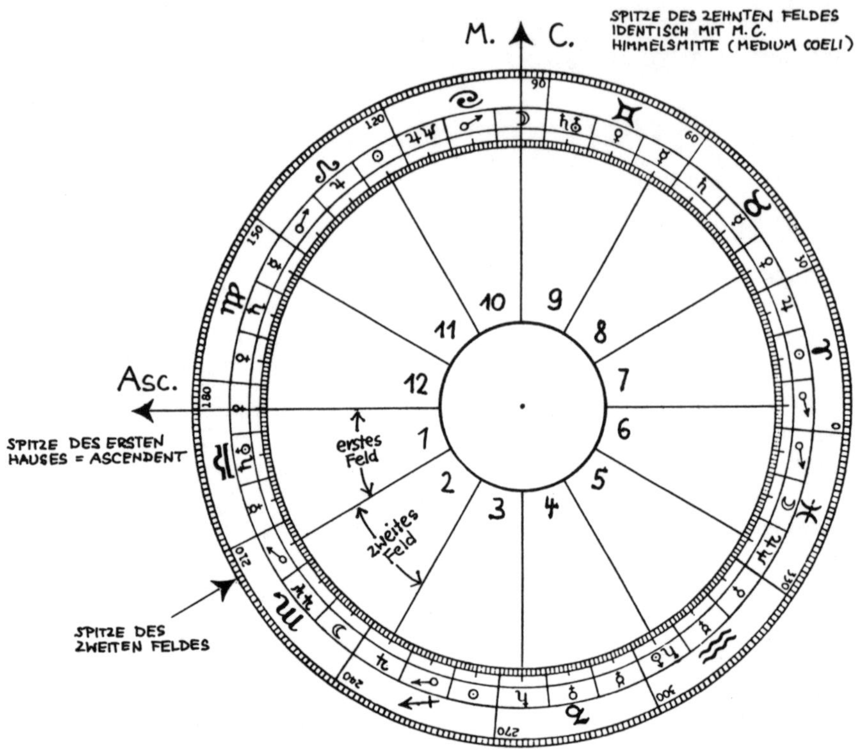

Abbildung 6
Das Horoskop

Das vierte Feld
Das Heim, häusliche Angelegenheiten, der Vater oder die Mutter, Grundbesitz, die Lebensumstände im Alter.

Das fünfte Feld
Das schöpferische Prinzip, Liebesaffären, Geschlechtstrieb, Empfängnis, Kinder, Spekulationen.

Das sechste Feld
Angestellte, Diener, Schoßtiere, Arbeit, die uns krank macht. Hygiene, Verhältnis zu Arbeitgeber und Angestellten, Ärzte, Chiropraktiker, Veterinär.

Das siebte Feld
Ehepartner, Geschäftspartner, offene Feinde, Rechtsstreitigkeiten, Verträge, Ärzte, Anwälte, Vertreter.

Das achte Feld
Erneuerung und Regeneration, Geld des Partners, Einstellung zu Leben und Tod, Geld aus Erbschaften, Geschenke, Chirurgie, Chirurg, Ermittlungsbeamte, Rehabilitierung.

Das neunte Feld
Höhere Bildung, religiöse und philosophische Ansichten, lange Reisen, fremde Länder, Veröffentlichungen und Verleger, Recht, seelische Entwicklung.

Das zehnte Feld
Ansehen in der Öffentlichkeit, Ruf, Arbeitgeber, Stellung innerhalb der Gesellschaft, der andere Elternteil, Beruf, Ehre oder Verlust der Ehre, je nach Stellung der Planeten im Horoskop.

Das elfte Feld
Freunde, Hoffnungen, Wünsche, gesellschaftliche Verbindungen, freiberufliches Einkommen oder Einkommen aus eigener Unternehmung, wirtschaftliche Verhältnisse des Arbeitgebers mit Angestellten, Beziehungen ohne Bindung.

Das zwölfte Feld
Geheime Feinde, unerwartete Schwierigkeiten, Kummer, Selbstzerstörung, große Tiere, heimliche Affären, Krankenhausaufenthalt, Isolierung.

2

Unsere Persönlichkeit ist vom Sonnenzeichen geprägt

Sie haben bereits gelernt, daß Astrologie aus vielen verschiedenen Faktoren besteht. Es gibt niemanden auf dieser Erde, der ganz genauso ist wie Sie: Zwei Menschen, die am selben Tag und im selben Jahr, aber an verschiedenen Orten geboren wurden, sind nicht gleich. Sie sind einander ähnlich, da sie dasselbe Zeichen haben, die Sonne sich in derselben Stellung befand und einige Planeten im selben Winkel zueinander standen, als sie zur Welt kamen. Aber wenn sie nicht im selben Augenblick am selben Ort geboren wurden, können sie einander nicht gleich sein. Das Sonnenzeichen ist jedoch sehr einflußreich, deshalb wird Ihre Persönlichkeit auch durch Ihr Sonnen-Zeichen geprägt.

Der Widder

Der Schlüsselsatz des Widders lautet *Ich bin.* Der Herrscher des Widders ist Mars, sein Element ist das Feuer. Die Sonne steht etwa zwischen dem 20. März und 20. April im Widder. Dieses Zeichen bedeutet große schöpferische Aktivität. Widder sind aggressiv, organisatorisch begabt, originell und lehnen es ab, von anderen beherrscht zu werden oder sich herumkommandieren zu lassen. Sie können egoistisch sein. Sie sind mutig und lernen schnell. Der Widder fühlt sich in schwierigen Situationen förmlich wohl. Er ist der begabte Initiator von Projekten, doch führt er sie nicht gern zu Ende: Er benötigt ständig neue Ziele, neue Projekte. Neue technische Spielereien machen ihm Spaß. Er kann, ohne Absicht, taktlos sein. Nach außen wird er immer den Helden spielen, doch das ist nur Fassade; sein Inneres ist eher wie ein Topf Gelee. Gewöhnlich besitzt der Widder eine robuste Gesundheit. Da er aber über ein Übermaß an Energie verfügt, neigt er dazu, Opfer seiner eigenen Schwärmereien und Ausschweifungen zu werden. So neigt er zu Unfällen, und da der Widder den Kopf beherrscht, leidet er oft an Kopfschmerzen. Seine Polarität zur Waage, das ihm gegenüber stehende Zeichen, führt zu Nierenentzündungen und Krankheiten des Rückgrats.

Der Stier

Das zweite Zeichen ist der Stier, sein Schlüsselsatz lautet *Ich habe.* Sein Herrscher ist Venus, sein Element die Erde. Die Sonne steht etwa zwischen dem 21. April und 21. Mai im Stier. Der Stier ist ein beständiges Zeichen. Menschen, die im Zeichen des Stiers geboren wurden, sind eigensinnig und lieben Besitz. Sie bewegen sich so langsam wie ein Stier, und sie denken auch so langsam wie er. Aber wenn sie einmal etwas gelernt haben, vergessen sie es nie wieder. Stiere nehmen ungern eine Veränderung in ihren

Lebensumständen hin. Für gewöhnlich sind sie hervorragende Köche und sehr begabt im Umgang mit Geld. Schmeicheleien vermögen sie nicht zu täuschen, sie bestehen auf logischem Denken. Es liegt ihnen nicht, sich in tausend Unternehmungen zu verlieren. Menschen, die im Zeichen des Stiers geboren wurden, besitzen gewöhnlich eine ausgezeichnete Gesundheit. Da sie aber gerne gut essen und sich selbst gegenüber zu nachgiebig sind, stellen sich oft Gewichtsprobleme und eine allzu große Gemütsruhe ein. Stiere besitzen für das andere Geschlecht eine starke physische Anziehungskraft.

Die Zwillinge

Der Schlüsselsatz für Zwillinge lautet *Ich denke.* Ihr Herrscher ist Merkur, ihr Element die Luft. Die Sonne steht etwa zwischen dem 22. Mai und dem 21. Juni im Zeichen der Zwillinge. Zwillinge sind unstet, neugierig, immer auf der Jagd nach Neuigkeiten – Menschen von Wert und sehr wendig. Sie sind schnelle Denker, eigentlich zu sehr darauf aus, zu viel zu schnell zu erfassen. Daher gehen sie durchs Leben wie ein Schlittschuhläufer über dünnes Eis. Sie können sich mit mehreren Dingen gleichzeitig beschäftigen. Sie mögen Spiele, durch die Geist und Witz gefordert werden. Oft verfügen sie über eine beachtliche Rednergabe und täuschen damit über ihre Unzulänglichkeiten hinweg. Zwillinge brauchen viel Ruhe und frische Luft. Ihre Krankheiten sind solche des Nerven-Systems und des Gemüts.

Der Krebs

Der Schlüsselsatz für den Krebs lautet *Ich fühle.* Sein Herrscher ist der Mond, sein Element das Wasser. Die Sonne steht etwa zwischen dem 22. Juni und 22. Juli im Krebs. Der Krebs ist das Zeichen der Mutterschaft, der Zähigkeit, der starken Gefühle, der Launenhaftigkeit und der Empfindlichkeit. Krebse sind hochgradig emotional, von großer Fürsorge in der Familie, sie können wild und kriegerisch werden, wenn sie ihre Nachkommenschaft für gefährdet halten. Werden sie selber angegriffen, so verstecken sie sich gewöhnlich wie ein Krebs unter einem Felsen. Es ist ein Zeichen für stark ausgeprägte Häuslichkeit. Krebse neigen zu übertriebener Verehrung ihrer Vorfahren. Sie vergessen nichts und sammeln und horten allerlei Andenken. Sie versuchen stets, für ihr Geld den besten Gegenwert auszuhandeln. Da der Krebs ein Wasser-Zeichen ist, müssen sich Krebse viel bewegen, denn sie neigen zu Wassersucht. Ihre Magenbeschwerden und ihre schlechte Verdauung sind auf ihre gefühlsbetonte Veranlagung zurückzuführen, es schlägt ihnen alles auf den Magen.

Der Löwe

Das fünfte Zeichen im Tierkreis ist der Löwe. *Ich will* ist der Schlüsselsatz des Löwen. Sein Herrscher ist die Sonne, sein Element das Feuer. Die Sonne steht etwa zwischen dem 23. Juli und dem 22. August im Löwen. Der Löwe ist ein kraftvolles Zeichen, wie der Widder. Es bezeichnet Willenskraft und Entschlossenheit, gleichzeitig Güte. Er besitzt ein stark entwickeltes Ich, sein Wesen ist nach außen gerichtet. Im Zeichen des Löwen geborene Menschen strahlen, ganz wie der König der Savannen und Steppen, Selbstvertrauen aus. Sie können ständig auf Jagd sein, nämlich auf Jagd nach dem anderen Geschlecht. Löwen sind geborene Schauspieler. Sie haben nichts für Siege und Erfolge übrig, die ihnen in den Schoß fallen, sie ziehen es vor zu erobern. Sie kennen ihren eigenen Wert und schätzen es, wenn man sie achtet. So haben Schmeichler leichtes Spiel mit ihnen. Großartige Vorhaben liegen ihnen, sie sind treffliche Organisatoren, denn sie haben die Gabe, andere an der langen Leine selbständig arbeiten zu lassen. Da das Zeichen des Löwen das Herz beherrscht, leiden sie an Herzkrankheiten, wenn sie älter werden. Auch vergessen sie zuweilen, daß der menschliche Körper Verschleiß unterworfen ist; die Folge kann überhöhter Blutdruck sein.

Die Jungfrau

Der Schlüsselsatz der Jungfrau lautet *Ich analysiere.* Ihr Herrscher ist Merkur, ihr Element die Erde. Die Sonne steht etwa zwischen dem 23. August und dem 22. September in der Jungfrau. Menschen, die im Zeichen der Jungfrau geboren wurden, arbeiten dann am besten, wenn sie für andere arbeiten, also Dienstleistungen vollbringen. Sie nehmen es mit allem sehr genau und lieben das Detail. Groß angelegte Vorhaben aber erschrecken sie. Sie besitzen eine starke analytische Begabung, die oft in eine allzu starke Kritik umschlagen kann. Hohe Intelligenz, oft auch literarisches Talent zeichnen die Jungfrau aus. Sie muß aber lernen, ihre Neigung zur Kritik unter Kontrolle zu halten; gelingt dies nicht, so ist ihr berufliches Fortkommen in Frage gestellt. Jungfrauen erledigen ihre Pflichten vorbildlich, sie schätzen gute Arbeit. Zwar sind sie in ihren Herzen Snobs, doch zugleich auch angenehme Gesellschafter. Im allgemeinen ist ihr Verhalten dem anderen Geschlecht gegenüber tadellos, ja, es ist eher etwas puritanisch. Da Merkur ihr Herrscher ist, sind Jungfrauen gewöhnlich überempfindlich, was die Ursache für Verdauungsschwierigkeiten sein kann. Sie haben eine Vorliebe für Ernährungsreformen.

Die Waage

Der Schlüsselsatz der Waage lautet *Ich wäge ab.* Ihr Herrscher ist Venus, ihr Element die Luft. Die Sonne steht etwa zwischen dem 23. September und dem 22. Oktober in der Waage. Der Waage geht es vor allem um Balance und Ausgleich. In ihrer Arbeit entfaltet sie sich dann am besten, wenn sie mit anderen zusammenarbeiten kann. Sie besitzt praktische Begabung, ist menschlich kühl und zieht es vor, für sich zu bleiben. Die Waage erreicht ihre Ziele durch Charme. Sie ist der geborene Stratege und kann völlig unpersönlich sein. Sie ist deshalb vorzüglich als Vermittler geeignet; ihr Feld ist die heikle, viel Takt erfordernde Verhandlung. Die Waage hat ihre Gefühle stets unter Kontrolle. Sie zieht es vor, zur siegreichen Partei zu gehören. Sie ist imstande, viel zu leisten, ohne daß ihre Bemühungen nach Arbeit aussehen. Frauen, die im Zeichen der Waage geboren wurden, lieben Eleganz und feinere Lebenskultur. Sie bewundern den männlichen Mann, aber sie werden ihn durch Diplomatie und Charme zu beherrschen suchen. Menschen des Waage-Zeichens sehen oft gut aus. Sie bewundern reiche und erfolgreiche Menschen und ziehen den Umgang mit ihnen vor. Die Krankheiten der Waage betreffen gewöhnlich die Nieren und Harnleiter.

Der Skorpion

Das achte Zeichen ist der Skorpion. Sein Schlüsselsatz lautet *Ich verlange.* Sein Herrscher ist Mars, sein Element das Wasser. Die Sonne steht etwa zwischen dem 23. Oktober und dem 22. November im Skorpion. Skorpione wissen sich zu helfen, sie sind heftig, ernsthaft und besitzen physische Anziehungskraft. Oft sind sie befehlshaberisch und haben ein Auge für die Schwächen der anderen. Werden Sie der Feind eines Skorpions, so wird er so lange warten, bis der beste Augenblick für einen Angriff gekommen ist. Da Mars Herrscher dieses Zeichens ist, neigen Skorpione zu Taktlosigkeiten. Doch sind sie gewöhnlich völlig überrascht, wenn man sie auf ihren fauxpas hinweist. Sie ergreifen gern Besitz von Menschen und Dingen und sind extremer Gefühlswandlungen fähig. Hat er das Gefühl, gescheitert zu sein, so wendet sich der Skorpion, wie das Tier, gegen sich selbst. Die ganze Kraft seiner mächtigen Natur kann sich zu großen Höhen erheben oder in die untersten Niederungen stürzen. Da sie seelische Zusammenhänge leicht durchschauen, sind Skorpione Meister der Psychoanalyse. Im allgemeinen mißfällt es ihnen, wenn man sie berührt, denn ihre Haut ist besonders empfindlich. Da das Zeichen des Skorpions das Genitalgebiet beherrscht, neigt er zu Hämorrhoiden, Krankheiten der Harnwege und Störungen der Zeugungsorgane.

Der Schütze

Der Schlüsselsatz des Schützen ist *Ich sehe*. Sein Herrscher ist Jupiter, sein Element das Feuer. Die Sonne steht etwa zwischen dem 23. November und dem 21. Dezember im Schützen. Schützen sind Optimisten, glücklich, fröhlich und gehen ihre Ziele so direkt wie ein Bogenschütze an. Sie sind überaus treue Kameraden, obgleich ihr Kopf in den Wolken steckt. Im allgemeinen verfügen sie über einen aktiven Geist. Aber sie haben eine Neigung, sich in Zerstreuungen zu verlieren, da ihnen Disziplin fehlt und sie sich nicht gern längere Zeit auf eine Sache konzentrieren. Sie sind von einem ungeheuren Vertrauen in die Zukunft beseelt, ihre Großzügigkeit kennt keine Grenzen, und Armut scheint sie nicht zu schrecken. Vielleicht haben sie Schwierigkeiten, dein und mein zu unterscheiden. Aber dann nur, weil sie glauben, daß alle Menschen ihre Habe gleichmäßig miteinander teilen sollten. Ihr Leben ist oft reich an Widersprüchlichkeiten, ihre ehelichen Beziehungen geraten leicht durcheinander. Da sie Abenteuer über alles lieben, heiraten Menschen, die unter diesem Zeichen geboren wurden, mehr als einmal oder aber gar nicht. Zahlreiche Veränderungen und viel Aufregung kennzeichnen ihr Leben. Sie sind großartige Sportler, lieben Tiere, reisen gerne und sind schnell auf den Beinen. Bitten Sie einen Schützen um Rat, und er wird Sie mit Ratschlägen überschütten – ihm fallen tausend originelle Ideen ein, wie man Ihnen helfen könnte. Schützen sind religiös und besitzen gewöhnlich ein hohes Maß an Intuition. Im allgemeinen verfügen sie über eine kräftige Gesundheit. Ihre schwachen Stellen sind Hüften und Leber. Sie sind anfällig für Arthritis, Unfälle und Verletzungen, da sie impulsiv und ständig in großer Eile sind. Typisches Kennzeichen: in der Jugend sportlich, im Alter korpulent.

Der Steinbock

Das zehnte Zeichen ist der Steinbock. Sein Schlüsselsatz lautet *Ich mache mir zunutze*. Saturn ist sein Herrscher, sein Element die Erde. Die Sonne steht etwa zwischen dem 22. Dezember und dem 20. Januar im Steinbock. Der Steinbock ist ein hervorragender Diplomat. Er ist sehr verantwortungsbewußt, materiell eingestellt und leider oft zu pessimistisch. Im Grunde seines Herzens ist er ein Snob und schielt immer nach der obersten Sprosse der gesellschaftlichen Leiter. Da er über unbegrenzte Geduld verfügt, weiß er gewöhnlich, wie man die Leute behandeln muß, die einem zu einem Platz an der Sonne verhelfen können. In seiner Jugend geht der Steinbock vielleicht mit Zeit und Geld verschwenderisch um. Doch wenn er älter wird, werden Sicherheit und ein Konto auf der Bank für ihn äußerst wichtig. Der Steinbock ist nie in Eile, nie impulsiv, und seine Großmut liegt über dem Durchschnitt. Er muß immer an der Spitze stehen. Vom Wert guter Erziehung ist er zutiefst überzeugt, sie bereitet ihn auf seine Führungsposition vor. Für den Steinbock ist der Glaube an eine übergeordnete Macht notwendig, denn hat er einmal sein Ziel erreicht und damit seinen Spielraum erschöpft, so muß er sich auf sich selbst zurückziehen. Da Saturn der Herrscher des Steinbocks und des Knochengerüstes ist, leidet der Steinbock oft an Rheumatismus und Arthritis, auch das Knochensystem ist anfällig. Stärke und Widerstandskraft aber nehmen bei ihm im Alter zu.

Der Wassermann

Das elfte Zeichen ist der Wassermann. Sein Schlüsselsatz ist *Ich weiß*. Er wird von Saturn und Uranus beherrscht, sein Element ist die Luft. Die Sonne steht etwa zwischen dem 21. Januar und dem 19. Februar im Wassermann. Der Wassermann ist das Zeichen der Weltverbesserer und derer, die für allgemeine Verbrüderung eintreten. Der Wassermann ist bestrebt, das Leben seiner Mitmenschen zu verbessern. Seine Macht beruht auf seiner Intelligenz. Wie die Waage, das andere Luft-Zeichen, lebt er gern für sich, ist unpersönlich und im übrigen der Meinung, daß alle Menschen Anspruch auf gerechte Behandlung haben. Da er lieber für sich lebt, fällt es ihm schwer, enge persönliche Beziehungen einzugehen. Für ihn ist die Erkenntnis wichtig, daß es sein Schicksal ist, das Leben ohne persönliche Bindung zu bestehen. Er hat deshalb so viele Freunde, daß er sich nie für einen entscheiden muß. Da dieses Zeichen auch von Uranus beherrscht wird, neigt der Wassermann dazu, seine Meinungen, Gedanken, Ideen und Pläne plötzlich zu ändern. Der Wassermann braucht völlige Freiheit, seine Leistungen sind daher besser, wenn er mit Menschen zusammenarbeitet, die seine Freunde sind. Er richtet sich sein Leben so ein, daß er im Mittelpunkt von Freundschaften, Verbindungen und Geschehnissen steht. Wenn er nach Macht strebt, kann er zum Diktator werden. Seine Persönlichkeit besitzt etwas Traumhaft-Illusionäres, doch zugleich läßt er es an Pflichtgefühl und logischem Denken nicht fehlen. Der Wassermann ist das Zeichen des Einzelgängers, er wird immer etwas isoliert leben.

Der Wassermann ist ehrlich und treu. Seine Gesundheit ist gewöhnlich gut. Anfällig sind seine Fußknöchel, die oft unter Schwellungen leiden. Geschwollene Fußknöchel können auf ungenügende Herztätigkeit hinweisen – das ist gut vorstellbar, denn das in Opposition stehende Zeichen ist der Löwe, Beherrscher des Herzens.

Die Fische

Der Schlüsselsatz der Fische lautet *Ich glaube*. Ihre Herrscher sind Jupiter und Neptun, ihr Element ist das Wasser. Die Sonne steht etwa zwischen dem 20. Februar und 19. März im Zeichen der Fische. Das Symbol für das Tierkreiszeichen der Fische sind zwei Fische, die in entgegengesetzte Richtungen schwimmen. Menschen, die unter diesem Zeichen geboren wurden, vermögen demnach nicht, ihrem Leben eine bestimmte Richtung zu geben und diese Richtung einzuhalten. Sie sind gefühlsbetont, empfindsam und zu ihrem Vorteil oder Nachteil leicht zu beeinflussen. Sie besitzen großes Mitgefühl und glauben an den guten Charakter anderer. Oft fehlt es ihnen an praktischem Sinn und Realismus. Ihr tiefes Einfühlungsvermögen läßt sie oft zu Wohltätern der Menschheit werden. Viele Menschen, die unter diesem Zeichen geboren wurden, besitzen die Gabe, andere zu heilen. Sie sind gewöhnlich sehr sinnlich und sollten sich vor Drogen und Alkohol in jeder Form hüten. Die Fische sind das Zeichen der Selbstzerstörung. Sie sind daher leicht verletzt und wissen sich nicht selbst zu schützen. Fische sind verschlossen, niemand lernt je ihre innersten Gedanken kennen, ja, sie erkennen ihr Wesen nicht einmal selber – obgleich der Impuls, die Wahrheit auszusprechen, sie oft im ungeeigneten Moment überkommt. Ihre Krankheiten betreffen gewöhnlich ihre Füße. Fische nehmen oft im mittleren Lebensabschnitt zu und werden dann lethargisch.

Anmerkung: Ich möchte an dieser Stelle betonen, daß die vorangehenden Beschreibungen Verallgemeinerungen sind. Sie müssen viele andere Faktoren untersuchen und miteinander kombinieren, ehe Sie ein wahres Bild Ihres eigenen Wesens erhalten. Es kommt nicht nur auf das Haus und das Zeichen, in dem ein Planet steht, an, sondern auch auf seine Aspekte und Beziehungen zu anderen Planeten. Ziehen Sie unter gar keinen Umständen Schlüsse aus einzelnen Faktoren.

3
Die Bedeutung der Planeten in Zeichen und Feldern

Es ist möglich, daß drei verschiedene Menschen Horoskope besitzen, die den Mond im Krebs haben. Alle drei wären dann das Opfer heftiger Gefühlsbewegungen, aber einer von ihnen hätte z. B. den Mond im ersten Feld, was auf bemerkenswerten Stimmungswechsel, vielleicht sogar auf Launenhaftigkeit hinweist. Ein anderer kann den Mond im fünften Feld haben, und dies würde ihm ein über dem Durchschnitt liegendes schöpferisches Temperament verleihen. Der dritte kann den Mond im zehnten Feld haben, was bedeuten würde, daß er die Meinung anderer über sich über Gebühr wichtig nimmt.

Damit der Stoff dieses Kapitels leichter verständlich und für die spätere Verwendung leichter zu gebrauchen ist, beginne ich mit einem Beispiel. Nehmen wir an, jemand wurde mit der Sonne in Jungfrau und im zehnten Feld geboren. Lesen Sie zuerst die Erklärung für die Sonne in Jungfrau. Dann lesen Sie die Erklärung für die Sonne im zehnten Feld, und nun kombinieren Sie beides. Wenn man beides zusammen liest, so sieht dies so aus: Die Sonne im zehnten Feld weist darauf hin, daß der betreffende Mensch die Fähigkeit hat, im beruflichen Leben zu einer Spitzenposition zu kommen. Durch eigene Anstrengungen gelingt es ihm, zu einer Stellung zu kommen, die große Machtfülle und hohe Verantwortung mit sich bringt. Er hat dies durch seine methodische (Sonne im Zeichen der Jungfrau), sorgfältige und alle Einzelheiten berücksichtigende Arbeitsweise erreicht. Ein solcher Mensch ist hervorragend für eine leitende Position geeignet, obgleich er sich in Kleinigkeiten verlieren und darüber günstige Gelegenheiten oder wichtigere Aufgaben versäumen kann, wenn er zu sehr in die Einzelheiten geht. Dieser Mensch würde am besten in einer Position arbeiten, die große Aufmerksamkeit für Einzelheiten beansprucht, da dies der »Jungfrau« entspricht. Da die Sonne im zehnten Feld für Ich-Betontheit, Antriebsstärke und Ehrgeiz steht, ist dieser Mensch für eine Position mit größerer Machtbefugnis bestimmt als ein Mensch mit der Sonne in Jungfrau, aber im zwölften Feld. Ein solcher Mensch würde mehr zu einer Art von Dienstleistungsberuf tendieren. Er würde nicht offen Macht ausüben, sondern lieber ruhig im Hintergrund arbeiten wollen. Sehr oft wird seine Leistung nicht gebührend anerkannt. Da dies zu Frustrationen führen kann, sollte der Mensch mit der Sonne im zwölften Feld sich seiner Fähigkeiten bewußt werden und zu der Erkenntnis kommen, daß er sich bei der vollen Entfaltung seiner Möglichkeiten oft selbst im Weg steht.

Diese beiden Beispiele geben Ihnen eine Vorstellung davon, wie ein individuelles Horoskop aus vielen einzelnen Faktoren entsteht. Achten Sie beim Durchlesen der folgenden Tabellen darauf, wie verschieden Horoskope für Menschen ausfallen würden, die zwar unter dem gleichen Zeichen, aber mit den Planeten in verschiedenen Feldern geboren wurden. Versuchen Sie stets, beide Wirkungen zu kombinieren.

Die Sonne in den Zeichen und Feldern

Zeichen	Feld
Widder Enthusiastisch, ehrgeizig, starke Willenskraft, prahlerisch, abenteuerlustig, neigt zu extremen Verhaltensweisen, aggressiv, kriegerisch.	**Erstes** Muß lernen, weisen Gebrauch von der Macht zu machen, vital, Drang zur Beherrschung anderer, gesund, mutig, ehrenhaft.
Stier Liebt den Besitz, sicherheitsbewußt, dickköpfig, genußliebend, ausdauernd, entschlossen, nicht leicht aus der Fassung zu bringen, aber wütend, wenn man ihn wirklich gereizt hat.	**Zweites** Strebt materiellen Besitz an, besitzt Fähigkeit, Geld zu verdienen und es großzügig auszugeben. Prahlerisch.
Zwillinge Vielseitig, veränderungsfähig, unruhig, wortgewandt, literarisch begabt, wissenschaftliche und kirchliche Interessen, warmherzig, oft schwer zu verstehen, da widerspruchsvoll.	**Drittes** An Erziehungsfragen interessiert, kontaktbegabt, guter Redner, Schriftsteller, Lehrer, reist gern.
Krebs Gefühlsbetont, nachdenklich, Stimmungsschwankungen unterworfen, besitzt Intuition, neigt zu Ahnenkult, reserviert, fähig zur Wiedererneuerung, verschlossen, zäh.	**Viertes** Sentimental, hängt an der Familie, statusbewußt, begabt für Immobiliengeschäfte, liebt häuslichen Komfort über alles, hat Verlangen nach Sicherheit.
Löwe Hohes Selbstvertrauen, schöpferisch, guter Planer, temperamentvoll, ichbewußt, fähiger Führer, herrschsüchtig, großzügig, statusbewußt.	**Fünftes** Starke kreative Ausdrucksfähigkeiten, sinnlich, liebt Pomp und Pracht, starkes Machtstreben und Verlangen nach Romantik, mag Kinder.
Jungfrau Methodisch, bescheiden, genaue Beachtung von Einzelheiten, aber manchmal übermäßig kritisch, kann sich in Kleinigkeiten verlieren und so Gelegenheiten verpassen, wahres Alter schwer zu erkennen, oft scheu.	**Sechstes** Kann schwache körperliche Verfassung besitzen, begabt für Verwaltungsaufgaben, verantwortungsvoll, kann von seinen Mitarbeitern oder Angestellten zu viel verlangen, wünscht zu dienen.
Waage Braucht Gesellschaft, unpersönlich, umgänglich, Künstlernatur, Gerechtigkeitssinn, liebt Frieden und Harmonie, muß sich an die Bedürfnisse anderer anpassen lernen, genußsüchtig.	**Siebtes** Muß lernen, in Gefühlsbindungen nicht die Führung zu übernehmen, betrachtet gesellschaftlichen Status als wichtig, kann für jede Form von Partnerschaft zu anspruchsvoll sein, beliebt, abhängig.
Skorpion Besitzt große Willenskraft, zäh, verschlossen, von starken und tiefen Gefühlen beherrscht, muß sich davor hüten, ein Fanatiker zu werden, kritisch, kraftvoll, mißtrauisch, nachdrücklich, eindringlich, besitzt Einsicht.	**Achtes** Braucht Erneuerung seines Ichs, an Forschung interessiert, Neugierde gegenüber den Geheimnissen des Lebens, erbt wahrscheinlich, erzielt Erfolge durch Ehepartner.
Schütze Idealistisch, gut aufgelegt, flüchtig, besitzt Doppelnatur, seine Stimmung kann von Optimismus in Launenhaftigkeit umschlagen, ist gern im Freien und liebt Sport, offenherzig, große Vitalität.	**Neuntes** Reiselustig, intellektuelle und wissenschaftliche Beschäftigungen oder Interessen, braucht Sicherheit, kann als Jurist oder Verleger Erfolg haben, philosophische Interessen.

Zeichen	Feld
Steinbock Fleißig, ruhig, ernsthaft, sparsam, statusbewußt, ehrgeizig, herrisch, diktatorisch, nimmt sich selbst sehr wichtig.	**Zehntes** Will durch eigene Anstrengungen zu einer Spitzenposition kommen und ist hierzu auch fähig, öffentlich bekannt, für eine Position von hoher Verantwortung vorgemerkt, von Machtstreben beseelt.
Wassermann Menschenfreund, bereit, anderen zu helfen, guter Menschenkenner, an wissenschaftlichen und fortschrittlichen Methoden interessiert, bleibt gern für sich, unabhängig, unkonventionell.	**Elftes** Freunde oder Organisationen geben ihm ihre Hilfe, muß sich davor hüten, zu streitsüchtig oder kriegerisch zu werden, braucht Gesellschaft.
Fische Muß dienen, von starkem Willen beseelt, das Leiden anderer zu lindern, kann wegen seiner Hemmungen und Verwirrtheit Schwierigkeiten haben, Neigung zu den okkulten Wissenschaften, will oft durch Drogen oder Alkohol dem grauen Alltag entrinnen, sinnlich.	**Zwölftes** Kann anderen dienen, ohne dafür die gebührende Anerkennung zu erhalten, streng in der Beurteilung seiner selbst, oft negativ eingestellt, unbewußte, zerstörerische Verhaltensweisen, kann sich stark auf sich selbst zurückziehen und schöpferisch tätig sein.

Der Mond in den Zeichen und Feldern

Zeichen	Feld
Widder Treibt andere an, neigt zur Selbstbestätigung, zieht vorschnelle Schlüsse, sollte lernen, wie man anderen ein Vorbild ist, zeichnet sich durch seine Ausdauer aus.	**Erstes** Veränderlich, unbeständig, ruhelos, liebt Reisen, emotional unausgeglichen, starke Vorstellungskraft, mit sich selbst beschäftigt.
Stier Materiell eingestellt, trotzig, romantisch veranlagt, sollte lernen, seine Interessen zu erweitern, hat Selbstvertrauen, praktisch begabt, liebt Besitz, genußfreudig.	**Zweites** Die finanzielle Lage ist Schwankungen unterworfen, extravagant, muß lernen, einen Haushaltsplan aufzustellen, kann, je nach Aspekten, günstig sein.
Zwillinge Besitzt Doppelnatur, vielseitig, kritisch, lebhaft, launisch, körperlich und geistig beweglich, oft oberflächlich.	**Drittes** Reist gern, geistig aufgeschlossen, nervös, wechselnde Interessen auf dem Gebiet der Erziehung, großes Bedürfnis nach Kontakten.
Krebs Starke Familienbindung, häuslich, Begabung für das Übersinnliche, Abneigung gegen körperliche Arbeit, sehr gefühlsbetont, grüblerisch, braucht schöpferische Ausdrucksmöglichkeit, übersensibel.	**Viertes** Neigt zu Ahnenkult, häufiges Verlangen, die Wohnung zu wechseln oder zu verändern, begabt für Immobiliengeschäfte, gute Aussichten auf eine Erbschaft, muß lernen, Wurzeln zu schlagen.
Löwe Vermittelt gern den Eindruck von Großartigkeit, flott, beliebt, fähig zu verantwortungsvoller Position, muß lernen, seinen Machthunger in Zaum zu halten, oft statusbewußt und ein Snob.	**Fünftes** Kann großes Interesse für Sport und Glücksspiele haben, Künstlernatur, instinktiv schöpferisch, dramatisch, hat viele Liebesaffären, neigt dazu, eine große Familie zu haben, liebt Kinder.

Zeichen	Feld
Jungfrau Intellektuell, scharfsinnig, analytischer Denker, logisch, gibt sich seiner Aufgabe ganz hin, zuverlässig, neigt dazu, sich unter einem Berg von Einzelheiten begraben zu lassen.	**Sechstes** An Hygiene interessiert, arbeitet gut als Untergebener, muß lernen, die Arbeitsweise anderer nicht allzu kritisch zu beurteilen, verminderte Vitalität.
Waage Ehrgeizig, gütig, romantisch, liebevoll, genußfreudig, braucht Gesellschaft, kann zu abhängig werden.	**Siebtes** Will gesellschaftlichen Erfolg, statusbewußt, will mütterliche Gattin, braucht einen Partner, zieht oft launischen Partner an.
Skorpion Äußerst emotional, manipuliert andere gern, Selbstvertrauen, taktlos, reizbar, an verborgenen Dingen interessiert, begabt für das Übersinnliche, kritisch, launisch, verschlossen, hat oft verwickelte Gefühle.	**Achtes** Zum Übersinnlichen neigend, am Leben nach dem Tode interessiert, kann überempfindlich sein, mögliche Erbschaft, kann mit dem Geld anderer umgehen.
Schütze Philosoph, religiös, offenherzig, liebt die freie Natur, Mystiker, mag Tiere, optimistisch, Idealist, jovial, liebt Auslandsreisen, muß seine Grobheit beherrschen lernen, humorvoll.	**Neuntes** Reist gern, verändert seine religiösen und philosophischen Anschauungen, Visionär, starke Vorstellungskraft.
Steinbock Realist, materiell eingestellt, dient seinen eigenen Zielen, ehrgeizig, geizig, muß lernen, die unbewußten Ängste zu erkennen.	**Zehntes** Auf ein Leben in der Öffentlichkeit und beruflichen Wechsel eingestellt, besorgt um seinen Ruf, beliebt, strebt nach Anerkennung.
Wassermann Gern für sich, unabhängig, verständnisvoll, gute analytische Begabung und Beobachtungsgabe, muß Mitleid lernen.	**Elftes** Hat zahlreiche Freunde, breit gestreute und sehr unterschiedliche Interessen, nimmt am Leben von Clubs und Gesellschaften teil, kann oberflächlich sein.
Fische Verständnisvoll, außerordentliche Stimmungsschwankungen, redselig, Minderwertigkeitsgefühle, gütig, muß lernen, das Leben realistisch zu sehen.	**Zwölftes** Zieht sich gern zurück, kann in einer Traumwelt leben, stark medial veranlagt, wohltätig, anderen zu helfen ist ein Bedürfnis, gelegentlich emotionales Chaos, hat Schwierigkeiten, seinen Gefühlen Ausdruck zu verleihen.

Merkur in den Zeichen und Feldern

Zeichen	Feld
Widder Impulsiv, reagiert schnell, verliert schnell die Beherrschung, nervös, geistig aktiv, Kämpfer; muß lernen, sich zu konzentrieren.	**Erstes** Reizbar, geistvoll, viele Interessen, schnelle Reaktionen, kann sich in Wort und Schrift mitteilen; mit sich selbst beschäftigt.
Stier Lernt am besten durch visuelle Lehrmittel, lernt langsam, aber behält viel, schwerfällig im Denken und Handeln, praktisch veranlagt, muß lernen, nicht eigensinnig zu sein.	**Zweites** Geschickt im Umgang mit Geld. Kann deutliche Geschäfts- und Berufsbegabung (für freie Berufe) besitzen. Urteilssicheres Handeln.

Zeichen	Feld
Zwillinge Vielseitig, schneller Verstand, leidet an innerer Zersplitterung, reizbar, kontaktfreudig, muß lernen, seine Energie und Gefühle nicht zu verschwenden.	**Drittes** Intellektbetont, liebt Reisen und Studium, ruhelos, aktiv, liebt Abwechslung, neugierig, ausgezeichnet in Berufen, die große geistige Lebhaftigkeit verlangen.
Krebs Ausgezeichnetes Gedächtnis, eigenwillig, zäh, schöpferische Interessen, loyal, liebt keine Veränderung, mag Antiquitäten und sammelt gern.	**Viertes** Ruhelos, Zustände zu Hause können sich ändern und dadurch nervöse Störungen heraufbeschwören, neigt dazu, nützliche und nutzlose Gegenstände aufzubewahren, Bildungsdrang im Alter.
Löwe Schöpferisch, hat große Pläne, kann überoptimistisch sein, muß sich vor seiner Neigung hüten, andere Menschen zu bevormunden, eingebildet, arrogant.	**Fünftes** Schöpferisch, kann guter Lehrer sein, will nachdenken, kann sich anderen auf dem Umweg über Kunst oder Schauspiel mitteilen, hat kluge Kinder.
Jungfrau Praktisch begabt, analytischer Denker, kann Spezialist werden, selbstkritisch, muß lernen, seinen Standpunkt zu erweitern, und darf nicht am Detail hängenbleiben.	**Sechstes** Gesundheit kann durch Angstzustände angegriffen sein; beachtet Einzelheiten; arbeitet gut in einem Team, sollte für andere Dienste leisten.
Waage Künstlernatur, gerecht, Formen- und Farbsinn, taktvoll, braucht Ordnung, kann durch seine Unentschlossenheit Gelegenheiten verpassen.	**Siebtes** Braucht geistige Partnerschaft auf wissenschaftlichem, künstlerischem oder literarischem Gebiet; fühlt sich zu jüngeren Menschen hingezogen.
Skorpion Kritisches Bewußtsein, braucht finanzielle Sicherheit, sinnlich, mißtrauisch, muß lernen, seine Ängste und Abneigungen zu analysieren, sarkastisch.	**Achtes** An okkulter Wissenschaft interessiert, Neigung zu wissenschaftlicher Arbeit, Aussicht auf Erbschaft, nervös, verschlossen; muß lernen, Schriftstücke analytisch zu erfassen, ehe sie unterzeichnet werden.
Schütze Religiöse und philosophische Neigungen; mag Sport, Aufenthalt im Freien und ist gern gut unterrichtet; muß lernen, sich auf ein gegebenes Thema zu konzentrieren.	**Neuntes** An höherer Bildung und Philosophie interessiert, besitzt Intuition, reiselustig, tolerant; muß sein Wesen zum Ausdruck bringen können; literarische Interessen und kaufmännisches Geschick.
Steinbock Denkt logisch, nimmt das Leben ernst, praktische Veranlagung, geduldig; muß ein Ziel haben, auf das er losgehen kann; muß sich davor hüten, zu melancholisch zu werden.	**Zehntes** Von einem Leben als Geschäftsmann oder in der Öffentlichkeit angezogen; geistige Fähigkeit, dies durchzusetzen; Anzeichen für eine Karriere in Berufen, die geistige Lebhaftigkeit voraussetzen (Literatur, Verlag, Handel, Beförderungswesen).
Wassermann An gesellschaftlichem Fortschritt interessiert, der Wissenschaft zugewandt, progressiv; kann in seinem Denken unorthodox sein; muß lernen, realistisch zu werden.	**Elftes** Neigung zu Reformen, stärker geistig als gefühlsbetont; kann unzuverlässige Freunde haben; braucht geistige Anregung; muß lernen, über die Meinung anderer nachzudenken.
Fische Neigt dazu, sich von anderen beeinflussen zu lassen; hat kein Vertrauen zu sich, besitzt Intuition, muß lernen, seine Zurückhaltung zu überwinden.	**Zwölftes** Starke Vorstellungskraft, neigt zu phantasievollen Schwärmereien; daran gewöhnt, sich abzusondern; sollte ermutigt werden, seine latenten geistigen Fähigkeiten einzusetzen; macht sich zuviel Sorgen.

Venus in den Zeichen und Feldern

Zeichen	Feld
Widder Liebevoll, leidenschaftlich, liebt geselliges Leben, schöpferisch, beliebt, neigt zum Flirten.	**Erstes** Sieht gut aus, vertrauensvoll, jugendlich, hat Glück, besitzt Sex-Appeal, heiratet gewöhnlich jung; mag Musik, Kunst und Schauspiel; kann ich-bezogen sein.
Stier Tiefer Gefühle fähig, praktisch begabt, beständig, konservativ, künstlerische Interessen, besitzbewußt, guter Gastgeber oder Gastgeberin, genußfreudig.	**Zweites** Liebt Geld und verdient oft gut, kann extravagant sein, gesellig, künstlerisch, genußfreudig, oft zu freigebig in finanziellen Dingen, gute Voraussetzungen für Modeberufe, Kunst und Kunstgewerbe.
Zwillinge Liebt Reisen, ruhelos, unbeständig, kann sich anderen durch Musik, Kunst oder Schauspiel mitteilen, kann sich geänderten Verhältnissen anpassen, muß sich vor Oberflächlichkeit hüten.	**Drittes** Kann hervorragend Gedanken zum Ausdruck bringen, an Literatur und Kunst interessiert, liebt Reisen, glückliche Veranlagung, charmant, beliebt im kleinen Kreis.
Krebs Muß sich auf andere stützen, zärtlich, verständnisvoll, gefühlsbetont, klammert sich an andere an, phantasiereich, medial, neigt zu Korpulenz.	**Viertes** An Inneneinrichtung interessiert, liebt künstlerische Ausstattung des Heims, guter Innenarchitekt, ein harmonisches Zuhause ist wichtig, gute Beziehungen zum Elternhaus, Begabung zur Blumenzucht.
Löwe Verspielt, fröhlich, liebt Luxus, großzügig, Schwäche für das andere Geschlecht, flirtet gern, muß sein Wesen zum Ausdruck bringen können, eine natürliche Show-Begabung, dramatisiert alles.	**Fünftes** Liebt Spiele, Vergnügungen, Schauspiel und Sex, Kinder können eine künstlerische oder musikalische Begabung besitzen.
Jungfrau Hohes moralisches Bewußtsein, das aber u. U. nicht nach außen in Erscheinung tritt, puritanisch, auf ruhige Weise charmant, reserviert, kritisch, Enttäuschung in der Liebe durch zu nüchterne Einstellung.	**Sechstes** Arbeitet gut mit anderen zusammen, gewöhnlich gute Gesundheit, mag Tiere, verständnisvolle Natur, will oft dienen, Freude an der Arbeit.
Waage Verständnisvoll, kultiviert, gesellig, künstlerisch, muß sich davor hüten, allzu vielen Interessen nachzugehen, sieht gut aus, Idealist, sensibel, braucht Zuneigung.	**Siebtes** Heiratet gewöhnlich jung, findet Harmonie und Glück in der Ehe, friedliebend, sucht die Partnerschaft, künstlerisch, Glück mit Teilhabern.
Skorpion Sinnlich, außerordentlich liebevoll veranlagt, eifersüchtig, strebt Besitz von Menschen und Dingen an, emotional.	**Achtes** Sollte sich mehr um den tieferen Sinn des Daseins bemühen, Erbschaft wahrscheinlich, wird einen friedlichen Tod haben, starker Sexualtrieb.
Schütze Besitzt Intuition, großzügig, Idealist, freiheitsliebend, übersensibel, starke Vorstellungskraft, sucht in der Liebe das Abenteuer.	**Neuntes** Liebt Reisen, Idealist, verständnisvoll, hat Charme, kultiviert, hohe geistige Kultur, literarische und religiöse Interessen.
Steinbock Konventionell und in Liebesangelegenheiten beständig, an Geschäften und Handel interessiert, kann zu starke Selbstkontrolle besitzen, ernsthaft, überlegt, Perfektionist, oft statusbewußt.	**Zehntes** Ehrgeizig, diplomatisch, gesellschaftlicher Aufsteiger, erfolgreich, wird von seinen Vorgesetzten unterstützt, beliebt, hat oft künstlerische Neigungen, kann im Leben alles zu seinem Erfolg nutzen, harmonische Entwicklung.

Zeichen	Feld
Wassermann Hat eigenartige Vorstellungen von der Liebe, folgt aber dem Herzen, kühl, sondert sich ab, ohne starke Gefühle, liebt Unabhängigkeit, neigt zu Manipulationen.	**Elftes** Kann mit Gruppen und Verbänden zusammenarbeiten, Freunde und gesellschaftliche Kontakte sind wichtig, Freundschaften bringen Gewinn, hoffnungsfreudig.
Fische Hochgradig emotional, medial veranlagt, hat unglückliche Liebesaffären, träge, zieht sich gern zurück, Menschenfreund, muß lernen, seine Gefühle zum Ausdruck zu bringen.	**Zwölftes** Sucht Einsamkeit, romantisch, schöpferisch, geheimnisvoll, liebt Tiere, Frieden, geheime Liebesaffären, kann in Intrigen verwickelt werden, die von Frauen ausgehen.

Mars in den Zeichen und Feldern

Zeichen	Feld
Widder Selbstsicher, offenherzig, impulsiv, unabhängig, rücksichtslos, liebt technische Spielereien, mechanisch begabt, deutliches Interesse an sich selbst, ungeduldig, aggressiv, streitsüchtig.	**Erstes** Mutig, energisch, besitzt eigene Motivation, treibt andere an, reizbar, fähiger Verwalter, ehrgeizig, taktlos, wenn seine Pläne nicht schnell genug durchgeführt werden.
Stier Zäh, leidenschaftlich, praktische Fähigkeiten, belastbar, schwelendes Temperament, guter Organisator, dickköpfig, nachtragend.	**Zweites** Strebt Besitz an, muß lernen, mit einem Budget auszukommen, ist imstande, im gleichen Tempo Geld zu verdienen und zu verlieren.
Zwillinge Scharfer, durchdringender Verstand und manuelle Geschicklichkeit, stellt sich schnell auf eine gegebene Situation ein, nervös, Neigung zur Satire.	**Drittes** Schneller, scharfer Verstand, Interesse an Literatur und Erziehungsfragen, alert, streitsüchtig, geht nicht immer logisch vor, hat aber trotzdem Erfolg, hastig, nervös, reizbar.
Krebs Emotional, launisch, braucht Sicherheit, sensibel, ehrgeizig, sinnlich, häuslich, zäh, an okkulten Dingen interessiert.	**Viertes** Schwierigkeiten im häuslichen Leben, will Unabhängigkeit, sammelt gern, aktiv, Kämpfernatur, starker Antrieb. Vorsicht bei Immobilien-Geschäften.
Löwe Temperamentvoll, furchtlos, liebt Aufregung, außerordentliches Selbstvertrauen, neigt zu Spekulationen, hat starke persönliche Ausstrahlung.	**Fünftes** Leidenschaftlich, genußfreudig, guter Führer, spielt und spekuliert gern, kann Schwierigkeiten mit Kindern haben.
Jungfrau Freude an Details, scharfsinnig, kritisch, analytischer Denker, nervös, kann im Alter mürrisch werden.	**Sechstes** Harter und methodischer Arbeiter, sollte lernen, seine Kräfte nicht zu überschätzen und von seinen Mitarbeitern nicht zuviel zu erwarten, leidet an Fieber, Wunden, Schnittverletzungen, Brandwunden und Entzündungen.
Waage Gutes Auffassungsvermögen, freundlich, mag keinen Streit, gut geeignet für Teamarbeit; hat Instinkt, großen Gefahren aus dem Wege zu gehen; fühlt sich vom anderen Geschlecht stark angezogen; braucht gute Erziehung.	**Siebtes** Kämpferisch in Beziehungen mit anderen, heiratet manchmal jung, beherrschend, Unternehmungsgeist, enthusiastisch, kann sich durch zu große Offenheit Feinde machen.

Zeichen	Feld
Skorpion Ehrgeizig, hochgradig kritisch, starke Gefühle, gutes Auffassungsvermögen; muß sich Selbstdisziplin aneignen, um konstruktiv mitarbeiten zu können.	**Achtes** Starker Sexualtrieb, Mystiker, kann Neigung zu Chirurgie oder Psychologie haben, Schwierigkeiten bei Erbschaftsangelegenheiten und Rechtsstreitigkeiten.
Schütze Enthusiastisch, liebt Reisen, wagemutig, unabhängiger Denker, neigt zu Übertreibungen, macht oft ganz unerwartete Dinge, taktlos, streitsüchtig.	**Neuntes** Geistig beweglich, liebt Reisen, braucht religiöse Freiheit, kämpft für seine Überzeugungen, wird im späteren Leben ernsthafter, auf Auslandsreisen begegnen ihm Gefahren.
Steinbock Ehrgeizig, dickköpfig, praktisch begabt, Selbstvertrauen, fähiger Vorgesetzter und Organisator, pflichtbewußt.	**Zehntes** Muß selbständig sein, außergewöhnlich ehrgeizig, herrisch, energisch, mutig, Problem mit einem Elternteil.
Wassermann Starkes Freiheitsbedürfnis, will Reformen durchsetzen, Idealist, ungeduldig, an großen Vorhaben interessiert, Erfindungsgabe.	**Elftes** Viele und verschiedenartige Freunde, die er aber auf Grund seines impulsiven Benehmens verlieren kann, viele gesellschaftliche Kontakte, organisationsfreudig.
Fische Opfert sich für andere auf, ohne Antrieb, kann unerwünschte Gewohnheiten annehmen, Konzentration fällt oft schwer, macht sich geheime Feinde.	**Zwölftes** Verschlossen, soziale Interessen, hat nicht viel Energie, braucht hinreichende Erholung, da rasch erschöpft, kann seinen guten Ruf durch Unzuverlässigkeit verlieren.

Jupiter in den Zeichen und Feldern

Zeichen	Feld
Widder Ehrlich, guter Führer, allzu optimistisch, extravagant, sollte lernen, mit seiner Energie und seinem Geld sparsam umzugehen.	**Erstes** Optimist, hat im allgemeinen Glück, barmherzig, kann andere mitreißen, gewöhnlich starke Vitalität, selbstgerecht.
Stier Braucht Komfort, liebt Besitz, genußfreudig, liebt gutes Essen und Getränke, nachdenklich.	**Zweites** Erfolgreich im Umgang mit Geld, kann extravagant sein, einflußreich, schätzt greifbare Ziele.
Zwillinge Geistig beweglich, vielseitig, redet gern, kann oberflächlich sein, liebt Reisen, erfinderisch, liebt die Literatur.	**Drittes** Interessiert an Literatur, Reisen, Kontakten und Erziehung; Optimist, Philosoph, gute Beziehungen zur Familie, beliebt bei Verwandten.
Krebs Stellt sich schützend vor andere, verständnisvoll, emotional, ehrgeizig, gesellig, Patriot, der Familie gegenüber treu, großzügig, läßt sich aber ausnutzen.	**Viertes** Zufrieden und sicher im Alter, liebt Pomp und Pracht, eitel, zu Hause glücklich, liebt den Erwerb von Besitz, Glück in der Heimat.

Zeichen	Feld
Löwe Treu, liebt die Spekulation, beliebt, schöpferisch, dramatisch, vital, großzügig, liebt Prestige.	**Fünftes** Liebt Vergnügungen, Kunst, Theater, Luxus, Schauspiel und Spekulationen, gesellschaftlich erfolgreich, hat begabte Kinder.
Jungfrau Vorsichtig, ethisch, analytischer Geist, sollte seine Gefühle nicht unterdrücken, materiell eingestellt, redet oft zu unbedacht.	**Sechstes** Gesund, aber neigt zu Hypochondrie, treu, zur Zusammenarbeit bereit, sollte sich vernünftige Eßgewohnheiten angewöhnen.
Waage Gesellig, harmonisch, liebt Kunst und Kultur, braucht sehr viel Lob und Gesellschaft, Lebensfreude.	**Siebtes** Ein guter Ehepartner, aber als solcher nicht unbedingt glücklich, gesellig, kooperativ, von solchen Menschen als Ehepartner angezogen, die einen freien Beruf ausüben.
Skorpion Starke Gefühle, liebt die Herausforderung; von okkulten, verborgenen und geheimnisvollen Dingen angezogen; strebt zäh nach Besitz.	**Achtes** Interessiert sich für okkulte Dinge, kann mit dem Geld anderer umgehen, gute Aussichten auf Erbschaften oder Gewinn durch Partner.
Schütze Geistig, religiös, moralisch, liebt Reisen, Tiere und den Aufenthalt im Freien, glaubt an sein Glück, hat literarische Begabung, mangelnder Eigenantrieb.	**Neuntes** Studiert gern, mag Reisen und Literatur, Philosoph, tolerant, besitzt Intuition, religiös, logischer Denker, Optimist, Glück in der Fremde.
Steinbock Verantwortungsbewußt, Pflichtgefühl, fähiger Führer, kann geizig sein mit Pfennigbeträgen, aber großzügig mit Tausendmarkscheinen umgehen, egoistisch.	**Zehntes** Hat Voraussetzungen, um erfolgreich zu sein, interessiert an Geschäften. Harmonische Entwicklung.
Wassermann Unkonventionell, wissenschaftlich, idealistisch, erhaben, revolutionär.	**Elftes** Hilfreiche Freunde und Bekannte, beliebt, nimmt aktiv am gesellschaftlichen Leben teil, führt seine Pläne aus.
Fische Intuition, übergroße Phantasie, künstlerische Interessen, wohltätig, furchtsam, verständnisvoll, sollte lernen, sich durchzusetzen und sich ein bestimmtes Ziel vorzunehmen.	**Zwölftes** Für das Übersinnliche begabt, nachdenklich, hilft anderen auf eine unauffällige Art, kann Hilfe auf die gleiche Weise erhalten, Philanthrop.

Saturn in den Zeichen und Feldern

Zeichen	Feld
Widder Ehrgeizig, entschlossen, kann flach sein, ungeduldig, trotzig, eifersüchtig, sollte lernen, realistischer zu werden. Übertreibt oft seine Pflichten.	**Erstes** Ernsthaft, ausdauernd, besitzt Selbstvertrauen, manchmal trübsinnig, praktische Begabung, lernt durch Enttäuschungen.
Stier Genügsam, gehemmt, arbeitet am besten unter Druck, sparsam, ausdauernd, dickköpfig.	**Zweites** Verantwortungsbewußt in Geldangelegenheiten, muß lernen, wie man ein Budget aufstellt und mit ihm auskommt, da einem nichts geschenkt wird, Angst um materielle Sicherheit.

Zeichen	Feld
Zwillinge Logisch, gewissenhaft, scheu, begabt für Literatur, Wissenschaft oder Mathematik, kann zu ernsthaft sein, muß oft lernen, sich anzupassen, braucht viel Zeit für Alltagsdinge.	**Drittes** Schwierigkeiten mit der Erziehung, Reisen, Verwandten und Nachbarn; besitzt häufig auch bei mangelhafter Erziehung die Fähigkeit, sich mit ernsthafteren Problemen auseinanderzusetzen; kann oberflächlich erscheinen, ist es aber nicht.
Krebs Ausgesprochenes Sicherheitsbedürfnis, hat Gefühle unter Kontrolle, fürchtet die Unabhängigkeit, konservativ, um das allgemeine Wohl besorgt, starrsinnig.	**Viertes** Fühlt sich in häuslicher Umgebung eingeengt, muß sich Disziplin angewöhnen, erbschaftsbewußt, überängstlich in bezug auf das Alter.
Löwe Ehrgeizig, neigt zu Überanstrengungen, guter Organisator, scheinheiliges Wesen, eifrig bestrebt.	**Fünftes** Hat Schwierigkeiten mit Kindern, treu, lernt gesellschaftliche Ächtung und möglicherweise sexuelle Hemmungen kennen, muß bei jeder Art von Spekulation Vorsicht walten lassen.
Jungfrau Von peinlicher Sorgfalt, diskret, ernsthaft, gründlich, vorsichtig, mißtrauisch, verantwortungsvoll, sollte sich davor hüten zu nörgeln, wird oft falsch verstanden.	**Sechstes** Fähig, Verantwortung zu übernehmen, arbeitet besser allein, zuverlässig, diszipliniert, gewissenhaft, neigt zu schwacher Gesundheit und Problemen als Angestellter.
Waage Muß sich immer ehrenhaft benehmen; Saturn kann in diesem Zeichen außergewöhnliche Wertschätzung, hohes Ansehen in der Gesellschaft oder völlige Schande bedeuten; wissenschaftlich, gefühlsbetont.	**Siebtes** Heirat wird oft verschoben, treu, gewissenhaft, muß lernen, liebevoll zu sein, ehrgeizig, oft wird älterer Ehepartner bevorzugt.
Skorpion Ernsthaft, Neigung zu okkulten Dingen, Melancholie, ist extremer Eifersucht fähig, scharfsinniger Denker, braucht Ventil für seine Gefühle, trotzig.	**Achtes** Für das Übersinnliche begabt, gute Lebenserwartung, verantwortungsbewußt, ernsthaft, hat Schwierigkeiten bei Erbschaft, launenhaft, starrköpfig.
Schütze Religiös, philosophisch, vorsichtig, furchtlos, würdevoll, kann durch andere in Bedrängnis geraten.	**Neuntes** Wissenschaftlich, fleißig, aber es kann an einer guten Erziehung fehlen, was zu ernsthafter Beeinträchtigung der Selbsteinschätzung führen kann, frustriert.
Steinbock Praktisch begabt, fähig, ehrgeizig, egoistisch, kalt, kommt im Leben langsam voran; fähig, Widerstände zu überwinden; Pessimist.	**Zehntes** Muß ein Ziel besitzen; fähig, eine verantwortungsvolle Stellung einzunehmen; sollte lernen, anderen zu verzeihen; tritt für gleiche Bildungschancen für alle ein.
Wassermann Freiheitsliebend, aber ernsthaft an Ideologien interessiert, reserviert, gesellig, legt aber trotzdem Wert auf Distanz, nimmt nicht übel, guter Beobachter.	**Elftes** Wenige, aber treue Freunde, zieht alte Freunde vor, setzt sich gern mit gesellschaftlichen Problemen auseinander.
Fische Philanthrop, phantasievoll, launenhaft, kann in Verruf kommen, glücklos, stark gefühlsbetont, richtet sich oft selbst zugrunde.	**Zwölftes** Trübsinnig, kann gut Geheimnisse für sich bewahren, hat die Gewohnheiten eines Einzelgängers, teilt seinen Kummer niemand mit, reserviert, besitzt keine Ausdauer, muß sich Selbstvertrauen aneignen, wird durch Verrat anderer sehr erschüttert.

Uranus in den Zeichen und Feldern

Zeichen	Feld
Widder Liebt die Freiheit, unabhängig, aktiv, originell, bejahend, unkonventionell, exzentrisch, impulsiv, aufsässig.	**Erstes** Schlau, originell, wissenschaftliche Neigungen, kann Schwierigkeiten haben, mit anderen auszukommen, dickköpfig, erfinderisch, exzentrisch, wechselt Berufe, brüsk, eigensinnig, freiheitsliebend, sprunghaft.
Stier Weiß sich selbst zu helfen, schwelendes Temperament, zerrüttet bestehende Verbindungen, heftig, kann ein Problem gewaltsam lösen oder Hindernisse mit Gewalt beseitigen, eigensinnig.	**Zweites** Seine finanzielle Lage ändert sich, fähig, mit Vermögenswerten auf ungewöhnliche Weise umzugehen, findet eine einzigartige Möglichkeit, Geld zu verdienen, finanziell geht es ihm auf Grund seiner impulsiven Handlungsweise mal gut, mal schlecht.
Zwillinge Vielseitig, erfinderisch, hat Vorahnungen, wissenschaftlich, ruhelos, an Reformen interessiert, kann telepathische Fähigkeiten besitzen.	**Drittes** Zu offen, an zu vielen Dingen interessiert, besitzt Intuition, intellektuell, liebt Reisen, sprunghaft, hat plötzliche Eingebungen.
Krebs Kann in seinen Gefühlen unbeständig sein, medial veranlagt, empfindlich, eigenartige Angewohnheiten, hat häusliche Schwierigkeiten, an seinem Zuhause und an seinem Land interessiert.	**Viertes** Wechselt seinen Wohnsitz, sein häusliches Leben gerät in Unordnung, widerspenstig, emotionales Verlangen nach Sicherheit, dabei aber unruhig, unstetig.
Löwe Fleißig, kühn, abenteuerlustig, besitzt Führungseigenschaften, aber kann in bestimmten Situationen exzentrisch handeln, Abneigung gegen jede Einschränkung.	**Fünftes** Hat ungewöhnliche Kinder, liebt Glücksspiele und Spekulationen, hat unkonventionelle Vorstellungen von sexueller Bindung, kann die Fähigkeit besitzen, andere dazu zu bringen, ihr wahres Ich zu entdecken.
Jungfrau Wissenschaftliche Neugierde, begabter Lehrer, intellektuell und kritisch, liebt Reformen, taktlos.	**Sechstes** Schwierigkeiten mit Mitarbeitern, ungewöhnliche Berufe, reizbar, guter Organisator, neigt zu plötzlicher Krankheit, die auch schnell wieder vorübergeht.
Waage Besitzt Doppelnatur – manchmal voller Charme, ein anderes Mal zerstört er bestehende Bindungen, literarisch begabt, wissenschaftliche Neigungen, Persönlichkeit mit starker Ausstrahlung, für okkulte Dinge begabt, Künstlernatur.	**Siebtes** Hat eigenartige freiheitsliebende Ansichten über die Ehe, fühlt sich von exzentrischen Partnern angezogen, heiratet oft zu voreilig, braucht einen originellen, vielseitigen und entwicklungsfreudigen Partner.
Skorpion Wendet originelle Methoden an, um anderen zu helfen, gefühlsbetont, unabhängig, energisch, entschlossen, rachsüchtig.	**Achtes** Unkonventionelle Ideen von Leben und Tod, neugierig, begabt für das Übersinnliche, kann plötzlich erben.
Schütze Wissenschaftlich orientiert, braucht unbedingt Freiheit, Revolutionär, liebt Reisen, besitzt Intuition, phantasievoll.	**Neuntes** Unkonventionelle Vorstellungen von Philosophie und Religion, Reisetrieb, Neigung zu Unfällen, fanatische Tendenzen, die eigene Weltanschauung durchzusetzen.
Steinbock Gute Führungseigenschaften, scharfer Verstand, ernsthaft, hochgradig ehrgeizig, herrisch.	**Zehntes** Sollte sein eigener Herr sein, da er nicht imstande ist, Befehle zu akzeptieren, kann ungewöhnliche Karriere machen, unabhängig, unkonventionell, originell.

Zeichen	Feld
Wassermann Kann sich gut selber helfen, starke geistige Fähigkeiten, große Intuition und Phantasie, kann Neigung zu Wissenschaften oder Mechanik besitzen, will Zustände zum Besseren wenden.	**Elftes** Gutes staatsbürgerliches Gewissen, viele und ungewöhnliche Bekanntschaften, fühlt sich zu Gruppen und Gesellschaften hingezogen, will Reformen durchsetzen.
Fische Hohe Intuition, verschwiegen, gefühlsbetont, hat ungewöhnliche Träume, kann in Skandale verwickelt werden, macht oft inneren Stimmungswandel durch, von Depression bis Euphorie.	**Zwölftes** Wird von anderen betrogen und verraten, exzentrisch, für das Übersinnliche begabt, Mystiker, kann sich selbst mißverstehen bzw. von anderen mißverstanden werden, muß sich vor dem Ruf hüten, jemand zu sein, der stets alles aufs Spiel setzt.

Neptun in den Zeichen und Feldern

Zeichen	Feld
Widder Sozialistisch eingestellt, an okkulter Forschung interessiert, liebt Reisen, von Gefühlen beherrscht, muß lernen, die realen Möglichkeiten für seine Pläne zu sehen.	**Erstes** Überempfindlich, muß bestimmte Aufgaben und Ziele haben, da er starke Tendenz besitzt, sich zu verzetteln, unbestimmt.
Stier Gutes Gefühl für Rhythmus, musikalisch, schöpferisch, Genußgifte sind zu meiden.	**Zweites** Hat ungewöhnliche Einkommensart, muß mit einem Budget auszukommen lernen, kann Geld für nutzlose und belanglose Dinge ausgeben.
Zwillinge Phantasievoll, Prophet, Mystiker, sensibel, muß sein Gedächtnis und seine Logik schulen.	**Drittes** Besitzt Intuition, an okkulten Dingen interessiert, kann im Ausdruck seiner Gefühle unbestimmt sein, reist gern, hochgradig phantasievoll.
Krebs Idealist, geistig, liebt das Meer, phantasievoll, muß sich selbst immer zu innerer Klarheit zwingen.	**Viertes** Braucht Sicherheit, hat eigenartige Zustände in seiner häuslichen Umgebung, ist Diebstahl ausgesetzt, braucht künstlerische Umgebung.
Löwe Dramatisch, Künstler, starke Ausstrahlungskraft, gütig, zeitweilig Anwandlungen von Größenwahn.	**Fünftes** Künstlerisch, dramatisch, liebt Luxus, hat ungewöhnliche Kinder, gibt der Verlockung von sinnlichen Freuden allzusehr nach, verführt und wird verführt.
Jungfrau Intellektuell, medial begabt, hat Intuition, sensibel, muß sich vor Selbsttäuschung hüten.	**Sechstes** Ist gern für sich, zieht sich gern zurück, schlechter Organisator, sollte der Menschheit auf irgendeine Weise dienen, muß lernen, sich selbst zu rationalisieren.
Waage Charmant, kultiviert, Idealist, platonisch, künstlerisch, sensibel.	**Siebtes** Ungewöhnliche Partnerschaften, braucht Gesellschaft, hat Schwierigkeiten bei der Beurteilung der Beweggründe und des Charakters anderer.

Zeichen	Feld
Skorpion Äußerst sensibel, starke Gefühle, medial veranlagt, verschwiegen.	**Achtes** Hat Intuition, Neigung zu okkulten Dingen, die finanzielle Lage seiner Partner ist Schwankungen unterworfen, hat negative Gewohnheiten, deren er sich bewußt werden sollte.
Schütze Visionär, liebt Reisen und Forschung, literarisch begabt.	**Neuntes** Hat Intuition, reiselustig, starke Phantasie, hat eigene Meinungen über Philosophien und Religionen, Neigung zu okkulten Wissenschaften.
Steinbock Praktische Begabung und Scharfblick für Geschäfte aufgrund seiner Begabung für okkulte Dinge.	**Zehntes** Künstlerisch, fähiger Führer, kann berühmt werden, neigt dazu, seinen Namen oder seine äußeren Lebensbedingungen zu verändern, ungewöhnliche Karriere.
Wassermann Human, unabhängig, sucht nach der inneren Bedeutung des Lebens.	**Elftes** Seltsame Freunde, kann Verführung erliegen, sollte sich vor Täuschung und Betrug hüten.
Fische Hochgradig mystisch und geistig, kann in Selbstmitleid versinken.	**Zwölftes** Hat Intuition, Neigung zu okkulten Dingen, ist gern für sich, tendiert zu Schwärmereien und Selbsttäuschung, kann in seinen Gewohnheiten abhängig werden (z. B. von Alkohol usw.).

Pluto

Der Planet Pluto bewegt sich außerordentlich langsam. Seine Umlaufzeit beträgt ca. 248 Jahre. Dies bedeutet, daß Pluto etwa 25 bis 30 Jahre in einem Zeichen bleibt und so auf eine sehr große Zahl von Menschen, die in diesen 25 bis 30 Jahren geboren werden, einen Einfluß ausübt. Da der Planet Pluto erst 1930 entdeckt wurde, gibt es nicht viel Material über seinen Einfluß.

Pluto stand etwa von 1822 bis 1852 im Zeichen Widder. Auf ihn sind gesellschaftliche und wirtschaftliche Umwälzungen zurückzuführen.

Etwa von 1853 bis 1883 stand Pluto im Stier. Er löste den Abbau großen Stils und die Nutzbarmachung der Bodenschätze der Erde aus.

Etwa von 1883 bis 1914 stand er im Zeichen Zwillinge. Die Folgen waren Aufschwung, intellektuelle Entwicklung, Erfolge in den Natur- und Geisteswissenschaften.

Etwa von 1914 bis 1938 stand er im Krebs. Hierdurch kamen neue technologische Erkenntnisse zustande.

Ungefähr von 1938 bis 1957 stand er im Zeichen des Löwen. Dies führte zu Machtentfaltung, Diktaturen, der Atombombe, aber auch zu neuem Kunstverständnis.

Etwa von 1957 bis 1971 stand er im Zeichen der Jungfrau. Dies löste neue Entdeckungen und Ergebnisse in der medizinischen Forschung aus. Ernährungsfragen wurden wichtig.

Pluto steht seit etwa 1972 im Zeichen Waage. Sein Haupteinfluß scheint in der Notwendigkeit wirtschaftlichen Ausgleichs und wirtschaftlicher Partnerschaft und in der Erkenntnis zu liegen, daß man Rohstoffe wohlüberlegt verwenden soll. Hieraus sollten sich gleiche Chancen für alle, politische Veränderungen, Anerkennung von Gesetz und Ordnung sowie Reformen ergeben.

Pluto in den Feldern

Erstes Feld
Macht Krisen, Veränderungen, Umwälzungen in seinem Privatleben durch, Skeptizismus, gibt viele Erfahrungen preis, muß lernen, konstruktiv mitzuarbeiten.

Zweites Feld
Weiß sich zu helfen, hat Einkommen aus mehreren Quellen, kann außerordentlich große finanzielle Schwankungen durchmachen, muß lernen hauszuhalten.

Drittes Feld
Scharfer, bohrender Verstand, an okkulten Dingen interessiert, reist gern, kann zynisch sein, in der Familie kann es zu dunklen Eifersuchtsaffären kommen, sollte seine Überempfindlichkeit überwinden lernen.

Viertes Feld
Es kann zu plötzlichen und totalen Umwälzungen im häuslichen Bereich kommen, starke Bindungen durch Vererbung, Tendenzen zu Diktatur, sollte lernen, mit den anderen Familienmitgliedern zusammenzuarbeiten.

Fünftes Feld
In romantischen Beziehungen beherrschend und eifersüchtig, erwartet von seinen Kindern Perfektion, liebt Abenteuer, sollte seine Spielernatur unter Kontrolle halten.

Sechstes Feld
An Medizin interessiert sowie an Hygiene und Heilverfahren, manchmal Neigung zu Selbstaufopferung, muß lernen, von anderen keine allzu großartige Leistung zu erwarten.

Siebtes Feld
Hat einen Macht-Komplex, wettbewerbsbewußt, an irgendeinem Punkt seines Lebens wird es durch den Einfluß eines anderen Menschen zu einer außerordentlichen Veränderung kommen, muß lernen, mit anderen produktiv zusammenzuarbeiten.

Achtes Feld
Bewirkt in regelmäßigen Zeitabständen wiederkehrende Krisen, macht plötzliche wirtschaftliche Umwälzungen durch, erlebt eine Umwandlung seines Selbst, sollte sich vor krankhafter Beschäftigung mit dem Tod hüten.

Neuntes Feld
Will Reformen durchsetzen, abenteuerlustig, Idealist, Mystiker, reist gern, sollte sich davor hüten, ein religiöser Fanatiker zu werden, verschreibt sich oft an einen »Ismus«, der der eigenen Entwicklung hinderlich ist.

Zehntes Feld
Unabhängig, herrisch, Macht-Komplex, wechselt Berufe, sollte sich vor rücksichtslosen Methoden und Einstellungen hüten, da er sonst in Skandale verwickelt wird.

Elftes Feld
An »Ismen« interessiert, Beeinflussung der Massen, visionäre Ideen, will Reformen durchsetzen, sollte gründlich analysieren, ob Ziele und Vorhaben wirklich von positiver Wirkung für die Menschheit sind.

Zwölftes Feld
Ist eifersüchtig und leidet an emotionalen Spannungszuständen, übersensibel, muß sich selbst in bezug auf die äußere Welt verstehen lernen.

Der Ascendent oder das aufsteigende Zeichen – nach Elementen geordnet

Steigt eines der **Feuer-Zeichen** auf, so weist es auf starke Vitalität, Kraft und Energie, starke Widerstandsfähigkeit, Ehrgeiz, Stolz, Unternehmungsgeist, Befehlsgewalt, einen stärker auf Führen als auf Dienen gerichteten Willen und auf einen streitsüchtigen und temperamentvollen Charakter hin.
Steigt eines der **Luft-Zeichen** auf, so bedeutet es weniger Vitalität, Liebe zur Kunst, Frohsinn, Freundlichkeit, einen verständnisvollen Charakter, kontaktfreudiges Wesen, Interesse an den Belangen der Gesellschaft und Begabung als Redner.
Steigt eines der **Wasser-Zeichen** auf, so ist dies ein Hinweis auf langsame Regenerationskraft, eine schwache Konstitution, Sensibilität, Furcht, scheues Benehmen, Mangel an Energie, Gefühlsbetontheit und Intuition. (Ausnahme der ♏-Ascendent, bei dem diese Konstitutionsschwäche nicht so deutlich ist.)
Steigt eines der **Erd-Zeichen** auf, so bedeutet dies allgemein gute Gesundheit, eine starke Konstitution, eine Neigung zu Vorsicht und einen Charakter, der die folgenden Eigenschaften besitzt: vorausdenkend, sorgfältig, dickköpfig, mißtrauisch, sparsam, auf den Schutz seiner selbst bedacht und praktisch veranlagt.

Die Ascendenten – nach Zeichen geordnet

Widder
Aufrichtig, offen, grob, reizbar, aber nicht nachtragend, wissenschaftlich, Forschergeist, nicht leicht entmutigt, starke Willenskraft, angriffslustig, energisch.

Stier
Selbstvertrauen, beständig, kann hart arbeiten, um Ziele zu erreichen, ruhig, dogmatisch, reserviert, Liebe zu Schönheit, Kunst, Musik und Literatur, kann leicht durch Sympathie gerührt werden, hat einen beruhigenden Einfluß auf andere.

Zwillinge
Untersucht gern alles genauer, neigt zu Experimenten, geschickt, Idealist, liebt geistige Beschäftigungen, ruhelos, reizbar, unentschlossen, leicht erregbar, wechselhaft, braucht ständige Veränderung, für ihn sind Erziehung und Literatur hervorragende Ventile für seine Gefühle, redet gern.

Krebs
Veränderlich, launenhaft, sentimental, verständnisvoll, redselig, gutes Gedächtnis, fürchtet Kritik und Lächerlichkeit, diskret und konventionell, starke Gefühle, paßt sich gut an, sehr unsicher.

Löwe
Edel, gutmütig, großzügig, hat große Hoffnungen, Vertrauen und Tapferkeit, üppig, überschüssige Energie, Vitalität und feurige Zuneigung, aufrichtig, leidenschaftlich, reizbar, leicht verärgert, läßt anderen bereitwillig einen Vorteil zukommen, hat im allgemeinen Glück.

Jungfrau
Scheu, bescheiden, konservativ, fleißig, strebt Wohlstand und Vermögen an, muß aber besondere Anstrengungen unternehmen, um Geld zu sparen, empfindlich in bezug auf seine Umgebung und die Verhältnisse anderer, ist schnell besorgt, ist sorgfältig hinsichtlich Einzelheiten, gutes Urteil, sollte Drogen meiden, gewissenhaft.

Waage
Liebt Gerechtigkeit, Sauberkeit, Ordnung, Frieden und Harmonie, liebt die Schönheit in allen Formen, neigt dazu, liebevoll zu sein, glücklich, beeindruckbar, bewundert Bescheidenheit und Kultiviertheit, drückt sein Ich am besten in einem freien Beruf aus.

Skorpion
Entschlossen, verschlossen, mißtrauisch, skeptisch, sarkastisch, schlagfertig, schneller Redner, alert, erreicht hochgesteckte Ziele durch Scharfsinn und Willenskraft oder Gewalt, mechanische Geschicklichkeit, untersucht gern geheimnisvolle Dinge, durchdringender Blick.

Schütze
Jovial, heller Kopf, voll Hoffnung, liebt die Freiheit, wird nicht zulassen, daß ihn jemand herumbefiehlt oder antreibt, offen, furchtlos, impulsiv, taktlos und manchmal grob, liebt alles, was groß angelegt ist (z. B. Geschäfte oder finanzielle Unternehmungen), gutes Gefühl für Humor, reist gern und mag Abenteuer.

Steinbock
Weise, sparsam, praktisch begabt, ruhig, ernsthaft, kann sich um seine eigenen Interessen gut kümmern, guter Organisator, vorsichtig und abwägend, geht nicht aus sich heraus, zieht Ideen Worten vor, wird gut mit irdischen Dingen fertig.

Wassermann
Entschlossen, ruhig, unauffällig, treu, Idealist, Philosoph und Menschenfreund, gutes Gedächtnis und klarer Verstand, objektiv, Reformen zugeneigt, immer seiner Zeit voraus, Erneuerer und Erfinder, exzentrisch und eigenartig, an sozialen Fragen interessiert, besitzt oft wissenschaftliche und literarische Begabung.

Fische
Vertrauensvoll, verständnisvoll, Idealist, beeindruckbar, gefühlsbetont, hat kein Selbstvertrauen, bescheiden, furchtsam, manchmal unentschlossen, ohne Energie, ist imstande, aus einer bestimmten Situation das Beste zu machen, für geistige Dinge begabt.

Planeten im aufsteigenden Zeichen und ihr Einfluß auf die Beschaffenheit des Körpers

Mars – Dunkler Teint, breiter und untersetzter Körper.
Venus – Gutes Aussehen, hübsch bis schön.
Merkur – Lebhafte Gesichtszüge.
Mond – Helle Haut und schön, später Bindegewebsschwäche.
Sonne – Rosiger Schimmer, strahlende Augen.
Jupiter – Fleischiger Körper.

Saturn – Bleiches Aussehen, lederartig, neigt dazu, schlank zu bleiben.
Uranus – Leuchtende blaue Augen, drahtiger Körper, heller Teint, starke Ausstrahlung.
Neptun – Ätherisches Aussehen, neigt zu Korpulenz.
Pluto – Breit, eckig, faltige Gesichtszüge, dunkler Teint.

4
Wie man Aspekte mißt

In der Astrologie bezieht sich der Begriff »Aspekt« auf die geometrischen Winkel-Verhältnisse zwischen den Planeten. Diese Beziehungen beruhen darauf, daß bei bestimmten Winkelabständen von Planeten eine gegenseitige Einwirkung besteht. Diese Winkelabstände (0°, 45°, 120° usw.) heißen Aspekte. Die Aspekte sind für die Deutung eines Horoskops von sehr großer Bedeutung. Jedesmal, wenn zwei oder mehr Planeten einen Aspekt bilden, verbinden sich ihre Einflüsse. Bilden z. B. Venus und Mars in der Geburtsstunde einen Aspekt, so gibt es eine bestimmte gemeinsame Beziehung beider Planeten zum Horoskop des betreffenden Menschen. Es gibt harmonische Aspekte, bei denen sich die beiden Planetenprinzipien harmonisch miteinander verbinden, und Aspekte, bei denen die Planeten im Widerstreit miteinander liegen.

Die Aspekte werden durch Symbole gekennzeichnet, genauso wie die Tierzeichen und Planeten. In der Tabelle auf Seite 42 gibt die erste, senkrechte Spalte die astrologischen Symbole an. Die zweite Spalte gibt die Definitionen für diese Symbole an. Die dritte Spalte bezeichnet die geometrische Gradeinteilung für jeden besonderen Aspekt. Die vierte Spalte führt den zulässigen Wirkungsumkreis (Orbis), ohne Sonne und Mond, auf. Die fünfte Spalte bezeichnet den zulässigen Wirkungsumkreis (Orbis) der Sonne und des Mondes – für die in den meisten Fällen ein größerer Wirkungsumkreis zulässig ist als für die anderen Planeten.

Jede beliebige Entfernung zwischen den Planeten kann zwischen zwei beliebigen Punkten im Horoskop gemessen werden. Die obigen Orben entsprechen den in Europa üblichen Werten. Die amerikanische Astrologie verwendet größere Orben.

Abbildung 7 zeigt die gesamten 30 Grad des Zeichens Widder. Manchmal bezeichnet man 0° Widder auch als 30° Fische (das vorangehende Zeichen); in der Abbildung geht Widder bis zu 0° Stier (das folgende Zeichen). Beachten Sie, daß die Grad-Zahlen, die ein Zeichen besitzt, in der dem Uhrzeigersinn entgegengesetzten Richtung im Kreis angeordnet sind.

In Abbildung 7 zeigt der Pfeil die Richtung an.

Der gesamte Bereich eines jeden Tierkreiszeichens beträgt 30°.

Die einzelnen Felder eines Horoskops haben meist unterschiedliche Größen, das liegt an bestimmten astronomischen Bedingungen.

Konjunktion ist das Symbol für Aktivität. Stehen Planeten in Konjunktion zueinander, so verbinden sich die verschiedenen Formen der Aktivität, für welche die betreffenden Planeten die Symbole sind. Die Deutung einer Konjunktion hängt von der Natur des teilnehmenden Planetentyps ab – mit anderen Worten, ob diese Planeten eine vorteilhafte oder nachteilige Natur haben.

Die wichtigeren Aspekte

Symbole	**Definition**	**genauer Aspekt**	**zulässiger Orbis der Planeten** **– oder +**	**zulässiger Orbis bei ☉ und ☾** **– oder +**
//	Deklinationsparallele – einer der Planeten kann südlich, der andere nördlich stehen. Beide Planeten, die eine Deklinationsparallele bilden, können aber auch gemeinsam nördlich oder gemeinsam südlich stehen.	0°	1°	1°
☌	Konjunktion	0°	3°	5°
∠	Halbquadrat	45°	2°	4°
✱	Sextil	60°	3°	4°
Q	Quintil	72°	1°	2°
□	Quadrat	90°	3°	4°
△	Trigon	120°	3°	4°
⚼	Anderthalbquadrat	135°	2°	4°
⚻	Quinkunx	150°	2°	3°
☍	Opposition	180°	3°	5°

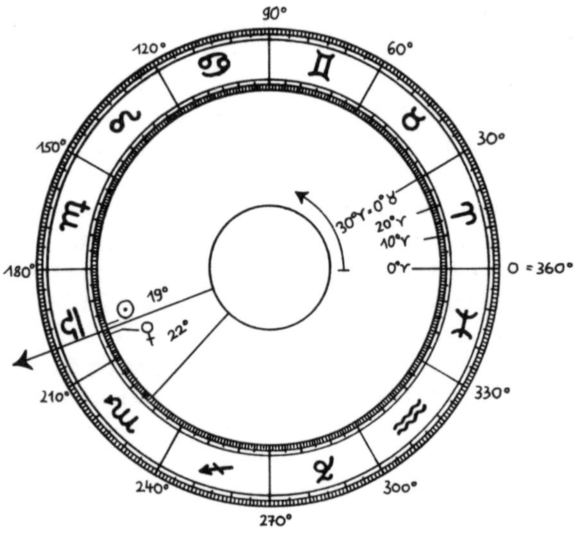

Abbildung 7
Einteilung des Tierkreises.
Widder bei 0°, eines der zwölf Zeichen

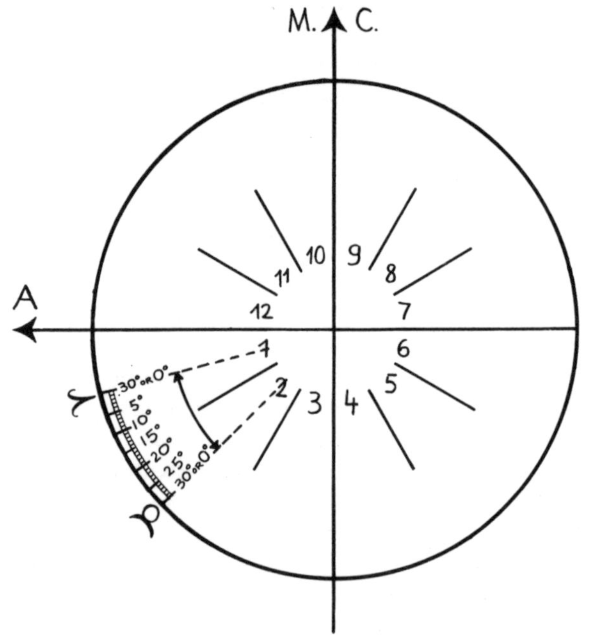

Abbildung 8
In diesem Fall geht der Bereich des Widders von der Mitte des ersten Feldes bis zur Mitte des zweiten Feldes

Parallel-Aspekte (Deklinationen)

Es gibt verschiedene Arten von Meßkreisen am Himmel. Zwei sind wichtig: Der Tierkreis und der Himmelsäquator. Diese beiden Systeme stehen im Winkel von etwa 23°27′ zueinander (Erdachsenneigung). Der Himmelsäquator ist, vereinfacht ausgedrückt, die Projektion des Erdäquators in den Himmel. Der Himmelsnordpol ist die in den Himmel verlängerte Erdachse (in der Nähe des Polarsternes). Um diesen Himmelsnordpol (HNP) drehen sich scheinbar alle Gestirne.

Den Abstand vom Himmelsäquator nennt man Deklination. Er entspricht am Himmel unseren Breitenkreisen auf der Erde. Gleiche Deklinationen werden als »Parallel-Aspekte« oder kurz als »Parallelen« bezeichnet.

Ein Parallelaspekt ergibt sich, wenn zwei Planeten dieselbe Deklination (Winkelabstand nördlich oder südlich des Himmeläquators) haben. Verfolgen Sie in Abb. 9 den siebten Tag quer durch die Spalten, die mit »Dec.« (Deklination) bezeichnet sind. Beachten Sie, daß in der Spalte »Neptun« seine Deklination für den siebten Tag 19°S27′ beträgt. Stellen Sie dann in der Spalte »Saturn« fest, daß seine Deklination gleich 21°N22′ ist. Die Differenz zwischen diesen beiden Planeten beträgt fast 2°; es liegt folglich kein Parallel-Aspekt mehr vor, denn 1° ist der zulässige Orbis.

Um die genaue Differenz zwischen den zwei Planeten Neptun und Saturn zu bestimmen, subtrahieren wir 19°S27′ (Neptun) von 21°N22′ (Saturn). Nun können wir nicht 27′ von 22′ abziehen; da aber jeder Winkelgrad aus 60 Winkelminuten besteht, sieht die Berechnung so aus: Saturn 20°82′, (das ist dasselbe wie 21°22′) weniger Neptun 19°27′ = 1°55′ (Differenz).

Schauen Sie sich in Abbildung 9 die Spalte für die Deklination des Mondes an. Wenn Sie diese Spalte von oben nach unten lesen, werden Sie bemerken, daß die Deklination zu- oder abnimmt – mit anderen Worten, ihre Richtung ändert, wobei sie zwischen den nördlichen und südlichen Deklinationen hin und her wechselt. Diese Art von Wechsel stellen wir bei fast allen Planeten fest, aber der Mond verändert sich in dieser Beziehung am schnellsten.

Ein Parallelaspekt ist ein starker Aspekt. Zeigt ein Horoskop einen Planeten südlich und den anderen nördlich, gemäß der Einteilung nach Deklination, so handelt es sich um eine Oppositions-Analogie. Stehen die betreffenden Planeten beide im Süden oder beide im Norden, so handelt es sich um einen festhaltenden oder bewahrenden Aspekt. Parallelaspekte werden immer gemeinsam mit anderen Planetenaspekten gelesen; sie werden verwendet, um Deutungen zu verfeinern. Im deutschen Sprachraum gibt es nur eine grundlegende Forschungsarbeit: »Das Problem der Deklinations-Parallelen im Geburtsbild« von Ebertin. Der Fortgeschrittene wird das Buch mit praktischem Gewinn lesen.

Die anderen Aspekte

Wir wollen uns nun die verbleibenden Aspekte ansehen. Zu diesem Zweck müssen wir auf Abbildung 11 Bezug nehmen. Das **Halbquadrat** ist mit A bezeichnet. Es besteht aus einem Achtel (45°) eines Kreises (360°). Der zulässige gesamte Orbis auf jeder Seite des genauen Halbquadrataspekts von 45° ist gleich 2°; dies bedeutet, daß sich der gesamte Bereich des Aspekts von 43° bis 47° erstreckt. Da der zulässige Orbis von Sonne und Mond größer ist, wird ein Spielraum von 2 Grad zusätzlich beiderseits des genauen zulässigen Aspekts gegeben. Der Orbis für den Aspekt geht in diesem Fall von 41° bis 49°. Beachten Sie, daß in der Aspekte-Tabelle (siehe Seite 42) der gesamte zulässige Orbis für Sonne und Mond 4° beträgt.

Wenn wir annehmen, daß der Saturn bei 20° eines Zeichens – z.B. Widder – steht und ein anderer Planet, z.B. Mars, bei 5° des Zeichens Zwillinge steht, so würde die genaue Differenz zwischen den beiden Planeten 45° ausmachen. Dies gilt als ein genauer Halbquadrataspekt.

Wenn wir annehmen, daß ein Planet bei 20° Widder und ein anderer bei 3° Zwillinge steht, so ist der genaue Abstand zwischen den beiden Planeten gleich 43° – was im zulässigen Orbis zwischen den beiden Planeten liegt.

Neumond – 6. November 1 h 22 m

New Moon—November *6d. 1h. 22m. a.m.*

22		NOVEMBER, 1972									[*RAPHAEL'S*
D M	Neptune Lat.	Neptune Dec.	Herschel Lat.	Herschel Dec.	Saturn Lat.	Saturn Dec.	Jupiter Lat.	Jupiter Dec.	Mars Lat.	Mars Dec.	Mars Dec.
	° ′	° ′	° ′	° ′	° ′	° ′	° ′	° ′	° ′	° ′	° °
1	1 N 35	19 S 24	0 N 36	7 S 15	1 S 40	21 N 23	0 S 5	23 S 26	0 N 46	7 S 18	7 S 33
3	1 35	19 25	0 36	7 18	1 40	21 23	0 5	23 25	0 45	7 48	8 3
5	1 35	19 26	0 36	7 21	1 40	21 22	0 5	23 24	0 44	8 18	8 33
7	1 35	19 27	0 36	7 23	1 40	21 22	0 6	23 24	0 44	8 48	9 3
9	1 35	19 28	0 36	7 26	1 40	21 21	0 6	23 23	0 43	9 18	9 32
11	1 35	19 29	0 36	7 29	1 40	21 20	0 6	23 22	0 42	9 47	10 1
13	1 35	19 29	0 36	7 31	1 40	21 20	0 6	23 21	0 41	10 16	10 30
15	1 35	19 30	0 36	7 34	1 40	21 19	0 6	23 20	0 40	10 45	10 59
17	1 34	19 31	0 36	7 36	1 40	21 18	0 6	23 18	0 39	11 13	11 28
19	1 34	19 32	0 36	7 39	1 40	21 18	0 7	23 17	0 39	11 42	11 56
21	1 34	19 33	0 36	7 41	1 40	21 17	0 7	23 16	0 38	12 10	12 23
23	1 34	19 34	0 36	7 43	1 40	21 16	0 7	23 14	0 37	12 37	12 51
25	i 34	19 34	0 36	7 46	1 40	21 15	0 7	23 13	0 36	13 4	13 18
27	1 34	19 35	0 36	7 48	1 40	21 15	0 7	23 11	0 35	13 31	13 S 45
29	1 34	19 36	0 36	7 50	1 40	21 14	0 7	23 9	0 34	13 58	—
30	1 N 34	19 S 36	0 N 36	7 S 51	1 S 40	21 N 13	0 S 8	23 S 8	0 N 33	14 S 11	

D M	D W	Sidereal Time	☉ Long.	☉ Dec.	☽ Long.	☽ Lat.	☽ Dec.	MIDNIGHT ☽ Long.	MIDNIGHT ☽ Dec.
		H. M. S.	° ′ ″	° ′	° ′ ″	° ′	° ′	° ′ ″	° ′
1	W	14 43 29	9 ♏ 9 51	14 S 33	18 ♍ 24 46	4 S 18	0 N 37	24 ♍ 37 21	2 S 3
2	Th	14 47 26	10 9 57	14 52	0 ♎ 47 20	4 46	4 S 41	6 ♎ 54 59	7 15
3	F	14 51 22	11 10 4	15 11	13 0 31	5 0	9 44	19 4 11	12 7
4	S	14 55 19	12 10 13	15 30	25 6 7	5 0	14 22	1 ♏ 6 31	16 28
5	☉	14 59 15	13 10 24	15 48	7 ♏ 5 31	4 47	18 24	13 3 17	20 9
6	M	15 3 12	14 10 37	16 6	18 59 57	4 22	21 40	24 55 42	22 58
7	Tu	15 7 8	15 10 52	16 24	0 ♐ 50 44	3 45	24 0	6 ♐ 45 15	24 47
8	W	15 11 5	16 11 8	16 41	12 39 30	2 59	25 16	18 33 48	25 29
9	Th	15 15 1	17 11 27	16 58	24 28 29	2 4	25 24	0 ♑ 23 56	25 1
10	F	15 18 58	18 11 46	17 15	6 ♑ 20 34	1 4	24 22	12 18 52	23 25
11	S	15 22 55	19 12 8	17 32	18 19 22	0 S 1	22 12	24 22 35	20 43
12	☉	15 26 51	20 12 30	17 48	0 ♒ 29 9	1 N 4	19 0	6 ♒ 39 38	17 3
13	M	15 30 48	21 12 54	18 4	12 54 41	2 7	14 54	19 14 55	12 33
14	Tu	15 34 44	22 13 20	18 20	25 40 55	3 6	10 2	2 ♓ 13 13	7 22
15	W	15 38 41	23 13 46	18 35	8 ♓ 52 20	3 57	4 S 35	15 38 38	1 S 41
16	Th	15 42 37	24 14 14	18 50	22 32 21	4 36	1 N 16	29 33 37	4 N 16
17	F	15 46 34	25 14 44	19 5	6 ♈ 42 19	5 1	7 16	13 ♈ 58 9	10 12
18	S	15 50 30	26 15 14	19 19	21 20 36	5 6	13 3	28 48 52	15 45
19	☉	15 54 27	27 15 46	19 33	6 ♉ 22 1	4 51	18 13	13 ♉ 58 50	20 26
20	M	15 58 24	28 16 20	19 47	21 38 1	4 16	22 17	29 18 9	23 45
21	Tu	16 2 20	29 ♏ 16 55	20 0	6 ♊ 57 48	3 21	24 47	14 ♊ 35 34	25 21
22	W	16 6 17	0 ♐ 17 31	20 13	22 10 9	2 13	25 26	29 40 26	25 2
23	Th	16 10 13	1 18 10	20 25	7 ♋ 5 26	0 N 57	24 12	14 ♋ 24 27	22 57
24	F	16 14 10	2 18 49	20 38	21 36 56	0 S 21	21 21	28 42 35	19 27
25	S	16 18 6	3 19 30	20 49	5 ♌ 41 16	1 36	17 18	12 ♌ 33 3	14 57
26	☉	16 22 3	4 20 13	21 1	19 18 6	2 43	12 27	25 56 43	9 51
27	M	16 26 0	5 20 57	21 12	2 ♍ 29 17	3 39	7 11	8 ♍ 56 15	4 N 28
28	Tu	16 29 56	6 21 43	21 22	15 18 6	4 22	1 N 45	21 35 20	0 S 56
29	W	16 33 53	7 22 31	21 33	27 48 27	4 52	3 S 36	3 ♎ 57 58	6 11
30	Th	16 37 49	8 ♐ 23 20	21 S 42	10 ♎ 4 20	5 S 7	8 S 42	16 ♎ 8 1	11 S 7

First Quarter—November *14d. 5h. 1m. a.m.*

Erstes Viertel – 14. November 5 h 1 m

Sidereal Time = Sternzeit Lat. (Latitude) = Breitengrad Long. (Longitude) = Längengrad Dec. = Deklination

Uranus ♅ wird in der englischen Ephemeride noch nach seinem Entdecker »Herschel« genannt.

Abbildung 9

Raphael's Ephemeride, November 1972.
Die täglichen Positionen der Planeten sind – basierend auf der Greenwich-Zeit – in Grad angegeben*

* © W. Foulsham & Co., Ltd., England. Reproduced with permission of the publishers.

Vollmond – 20. November 23 h 7 m

FULL MOON—November 20*d*. 11*h*. 7*m*. *p.m.*

EPHEMERIS] **NOVEMBER, 1972** **23**

D M	Venus Lat. ° ′	Venus Dec. ° ′	Venus Dec. ° ′	Mercury Lat. ° ′	Mercury Dec. ° ′	Mercury Dec. ° ′	☽ Node ° ′
1	1N 33	0N 39		2 S 41	23 S 12		20 ♑ 27
			0N 12			23 S 28	
3	1 36	0 S 15		2 46	23 43		20 21
			0 S 42			23 56	
5	1 39	1 9		2 47	24 8		20 14
			1 37			24 18	
7	1 42	2 4		2 47	24 26		20 8
			2 31			24 33	
9	1 44	2 59		2 44	24 38		20 2
			3 26			24 41	
11	1 46	3 54		2 36	24 42		19 55
			4 21			24 41	
13	1 48	4 48		2 24	24 38		19 49
			5 16			24 32	
15	1 49	5 43		2 7	24 24		19 43
			6 10			24 13	
17	1 50	6 37		1 45	24 0		19 36
			7 4			23 43	
19	1 51	7 31		1 16	23 24		19 30
			7 58			23 1	
21	1 51	8 24		0 41	22 36		19 24
			8 51			22 7	
23	1 51	9 17		0 S 2	21 36		19 17
			9 43			21 3	
25	1 50	10 9		0N 39	20 29		19 11
			10 35			19 54	
27	1 50	11 1		1 18	19 20		19 4
			11 S 26			18 S 48	
29	1 48	11 51		1 51	18 18		18 58
30	1N 48	12 S 16	—	2N 5	17 S 51	—	18 ♑ 55

Mutual Aspects

1. ☉⊥♇. ♂P♅.
2. ☿✱♀, P♃, ✱♇. ♂☌♇.
3. ☿☌♆. ♀✱♆.
4. ☿⊻♃, ∠♅. ♀□♃.
5. ☉±♄. 6. ♂Q♃.
7. ☉⊥♀. 10. ☉∠♇.
11. ☉⊽♄. 12. ☉⊻♅.
13. ♂⊥♆. 14. ☉∠♃.
15. ☿ Stat. ♀△♄.
16. ♀∠♆. 17. ♀☌♅.
19. ☉⊥♅, P♆. ☿P♃. ♀P♅.
20. ☿∠♀.
21. ☿⊥♂. ♂⚼♄, ⊻♇.
22. ☿⊻♃. ♀Q♃.
23. ♀⊥♆. ♂⊻♆.
24. ☿⊥♀, ⊻♂, P♄, ∠♅.
25. ☉P☿, ⊥♃. ☿☌♆.
26. ☉☌☿, ✱♇. ☿⊻♀, ⊥♃, [✱♇. ♂P♇.
27. ☉P♄, ☌♆. ☿P♆. ♀⚼ [♄, ⊻♇.
28. ☉∠♅. ♀⊻♆.

D M	♆ Long. ° ′	♅ Long. ° ′	♄ Long. ° ′	♃ Long. ° ′	♂ Long. ° ′	♀ Long. ° ′	☿ Long. ° ′	Lunar Aspects ☉	♇	♆	♅	♄	♃	♂	♀	☿
1	4 ♐ 3	19 ♎ 59	19 ♊ 48	5 ♑ 3	20 ♎ 30	1 ♎ 55	2 ♐ 1				⊻	□		⊻		
2	4 5	20 3	19 ℞45	5 13	21 9	3 7	3 9	∠	☌	✱			□		☌	✱
3	4 7	20 6	19 42	5 24	21 49	4 20	4 16	⊻								
4	4 9	20 10	19 38	5 34	22 28	5 32	5 20			∠	☌	△		☌		∠
5	4 11	20 13	19 35	5 45	23 8	6 44	6 22		⊻	⊻		⚼	✱		⊻	⊻
6	4 13	20 17	19 31	5 56	23 47	7 57	7 20	☌	∠		⊻		∠	⊻	∠	
7	4 15	20 20	19 28	6 7	24 26	9 10	8 15		✱	☌	∠		⊻			
8	4 18	20 24	19 24	6 18	25 6	10 22	9 6	⊻						∠	✱	●
9	4 20	20 28	19 20	6 30	25 45	11 35	9 52				✱	☍		✱		
10	4 22	20 31	19 17	6 41	26 25	12 48	10 34	∠	□	⊻			●			⊻
11	4 24	20 34	19 13	6 52	27 4	14 1	11 10	✱		∠	□				□	
12	4 26	20 38	19 9	7 4	27 44	15 14	11 40		△	✱		⚼		□		∠
13	4 28	20 41	19 5	7 15	28 24	16 27	12 3		⚼			△	⊻		△	✱
14	4 31	20 45	19 1	7 27	29 3	17 40	12 19	□			△		∠	△		
15	4 33	20 48	18 56	7 39	29 ♎ 43	18 54	12 27			□	⚼		✱	⚼	⚼	□
16	4 35	20 51	18 52	7 51	0 ♏ 23	20 7	12 ℞25	△				□				
17	4 37	20 55	18 48	8 3	1 2	21 20	12 14	⚼	☍	△			□			△
18	4 40	20 58	18 44	8 15	1 42	22 34	11 53			⚼	☍	✱			☍	⚼
19	4 42	21 1	18 39	8 27	2 22	23 47	11 22					∠	△	☍		
20	4 44	21 4	18 35	8 39	3 2	25 1	10 39	☍	⚼			⊻	⚼			
21	4 46	21 8	18 30	8 51	3 41	26 14	9 47		△	☍	⚼				⚼	☍
22	4 49	21 11	18 26	9 3	4 21	27 28	8 45				△	☌		⚼	△	
23	4 51	21 14	18 21	9 15	5 1	28 42	7 35		□				☍	△		
24	4 53	21 17	18 17	9 28	5 41	29 ♎ 56	6 18	⚼		⚼	□	⊻				⚼
25	4 55	21 20	18 12	9 40	6 21	0 ♏ 10	4 58	△	✱	△		∠		□	□	△
26	4 58	21 23	18 7	9 53	7 1	2 23	3 35		∠		✱	✱	⚼			
27	5 0	21 26	18 3	10 6	7 41	3 37	2 14	□	⊻	□	∠			✱	✱	□
28	5 2	21 29	17 58	10 18	8 21	4 51	0 ♐ 57				⊻	□	△		∠	
29	5 4	21 32	17 53	10 31	9 1	6 5	29 ♏ 46							∠		✱
30	5 ♐ 7	21 ♎ 35	17 ♊ 48	10 ♑ 44	9 ♏ 41	7 ♏ 20	28 ♏ 44	✱	☌	✱			□	⊻	⊻	∠

LAST QUARTER—November 27*d*. 5*h*. 45*m*. *p.m.*

Letztes Viertel – 27. November 17 h 45 m

☽ Node = Mondknoten   ♅ = Herschel = Uranus ⛢   ♇ Pluto = ⯓   Lunar Aspects = Mondaspekte

Abbildung 10

Lassen Sie uns jetzt die Aspekte mit dem zulässigen Orbis für Sonne und Mond betrachten. Von 5° Widder bis 20° Stier ergibt z. B. einen genauen 45°-Aspekt. Von 5° Widder bis 24° Stier gibt einen Abstand von 49°. Diese Beispiele liegen innerhalb des zulässigen Orbis für Sonne und Mond.

Jedesmal, wenn Sonne oder Mond mit einem anderen Planeten zusammen stehen, wird ein zusätzlicher Bereich zur Verfügung gestellt, wie Sie bei Durchsicht der Aspekte-Tabelle auf Seite 42 bemerken können. Bilden Sonne und Mond gemeinsam einen Aspekt, so darf man den zulässigen Orbis **nicht** verdoppeln. Er muß so bleiben, wie er ist.

Der Halbquadrataspekt gilt als der körperliche Aspekt. Er zeigt Reibung an und erzeugt gelegentliche Schwierigkeiten. Über die Lektion, die der Native* (Geborene) lernen muß, gibt die Natur der beiden Planeten, die den Aspekt bilden, Auskunft. Zu einer Deutung gehört, daß man sich mit den verschiedenen Menschentypen beschäftigt, die von den Zeichen beherrscht werden, in denen die beiden Planeten im Geburtshoroskop stehen. Sehen Sie sich auch die Felder näher an, die von den beiden Planeten beherrscht werden, die den Aspekt bilden.

Der nächste Aspekt, den wir uns vornehmen müssen, ist das **Sextil.** Das Sextil besteht aus einem Sechstel (60°) eines Kreises (360°). Dieser Aspekt ergibt sich zwischen Planeten, die innerhalb eines 60°-Winkels liegen. Das Sextil rechnet zu den geistigen Aspekten und zeigt die Fähigkeit zum Erfolg an, falls die erforderlichen Anstrengungen vom Nativen gemacht werden. Die günstigen Gelegenheiten, die es mit sich bringen kann, werden von der Stellung der betreffenden Planeten zum Geburtsfeld abhängen. Vergewissern Sie sich, daß Sie in jedem Fall auch die Felder analysieren, die von den beiden Planeten, die den Aspekt bilden, beherrscht werden. Die Menschen und die Bedingungen, die von diesen Feldern beherrscht werden, geben Ihnen Hinweise, wie man das Sextil am besten verwenden kann. Im wesentlichen weist das Sextil den Nativen darauf hin, daß er, falls er die gebotenen Anstrengungen macht, auch Erfolg haben wird. Den Zeitpunkt, zu dem dieser Geburtsaspekt aktiv wird, geben die Direktionen und Transite** an. Dies trifft für alle Aspekte zu, die in einem Horoskop gefunden werden, welches die starken, schwachen, vorteilhaften und nachteiligen Zeiten, durch die man im Leben hindurch muß, ausweist.

Lassen Sie uns nun über das **Quintil** sprechen. Schauen Sie C in Abbildung 11 an. Der genaue Aspekt ist 72°. Man findet ein Quintil nicht oft, aber wenn es diesen Aspekt zwischen zwei Planeten in einem Horoskop gibt, so weist er auf ein angeborenes Talent hin, das man im Leben erfolgreich nutzen kann. Die Natur der beiden Planeten und der Felder, in denen sie sich befinden und die sie beherrschen, muß berücksichtigt werden.

Der nächste Aspekt ist das **Quadrat.** Wenn bei der Geburt z.B. der Mond bei 20° Löwe und Venus bei 20° Stier stand, so wäre dies ein genaues Mond-Venus-Quadrat. Ein Quadrat bedeutet Konflikt oder Kampf und zeigt nach indischer Denkweise an, daß man mit Karma-Wirkungen und -Erfahrungen in diesem Leben rechnen muß, weil in einem früheren Leben mit der Möglichkeit des freien Willens Mißbrauch getrieben wurde. Dieser Aspekt gibt an, wo der Geborene sich anstrengen muß, um zu positiven Leistungen zu kommen. Er gibt weiter die Zonen an, in denen man nach neuen Erfahrungen streben soll; er gilt daher als ein Lernaspekt, und das Lernen kann oft mit unangenehmen Erfahrungen verbunden sein. Quadrate sind in einem Horoskop nicht nachteilig, wie so oft gelehrt wird. Vielmehr bedeuten sie für den Nativen die Möglichkeit, Kraft für die Überwindung seiner Alltagsprobleme zu erwerben. Quadrate fördern Leistungen.

Den **Trigonaspekt** (E in Abbildung 11) findet man dort, wo zwei Planeten in einem Winkel von 120° zueinander stehen. Die beiden Planetenprinzipien verbinden sich harmonisch miteinander. Das Trigon bedeutet Gewinn, die Fähigkeit, sich leicht auszudrücken, und Glück. Dieser Aspekt stellt im Horoskop einen außerordentlich großen Schutz dar. Jedoch darf man es nur so einordnen, daß es dem Nativen in seiner Karriere dann helfen kann, wenn zugleich Quadrate gegenwärtig sind, welche ihn zur Arbeit zwingen und ihn so veranlassen, sich seine Beförderung zu verdienen. Wenn es nicht auch Quadrate gibt, stärkt einem ein Trigon nicht den Rücken, da die Fähigkeit zur Anstrengung und die aktive Energie, die vom Quadrat ausgehen, fehlen. Während, mit anderen Worten, das Trigon zwar von Natur aus vorteilhaft ist, bewirkt es ohne die Unterstützung durch Quadrate im Horoskop nur Trägheit, Tagträumerei und die menschliche Schwäche, die Vorteile und günstigen Gelegenheiten, die das Trigon mit sich bringt, ungenutzt vorübergehen zu lassen.

---

* Der Begriff, den Astrologen für den Menschen verwenden, dessen Horoskop gerade analysiert wird. Das Geburtshoroskop wird manchmal natales Horoskop genannt oder auch kurz »das Radix«; außerdem heißen Horoskope auch Nativitäten, Kosmogramme.

** Direktionen und Transite verwendet man, um Ereignisse zeitlich festzulegen; sie werden in Kapitel 17, 18, 22 und 25 besprochen.

Der Bereich des **Anderthalbquadrats** wird in Abbildung 11 durch F bezeichnet. Das Anderthalbquadrat ist, wie das Halbquadrat, ein körperlicher Aspekt und damit dynamisch. Es weist auf Probleme mit der Gesundheit hin, die durch die beiden Planeten, welche den Aspekt bilden, näher festgelegt werden; wie Halbquadrat und Quadrat zeigt es Schwierigkeiten und Ärger mit Menschen an, die von den Feldern beherrscht werden, in denen die den Aspekt bildenden Planeten stehen.

Ich darf Sie nochmals daran erinnern, sich bei Erstellung des Horoskops die Felder anzusehen, die von den beiden den Aspekt bildenden Planeten beherrscht werden.

Der Bereich des **Quinkunxaspekts** (oft als schwächerer Aspekt erwähnt) wird in Abbildung 11 durch G bezeichnet. Der Quinkunxaspekt ist ein Aspekt der Erneuerung, Neuordnung, Umwandlung und Veränderung. Er deutet auf eine Begabung für forscherische Tätigkeit hin und zeigt die Notwendigkeit an, stärker auf die persönliche Gesundheit zu achten und eine Aufgabe zu erfüllen, die durch die beiden betreffenden Planeten und die Felder, in denen sie stehen, näher bezeichnet wird. Nach den Forschungsarbeiten der Astrologin Wangemann wird er auch »Entscheidungsaspekt« genannt. Beide Planetenprinzipien können sich nämlich harmonisch oder disharmonisch miteinander verbinden, wobei der Geborene immer eine innere Entscheidung treffen muß, ob er positiv eingestellt oder spannungsreich negativ an die betreffende Angelegenheit herangeht.

Die **Opposition** (H in Abbildung 11) ist einer der Aspekte, die man am leichtesten entdecken kann. Er wird durch zwei Planeten gebildet, die etwa 180° voneinander entfernt stehen (d.h., sie liegen einander auf dem Kreis gegenüber, in einander gegenüberliegenden Zeichen). Opposition zeigt an, wo Zusammenarbeit schwierig ist. Sie weist auf die Spannung hin, die sich aus zwei auseinanderstrebenden Planetenprinzipien ergibt. Um zu verstehen, welche Lebensbezirke im einzelnen von diesem Aspekt betroffen sind, muß man zunächst die betreffenden Planeten und die Felder, in denen sie stehen, untersuchen. Eine Pluto-Venus-Opposition vom fünften zum elften Feld würde z.B. Spannungen und Umwälzungen im Bereich der Liebe und der romantischen Bindung anzeigen. Die Opposition ist ein starker Lehr-Aspekt, bei dem es darauf ankommt, sich Selbstdisziplin und Selbsterkenntnis anzueignen. Dieser Aspekt lehrt den Nativen auch, sich der äußeren Umgebung bewußt zu werden, wie auch ferner, die Gewohnheiten anderer Menschen zu achten und zu akzeptieren. Gelingt es dem Nativen nicht, den Anforderungen dieses Aspekts zu entsprechen, so kann er für ihn zu einem echten Hemmschuh und einem bedeutsamen Hindernis auf dem Weg zum persönlichen Glück werden.

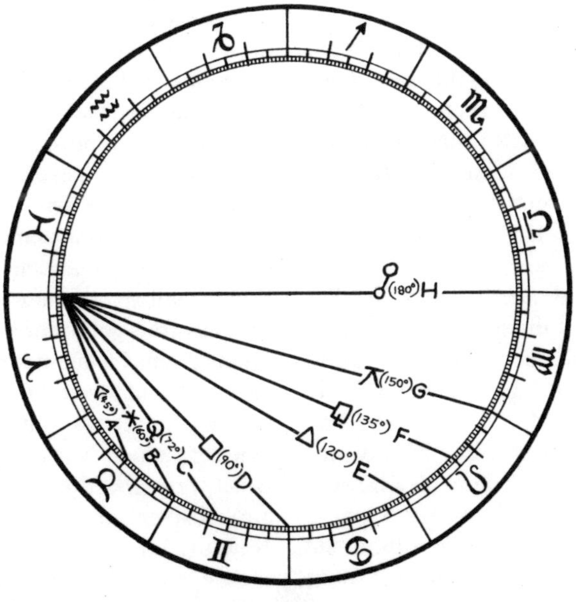

Abbildung 11
Der Halbquadrat- (A), Sextil- (B), Quintil- (C), Quadrat- (D), Trigon- (E), Anderthalbquadrat- (F), Quinkunx- (G) und Oppositionsaspekt (H)

5
Die Deutung der Aspekte

Wenn man ein Horoskop liest, sollte man zuerst das Sonnenzeichen, zu dem ein Mensch gehört, dann das Element (Feuer, Erde, Luft oder Wasser), das sein aufsteigendes Zeichen, d. h. das Tierkreiszeichen des Ascendenten, bei Geburt prägt, anschließend das tatsächliche aufsteigende Zeichen, dann die Planeten, die in den Zeichen und Feldern stehen, und schließlich die Aspekte zwischen diesen Planeten analysieren. Klingt schlimm? Nun, es ist nur am Anfang schwierig. Mit einiger Übung fügen sich die einzelnen Teile zu einem sinnvollen Ganzen zusammen. Lesen Sie dieses Kapitel mehrmals durch, aber zwingen Sie sich nicht dazu, es auswendig zu lernen.

Wenn Sie sich die nun folgenden Tabellen ansehen, werden Sie bemerken, daß die erste Spalte die Planeten im jeweiligen Aspekt zueinander zeigt; die zweite Spalte gibt die ☌ (Konjunktions-) Deutung, die dritte Spalte gibt die ✶ (Sextil-) und △ (Trigon-) Deutungen, und die vierte Spalte gibt die Deutung von ∠ (Halbquadrat), □ (Quadrat), ⚼ (Anderthalbquadrat) und ☍ (Opposition).

Beachten Sie die Anordnung der nachstehenden Tabellen. Die erste Tabelle zeigt die Sonne im Aspekt mit dem Mond und den anderen acht Planeten. Dann wird die Sonne fortgelassen, und die nächste Tabelle zeigt den Mond im Aspekt mit Merkur und den übrigen sieben Planeten. Dann scheidet der Mond aus. Und so weiter. In allen Tabellen wird die gleiche Anordnung der Planeten beibehalten. Wenn Sie Aspekte in Ihrem eigenen Horoskop berechnen, sollten Sie diese Anordnung benutzen, damit Sie keinen Aspekt zwischen Planeten übersehen.

Wir wollen uns nun ein Beispiel vornehmen, und zwar wählen wir einen Menschen aus, der Mars (♂) in Widder (♈) im fünften Feld im Trigon (△) zu Pluto (♇) in Löwe (♌) im neunten Feld hat. Zugleich bildet Mars mit Uranus (♅) in Zwillinge (♊) im achten Feld ein Sextil (✶). Auch steht Mars in Opposition (☍) zu Neptun (♆) in Jungfrau (♍) im elften Feld.

Lesen Sie zunächst »Mars in Widder« und »Mars im fünften Feld«. Verbinden Sie dann damit Pluto in Löwe im neunten Feld, dann Uranus in Zwillinge im achten Feld, dann Neptun in Jungfrau im elften Feld.

Sie sollten nun die Bedeutung der Aspekte lernen, um zu sehen, wie das Potential des Planeten im Rahmen des ganzen Horoskops verwendet wird. Denken Sie daran, daß das Sextil als geistiger Aspekt angesehen wird und die Fähigkeit zu großen Leistungen bezeichnet, wenn der Geborene die erforderlichen Anstrengungen unternimmt. Die Deutung von Mars Sextil Uranus würde sich, mit anderen Worten, auf einer bewußten Ebene vollziehen. Kurz ausgedrückt lautet die Deutung von Mars Sextil Uranus so: »Wissenschaftlich, erfinderisch, originell, praktisch begabt, großes Selbstvertrauen, ohne Furcht.« Wenn der Native also die gebotenen Anstrengungen unternimmt, kann er sein Problem mit Selbstvertrauen und auf originelle Weise lösen. Dieser Mensch hat eine Begabung für Wissenschaften und Erfindungen. Da Mars in Widder seiner Natur nach auf Selbstvertrauen hinweist, verstärkt dieser Aspekt die natürliche Neigung zu Selbstvertrauen. Uranus im achten Haus zeigt eine Neigung zu übersinnlichen Dingen und Vorgängen, die wegen des Sextilaspektes weiterentwickelt werden sollten.

Ein Trigon (in diesem Fall liegt Mars Trigon Pluto vor) zeigt ein gewisses Maß an Glück, Leichtigkeit des

Ausdrucks und eine angeborene Begabung, Karriere zu machen, an. Es muß jedoch eine bewußte Anstrengung unternommen werden (Mars Sextil Uranus), um die großen Fähigkeiten, auf welche dieser Aspekt hinweist, voll zur Geltung zu bringen.
Die Opposition von Mars/Neptun verweist auf ein gelegentliches Übermaß an Phantasie und falsch geleiteter Energie, ganz besonders dann, wenn es um andere geht. Denken Sie daran, daß das elfte Feld mit Partnern – wie z.B. Freunden – zu tun hat und daß das fünfte Feld – wo Mars steht – für romantische Verbindungen zuständig ist; es ist daher durchaus möglich, daß Zusammenarbeit mit anderen zeitweise schwierig ist. Dieser Mensch muß sich Selbstdisziplin und Selbsterkenntnis aneignen, und er muß seine Phantasie unter Kontrolle halten, besonders dann, wenn es um Liebe und Zuneigung geht. Daß dies möglich ist, zeigt Mars Sextil Uranus.
Im Anfang wird es wahrscheinlich leichter sein, wenn man jede Deutung getrennt aufschreibt; z.B. die Bedeutung von Mars, dem Zeichen Widder, von Mars in Widder; dann die Bedeutung von Mars im fünften Feld, von Mars Sextil Uranus, von Mars Trigon Pluto etc. Dann sollten Sie sich irgendwo hinsetzen und in Ruhe alle diese Faktoren analysieren, damit Sie aus ihnen ein sinnvolles Ganzes herstellen. Mit dieser Art des Aufschreibens lernen Sie übrigens am besten die einzelnen Deutungen.
Lassen Sie mich aber nochmals betonen, daß es ein Irrtum wäre, wenn man sich allein auf einzelne Faktoren verlassen würde. Sie sind nur Teile eines Ganzen, und der ganze Mensch kann nur durch ein aus vielen Einzelheiten zusammengesetztes Bild erfaßt werden. Jeder von uns ist einmalig.

Anmerkung: Es kommt darauf an, daß man nicht nur die Aspekte zwischen den Planeten analysiert, sondern auch die Felder und Zeichen, in denen diese Planeten stehen bzw. die sie beherrschen. Denken Sie daran: Sie dürfen unter keinen Umständen einzelne Faktoren benutzen. Ein Planet kann disharmonisch zu einem anderen und gleichzeitig harmonisch zu einem dritten Planeten stehen, was bis zu einem bestimmten Grad sowohl die harmonischen als auch die disharmonischen Neigungen schwächen kann. Studieren Sie so viele Horoskope wie möglich, damit Sie eine gewisse Praxis in der Kunst der Deutung bekommen. Lesen Sie astrologische Fachzeitschriften, die immer viele Horoskopbeispiele bringen. So lernen Sie am besten Feinheiten der Deutung.

Aspekte mit der Sonne

Anderthalbquadrat
Halbquadrat
Quadrat

	☌ Konjunktion	Sextil ✱ △ Trigon	∠ ⚼ □ ☍ - Opposition
⊙ mit ☾	Will Harmonie, neigt dazu, sich physisch zu überanstrengen, hat periodisch depressive Zustände, ist subjektiv.	Körperliches Wohlbefinden, Harmonie zu Hause, Erfolg, Ehrgeiz, Glück.	Erleidet Frustrationen, keine Harmonie mit anderen, Gefühlskonflikte und Krisen.
⊙ mit ☿	Künstlerisch, liebt Luxus, gutes Gedächtnis, begabt für Mathematik, an Literatur interessiert.	Sonne und Merkur stehen nie weiter als 28° voneinander entfernt; daher können die anderen Aspekte nicht gebildet werden.	
⊙ mit ♀	Kultiviert, liebt Luxus, sanftmütig, sozial, Talent für Musik und Kunst, liebevoll.	Sonne und Venus stehen nie weiter als 48° voneinander entfernt; daher können nur das Halbsextil und Halbquadrat gebildet werden.	Träge, selbstgefällig.
⊙ mit ♂	Impulsiv, körperlich stark, energisch.	Überschüssige Energie, guter Führer, Begeisterungsvermögen.	Streitsüchtig, rechthaberisch, rücksichtslos, impulsiv.
⊙ mit ♃	Glück im Leben, beschützt, gute Gesundheit, arbeitet gut mit anderen zusammen, ehrenhaft, verständnisvoll, Optimist.	Gesellschaftlich beliebt, prominent, guter Vorgesetzter, beherrscht, bejahend, liebt das Leben, erfolgreich.	Extravagant, prahlerisch, zu genußfreudig, kein Gefühl für die Wirklichkeit, neigt dazu, zuviel zu essen.

	☌	✶△	∠□⚼☍
☉ mit ♄	Unterdrückt seine Gefühle, Pessimist, lernt durch widrige Erfahrungen, sparsam, verpaßt Gelegenheiten, zäh.	Ernsthaft, geduldig, akzeptiert Situationen so, wie sie sind, guter Organisator, kommt zu Vermögen.	Selbstsüchtig, bedrückt, neigt zu Selbstbemitleidung, Pessimist, gedrücktes Selbstgefühl.
☉ mit ♅	Hat Erfolg in der Öffentlichkeit, starke Ausstrahlung, unabhängig, rebellisch, exzentrisch, muß seine Gefühle unter Kontrolle halten.	Guter Organisator, macht plötzliche Gewinne, erfinderisch, liebt den Wechsel und das Neue.	Hat stürmische Beziehungen mit anderen, ausgeprägter eigener Wille, unkonventionell, taktlos, sprunghaft.
☉ mit ♆	Charmant, künstlerisch, besitzt Einfühlungsvermögen, Mystiker, hat Intuition, musikalisch, imstande, die Öffentlichkeit zu beeinflussen.	Einfühlungsvermögen, starke Phantasie, für okkulte Dinge begabt, hat Intuition, Visionär.	Lernt chaotische Situationen kennen, keine praktische Begabung, sinnlich, andere verraten ihn, neigt zu Weltflucht, muß sich mit Täuschungen auseinandersetzen.
☉ mit ♇	Zieht Krisen förmlich an, anmaßend, temperamentvoll, vom Willen zur Macht beseelt, setzt seine Vorstellungen durch.	Medial veranlagt, Reformen zugeneigt, imstande, sich selbst zu erneuern, fortschrittlich.	Zu rücksichtslosem Benehmen fähig, Diktator, muß lernen, Vertrauen zu haben, zieht Krisen auf sich, kann in Umwälzungen verwickelt werden, vom Willen zur Macht beseelt, Manipulationen nicht abgeneigt.

Aspekte mit dem Mond

	☌	✶△	∠□⚼☍
☾ mit ☿	Überdurchschnittliche Intelligenz, gutes Gedächtnis, liebt Veränderung derart, daß sein Leben dadurch aus den Fugen gerät, unruhig, reizbar.	Charmant, gesellschaftlich erfolgreich, intelligent, alert, hat gesunden Menschenverstand, kann treffend formulieren.	Reizbar, kann sich nicht konzentrieren, unentschlossen, übelnehmerisch, indiskret, hat immer Sorgen, ruhelos.
☾ mit ♀	Hat Charme, künstlerisch, in der Ehe glücklich, liebt Luxus, kultiviert.	Beliebt, künstlerische Interessen, genießt häuslichen Frieden, sinnlich, glücklich, liebevoll, kann seinem Wesen auf kultivierte Weise Ausdruck verleihen, zärtlich.	Genußfreudig, launenhaft, klatscht gern, neidisch, hat Mißverständnisse mit anderen und häusliche Schwierigkeiten, übermäßig reizbar, starkes Bedürfnis nach Liebe.
☾ mit ♂	Unruhig, heftig, neigt zu übertriebenen Reaktionen, reizbar.	Ehrgeizig, starker Antrieb, sucht Sicherheit, gute körperliche Verfassung, unternehmungslustig.	Reizbar, streitsüchtig, temperamentvoll, launenhaft, vorschnell.
☾ mit ♃	Optimist, kommt im Leben voran, gütig und von guter Gesundheit, aber sollte sich vor Korpulenz hüten, ausgeglichen, guter Kontakt zur Mutter.	Hat Glück, Erfolg, kann erben, Optimist, erhält Hilfe von anderen.	Extravagant, in Gefühlsdingen übereilt, unzuverlässige Verbindungen, sollte seinem Glück nicht trauen, sollte sich nicht in Pläne verwickeln lassen, neigt dazu, zuviel zu essen.

	☌	✱△	∠□⚼☍
☾ mit ♄	Scheu, fühlt sich unterlegen, launenhaft, verpaßt Gelegenheiten, übervorsichtig, ernsthaft, niedergedrückte Stimmung.	Sparsam, praktisch begabt, verdient Vertrauen, kann verantwortungsvolle Stellungen einnehmen.	Scheu, lernt Beschränkungen und Härten kennen, hat Schwierigkeiten in der häuslichen Umgebung, eifersüchtig, kritisch, hat es schwer, seine Gefühle zu zeigen.
☾ mit ♅	Unabhängig, exzentrisch, beliebt, hat Charme, fähiger Erfinder, extravagant.	Ehrgeizig, phantasievoll, begabt für okkulte Dinge, romantisch, hat viele Freunde, sprühend und voller Energie.	Streitsüchtig, reizbar, Bohémien, sorglos, aufsässig, theatralisch, sprunghaft, unbeständig.
☾ mit ♆	Überempfindlich, Tagträumer, keine praktische Begabung, zieht sich gern zurück, Mystiker, neigt zu Weltflucht.	Für okkulte Dinge begabt, künstlerisch, phantasievoll, persönlich beliebt, liebt Reisen.	Tagträumer, lebt in einer unwirklichen Welt, keine praktische Begabung, seine Partner können sich als nicht vertrauenswürdig erweisen, unterliegt Selbsttäuschungen, neigt zu Weltflucht, kann von Frauen betrogen werden.
☾ mit ♇	Launenhaft, sensibel, sinnlich, reizbar, rachsüchtig, kann psychometrische Fähigkeiten besitzen, abenteuerlustig.	Zu Leistungen fähig, Prophet, Visionär, abenteuerlustig.	Macht verwirrende Erfahrungen durch, neigt zu fanatischer Einstellung, dickköpfig, destruktiv, heftiges Temperament, manipuliert gern, eigensinnig.

Aspekte mit Merkur

	☌	✱△	∠□⚼☍
☿ mit ♀	Kann charmant formulieren, charmant in Rede und Benehmen, künstlerisch, sollte Verantwortungsbewußtsein verbessern, liebt das Vergnügen und die Künste.	Merkur und Venus können nie mehr als 76° auseinander stehen (die Deutung ist die gleiche wie im Fall der Konjunktion).	Es kann nur das Halbquadrat geben. Schreckt manchmal vor Verantwortung zurück, gibt Geld für triviale Dinge aus.
☿ mit ♂	Deutliche geistige Energie und analytische Fähigkeit, schnelle körperliche und geistige Reaktionen, schneller Redner, impulsiv, diskutiert gern.	Wie bei der Konjunktion, aber Hinweis auf koordinierte und flüssige geistige und körperliche Ausdrucksfähigkeit.	Zu kritisch, reizbar, Temperament, sarkastisch, streitsüchtig, egoistisch, muß lernen zu denken, ehe er Schlußfolgerungen zieht.
☿ mit ♃	Optimist, intellektuell, tolerant, kann Überlegenheit zeigen wollen, rednerische und wissenschaftliche Fähigkeiten, Neigung zur Philosophie.	Wie bei der Konjunktion, aber bei intellektuellen Unternehmungen gründlicher.	Schlechtes Urteilsvermögen, wird betrogen, unaufrichtig, ungeduldig, indiskret, schwankend, neigt zu Übertreibungen.
☿ mit ♄	Ernsthaft, gehemmt, allzu konservativ, große Konzentrationskraft, skeptisch.	Klarer Kopf, methodisch, guter Organisator, vorsichtig, verantwortungsbewußt.	Einseitige Vorstellungen, starr, gehemmt, dickköpfig, in Wort und Schrift brüsk, kritisch.

	☌	✶△	∠□⚼☍
☿ **mit** ♅	Erfinderisch, blitzartige Eingebungen, sehr schnelle Auffassungsgabe, originell, unruhig, hastig.	Erfinderisch, wissenschaftlich, guter Diskutierer, dramatisch, scharfsinnig, Gefühl für Rhythmus und zeitlich richtiges Vorgehen, fortschrittliche Anschauungen.	Unkonventionell, exzentrisch, nervös, verschwendet seine Energien, eigenwillig.
☿ **mit** ♆	Sensibel, starke Phantasie, neigt zu Selbsttäuschung, braucht Zeit, um sich zu erholen, macht Zustände innerer Verwirrung durch, Mitgefühl.	Visionär, medial veranlagt, für okkulte Dinge begabt, poetisch, kultiviert, verständnisvoll, hat Mitleid mit anderen, künstlerisch.	Lebhafte Phantasie, empfindlich, sein Verstand folgt Phantasiegebilden, nervös, irreführend, leichtgläubig, unzuverlässig, schlechte Urteilsfähigkeit, chaotisch, besessen.
☿ **mit** ♇	Nörgler, übereifrig, reizbar, unruhig.	Diplomatisch, guter Kritiker, schlägt Menschen in seinen Bann, ausgezeichneter Beobachter, gutes Auffassungsvermögen.	Destruktiv, reizbar, sarkastisch, zynisch, zieht vorschnelle Schlüsse, explodiert leicht, heftig.

Aspekte mit Venus

	☌	✶△	∠□⚼☍
♀ **mit** ♂	Starker Sexualtrieb, hat Charme, liebt Aufregung und Sport, Selbstvertrauen, Optimist.	Liebevoll, sinnlich, künstlerisch, Gefühl für Farbwerte, Rhythmus und zeitlich richtiges Vorgehen, schöpferisch.	Sexuell aktiv, in Geldangelegenheiten sorglos, genußfreudig, Schwierigkeiten im gesellschaftlichen Leben und beim Selbstausdruck.
♀ **mit** ♃	Starke künstlerische Begabung, zahlreiche Liebesaffären, arbeitet besser mit einem Partner zusammen als allein, charmant.	Künstlerisch, beliebt, charmant, gute Beziehungen zu anderen, finanzielle Sicherheit, sentimental.	Egozentrisch, braucht einen Partner, hängt sich an andere, mißbraucht die Wirkung seines Charmes, trägt seine Gefühle allzusehr zur Schau, genußfreudig.
♀ **mit** ♄	Verspätete Eheschließung oder Heirat mit älterem Partner, eifersüchtig, zeigt seine Gefühle nicht, Schwierigkeiten im Gefühlsleben.	Beständige Ehe, loyal, guter Geschäftsmann, treu, verantwortungsbewußt, praktische Begabung.	Schwierigkeiten im Gefühlsleben, Eifersucht, Kummer, Hemmungen und Entfremdung, bleibt oft unverheiratet, braucht erfahrene Partner, um seine Schwierigkeiten zu meistern.
♀ **mit** ♅	Ungewöhnliche und originelle Vorstellungen von Kunst und Liebe, dramatisch, eigenwillig, romantisch, finanzielle Vorteile, hat Charme, unabhängig.	Beliebt, künstlerisch, finanziell gute Möglichkeiten, liebt Spekulationen, macht vorteilhafte Veränderungen durch, hat Charme, will Freiheit und Aufregung in Liebesbeziehungen.	Geht unkonventionelle Partnerschaften und eigenartige Liebesbeziehungen ein, Schwierigkeiten im Gefühlsleben, verliert Geld durch Spekulationen, reagiert intensiv auf andere, in seinen Gefühlen sprunghaft, freiheitsliebend.

	☌	✶△	∠□⚼☍
♀ mit ♆	Sensibel, phantasievoll, künstlerisch, Selbsttäuschungen, nimmt dem Leben gegenüber einen unrealistischen Standpunkt ein.	Jede Form künstlerischen Ausdrucks erfährt eine Verstärkung, Begabung für okkulte Dinge, beliebt, sentimental.	Muß auf seinen Ruf achten, genußfreudig, erleidet finanzielle Verluste, da in diesen Dingen ohne praktischen Verstand, wird von anderen betrogen. Enttäuschungsbereitschaft in Gefühlsdingen.
♀ mit ♇	Hat viele Liebesaffären, leicht verletzt, überempfindlich, neigt dazu, fanatisch zu werden, habgierig.	Medial veranlagt, schöpferisch, einfallsreich, hervorragender Farbsinn, begabt, zu Erfolgen fähig, gutes Auffassungsvermögen.	Schwierigkeiten mit anderen, besonders bei engen Bindungen, leicht verletzt, rauhbeinig, grob, selbstsüchtig, macht große Veränderungen in seinen Liebesbeziehungen durch.

Aspekte mit Mars

	☌	✶△	∠□⚼☍
♂ mit ♃	Außerordentlich energisch, wagemutig, tapfer, abenteuerlustig, guter Führer, kann Geld im gleichen Tempo wieder ausgeben wie verdienen, rücksichtslos, kann skrupellos sein.	Freude am Leben, abenteuerlustig, energisch, ihm wird in Notzeiten geholfen, stellt sich gern zur Schau, genießt finanzielle Unterstützung.	Rücksichtslos, extravagant, prahlerisch, eigenwillig, aufsässig, neigt zu Übertreibungen, setzt oft alles auf eine Karte.
♂ mit ♄	Mißtrauisch, neigt zu Bösartigkeit, argwöhnisch, temperamentvoll, periodisch gehemmt.	Unwahrscheinlich ausdauernd, konventionell, beobachtet Einzelheiten, gründlich, guter Führer, materiell eingestellt.	Ungeduldig, steht unter physischer und gefühlsmäßiger Belastung, schlecht gelaunt, mißtrauisch, neigt zu Rücksichtslosigkeit, Durchsetzung eigener Forderungen ungeachtet des Schadens, der dabei entsteht.
♂ mit ♅	Sensibel, nervös, eigensinnig, reizbar, braucht Freiheit für seine Gedanken und sein Handeln, entwickelt originelle Arbeitsmethoden, energisch.	Wissenschaftlich, erfinderisch, originell, praktisch begabt, Selbstvertrauen, furchtlos, braucht körperliche Betätigung, kein Schreibtischmensch.	Nicht von Vernunft geleitet, temperamentvoll, reizbar, brutal, offenherzig, dickköpfig, taktlos.
♂ mit ♆	Eingebildet, genußfreudig, mit sich selbst beschäftigt, neigt dazu, sich benachteiligt zu fühlen, Neigung zu gewohnheitsmäßiger Abhängigkeit (z.B. von Alkohol).	Beliebt, begeisterungsfähig, guter Vorgesetzter, versteht andere mitzureißen, Visionär, hat Charme.	Furchtsam, allzuviel Phantasie, unrealistisch, weicht aus, Energien werden falsch eingesetzt, Minderwertigkeitskomplex, selbstzerstörerische Tendenzen, neigt zu Abhängigkeit.
♂ mit ♇	Aufbrausendes Temperament, temperamentvoll, martert sich selbst, dickköpfig, will seinen Willen unbedingt durchsetzen.	Zu großen Leistungen fähig, ehrgeizig, hat Selbstvertrauen, große körperliche und geistige Energien.	Skrupellos, tollkühn, nachtragend, brutal, streitsüchtig, heftiges Temperament.

Aspekte mit Jupiter

	☌	⚹△	∠□⚼☍
♃ mit ♄	Ehrlich, spart mit Pfennigbeträgen, aber gibt größere Beträge ohne zu überlegen aus, kann mit vernünftigen Investitionen gut umgehen, ist mal Optimist, mal Pessimist.	Praktisch begabt, gesunder Menschenverstand, wohlhabend, ehrlich, geduldig, vertrauensvoll, diplomatisch.	Kommt durch starke Beanspruchung zu früher Reife, materiell eingestellt, macht nur schwer Karriere, muß für alles hart arbeiten.
♃ mit ♅	Wirkt gern als Philanthrop, philosophisch und religiös, unabhängig, freiheitsliebend, Optimist, originell, erfinderisch, reist gern.	Guter Führer, seine Vorgesetzten helfen ihm, kann andere mitreißen, hat Intuition, philosophisch, will sich weiterentwickeln.	Eigensinnig, aufsässig, eigenwillig, übertreibt gern, taktlos, erleidet durch unüberlegtes Handeln Verluste.
♃ mit ♆	Verständnisvoll, Mystiker, religiös, künstlerisch, poetisch, gefühlsbetont, für Geldangelegenheiten begabt, aber neigt zu verschwenderischen Ausgaben.	Wohltäter, phantasievoll, Idealist, großzügig, für okkulte Dinge begabt, Visionär, poetisch.	Neigt zu eigenartigen Glaubensvorstellungen, Störungen im Gefühlsleben und finanzielle Verantwortungslosigkeit, überempfindlich, kein guter Spekulant, von anderen und auch von sich selbst mißverstanden.
♃ mit ♇	Neigt zu Übertreibungen, äußerst ehrgeizig, hat Willenskraft, Mut und Begeisterungsfähigkeit.	Ehrenhaft, guter Organisator und Führer, hohe Begabung, andere zu beeinflussen, glückliche Zufälle im Leben helfen weiter.	Arrogant, Fanatiker, hat Auseinandersetzungen mit Behörden, extravagant, neigt zu Verschwendung, destruktiv, will Glück erzwingen.

Aspekte mit Saturn

	☌	⚹△	∠□⚼☍
♄ mit ♅	Verschwendet seine Energie, kann sich nur schwer konzentrieren, sucht praktische Ziele zu verwirklichen, exzentrisch, gehemmt, gefühlsbetont, innerlich verspannt.	Ehrgeizig, verantwortungsvoll, ehrenhaft, kann sich konzentrieren, erfinderisch, gutes Auffassungsvermögen, gründlich, ernsthaft.	Unbestimmt, philosophische Vorstellungen, unruhig, streitsüchtig, frustriert, kann sich nicht konzentrieren, unlogisch, exzentrisch, impulsiv, angriffslustig.
♄ mit ♆	Minderwertigkeitskomplex, unterliegt Selbsttäuschungen, muß auf seinen Ruf achten, finanzielle Schwierigkeiten, seine Energien sind fehlgeleitet, wird verraten.	Besitzt ausgesprochene Intuition, geschickter Geschäftsmann, praktisch begabt, guter Organisator, hat Selbstvertrauen, verständnisvoll, kann seine Träume verwirklichen.	Minderwertigkeitskomplex, zieht Kritik auf sich, gehemmt, Neigung zu Hypochondrie, unterliegt Selbsttäuschungen, launenhaft.
♄ mit ♇	Töricht, mißtrauisch, ungeduldig, hat Machtstreben, das aber in die falsche Richtung gelenkt sein kann, neigt zu destruktiver Selbstkritik, neidisch.	Kann gut durchhalten, hat Selbstdisziplin, gründlich, zäh, guter Führer, mutig, Hang zur Forschung.	Ohne Verständnis für andere, egoistisch, gewalttätig, hat Anfälle von Schwermut, hält sehr auf Disziplin.

Aspekte mit Uranus

	☌	✶△	∠□⚼☍
♅ mit ♆	Unruhig, muß sich vor Skandalen hüten, verwirrt, chaotisch, unterliegt Selbsttäuschungen.	Guter Vorgesetzter, reist gern, hat Intuition, für okkulte Dinge aufgeschlossen, erfinderisch, Idealist.	Unterliegt Selbsttäuschungen, verwirrt, nervös, übersensibel, verwirrte Vorstellungen, verletzte Psyche.
♅ mit ♇	Macht plötzliche Umwälzungen und Veränderungen durch, tollkühn, erfinderisch, gewalttätig, leicht erregbar, fanatisch.	Erbringt Leistungen, die Rekorde brechen, starke Widerstandskraft, Fähigkeit zu Selbsterneuerung.	Macht große Aufregungen, Veränderungen, Umwälzungen und Gewalttätigkeiten mit, Fanatiker, destruktive Neigungen.

Aspekte mit Neptun

	☌	✶△	∠□⚼☍
♆ mit ♇	Ungewöhnliche und eigenartige Vorstellungen und Ziele, seltsame Wünsche, abenteuerlustig, verwirrt, chaotisch, destruktive Neigungen.	Kann sich den Bedürfnissen anderer anpassen, Mystiker, geistig, intuitives Wissen um höhere Kräfte und tiefes Auffassungsvermögen, bemüht sich um inneres Wissen.	Ist Krisen unterworfen, macht im Leben ungewöhnliche Wandlungen durch, wird betrogen, seltsame Veränderungen gehen in seinem Leben vor, kann die Motive anderer bloßlegen, kann andere täuschen und seine eigenen Fehler verbergen, seine Fähigkeiten werden nicht in der richtigen Richtung eingesetzt.

6
Applikations- und Separations-Aspekte

Die Feststellung, ob ein Aspekt Applikations- (Näherungs-) oder Separations-(Trennungs-)Wirkung hat, macht eine verfeinerte Deutung eines Horoskops möglich. Aspekte werden in schwache und starke Aspekte eingeteilt. Lassen Sie sich nicht von dem Ausdruck »schwache« in die Irre führen – in der Astrologie haben schwache und starke Aspekte gleiches Gewicht. Historisch gesehen, galten schwache Aspekte als Aspekte zweitrangiger Eigenschaften, aber obwohl sie die alte Terminologie beibehalten, erkennen die meisten Astrologen heute die Bedeutung und den Wert der sogenannten schwachen Aspekte aufgrund der letzten Forschungsergebnisse und des technischen Fortschritts an.

Analyse der Applikations- und Separations-Aspekte

Bei einem Applikationsaspekt bewegt sich der schnellere Planet auf den langsameren zu.

Beispiel: ♀ 12 ♈ mit ☾ 9 ♊ oder
☾ 8 ♒ mit ♀ 12 ♈

In beiden Fällen bildet der ☾ einen Applikationsaspekt zum ✶ der ♀, da der ☾ schneller ist als die ♀. Der schnellere Planet läuft auf die exakte Aspektstelle zu.
Bei einem Separationsaspekt bewegt sich der schnellere Planet vom langsameren Planeten oder von der Aspektstelle des langsamen Planeten fort.

Beispiel: ♀ 12 ♈ mit ☾ 14 ♊ oder
☾ 14 ♒ mit ♀ 12 ♈

In beiden Fällen hat der ☾ die exakte Aspektstelle schon überschritten. Es ergibt sich also ein Separationsaspekt.

30° ⚺
(Halbsextil)
Der Orbis für Planeten beträgt 2°. Ein schwacher Aspekt, sein Einfluß wird vom Nativen oft nicht bemerkt.
Der Applikationsaspekt: Unbewußte Erfahrungen aus früheren Leben werden nach und nach für Weiterentwicklung in diesem Dasein verwendet.
Der Separationsaspekt: Praktische Entwicklung und Gewinn sind möglich, vorausgesetzt, der Native macht die erforderlichen Anstrengungen.

36° ⊥
(Halbquintil)
Der Orbis für Planeten beträgt 1°. Ein schwacher Aspekt, er befaßt sich mit subtilen, inneren Geisteskräften.
Der Applikationsaspekt: Aktivitäten in einer Gruppe, okkulte und wissenschaftliche Interessen können für die weitere Entwicklung des Nativen von Nutzen sein.

Der Separationsaspekt: Geistige Fähigkeiten sind auf die praktische Verwendung vorhandener Hilfs- und Geld-Mittel eingestellt.

45° ∠
(Halbquadrat)

Der Orbis für Planeten beträgt 2° (4°, wenn Sonne/Mond beteiligt sind). Ein starker Aspekt, der auf regelmäßig wiederkehrende Rückschläge und Ärger während des ganzen Lebens des Nativen hinweist.
Der Applikationsaspekt: Die Verwirklichung seiner Wünsche wird oft von Freunden, Gruppen oder gesellschaftlichen Verbindungen vereitelt.
Der Separationsaspekt: Die stetige Entwicklung des praktischen Geschicks wird in regelmäßigen Zeitabschnitten unterbrochen.

60° ✱
(Sextil)

Der Orbis für Planeten beträgt 3° (4° wenn Sonne/Mond beteiligt sind). Ein starker Aspekt, er betrifft günstige Gelegenheiten.
Der Applikationsaspekt: Zusammenarbeit mit und von Freunden und Gruppen zur Erfüllung persönlicher Wünsche und zur persönlichen Weiterentwicklung kann erreicht werden, wenn der Native hierfür die erforderlichen Anstrengungen unternimmt.
Der Separationsaspekt: Günstige Gelegenheiten sind vorhanden, sie können unter Einsatz der geistigen Fähigkeiten ausgenutzt werden. Die geistige Entwicklung sollte fortgesetzt werden, damit der Native zur vollen Entfaltung seiner Möglichkeiten kommen kann.

72° Q
(Quintil)

Der Orbis für Planeten beträgt 1° (2°, wenn Sonne/Mond beteiligt sind). Ein schwacher, aber dennoch wichtiger Aspekt, da er auf Originalität (besonders in Mathematik) und die Fähigkeit hinweist, komplizierte geistige Probleme zu lösen und die Ergebnisse praktisch und konkret anzuwenden. Dieser Aspekt bringt oft Hochbegabung.
Der Applikationsaspekt: Im Dienste des beruflichen Ehrgeizes und der Karriere werden langfristige Pläne ausgearbeitet. Die volle Entfaltung oder Anwendung des besonderen Talents oder Genies erfolgt meist nicht vor dem 36. Lebensjahr.
Der Separationsaspekt: Besondere Talente oder ein besonderes Genie werden nur im geistigen Bereich angewendet. Dies verleiht dem Nativen durchdringendes Einsichtsvermögen, die Zustände klar zu erkennen.

90° □
(Quadrat)

Der Orbis für Planeten beträgt 3° (4°, wenn Sonne/Mond beteiligt sind). Ein starker Aspekt, der anzeigt, wo ständig Energien und Anstrengungen aufgewendet und Berichtigungen vorgenommen werden müssen, um zu Ergebnissen zu kommen.
Der Applikationsaspekt: Der Native wird vielen Härten und Problemen begegnen und mit ihnen fertig werden müssen, um so seinen Charakter zu stärken, da er in früheren Leben seinen freien Willen mißbraucht hat. Neue Erfahrungen tragen zu künftiger Entwicklung und Vervollkommnung bei.
Der Separationsaspekt: Eingefleischte Gewohnheiten und Irrtümer aus früheren Leben müssen durch unermüdliche Anstrengungen getilgt werden, falls persönlicher Fortschritt erzielt werden soll. Ständige Selbstvervollkommnung ist erforderlich. Der Native muß seine Energien daran setzen, neue Fähigkeiten zu entwikkeln.

108° ∨
(Tredecil)

Der Orbis für Planeten beträgt 1° (2°, wenn Sonne/Mond beteiligt sind). Ein schwacher Aspekt, der die geistige Entwicklung und Entfaltung betrifft.
Der Applikationsaspekt: Dies weist auf geistiges Wachstum in den Bereichen Philosophie, Religion und höhere Bildung hin.
Der Separationsaspekt: Die geistigen Kenntnisse werden in praktischen Alltagsgeschäften angewendet.

120° △
(Trigon)

Der Orbis für Planeten beträgt 3° (4°, wenn Sonne/Mond beteiligt sind). Das Trigon ist ein starker Aspekt, der auf schöpferische Begabung, geistige Bewußtheit und im allgemeinen auf Glück als Belohnung für vergangenes gutes Karma hinweist.
Der Applikationsaspekt: Geistiges Bewußtsein, das in früheren Leben gewonnen wurde, sollte als Baustein für künftige Erleuchtung verwendet werden.
Der Separationsaspekt: Die Begabung für Selbstausdruck ist gegeben. Schöpferische Fähigkeiten sind gleichfalls vorhanden und sollten auf irgendeine Weise genutzt werden.

135° ⚼
(Anderthalbquadrat)

Der Orbis für Planeten beträgt 2° (4°, wenn Sonne/Mond beteiligt sind). Ein starker Aspekt, der periodisch auftretende negative Tendenzen – Herrschsucht, Aggressivität und Impulsivität – mit sich bringt, die

durch Menschen in der Umgebung des Nativen ausgelöst werden.
Der Applikationsaspekt: Periodisch wird das Gleichgewicht des Nativen durch Veränderungen und Umwälzungen gestört; für ihn bedeutet dies, daß er seine Pläne neu ordnen muß.
Der Separationsaspekt: Der Native hat Schwierigkeiten beim Selbst-Ausdruck bzw. Hemmungen. Kinder können ein Problem sein.

144° ±
(Biquintil)
Der Orbis für Planeten beträgt 1°. Ein schwacher Aspekt, bei dem es um geistige Fähigkeiten im Bereich des Okkulten, des Schöpferischen, ESP (übersinnliche Wahrnehmungen), Hellsehen und verwandte subtile Kräfte geht.
Der Applikationsaspekt: okkulte Interessen und Fähigkeiten wurzeln in vergangenen Leben; sie können für die weitere Entwicklung aktiviert werden.
Der Separationsaspekt: Dies verleiht dem Nativen die Fähigkeit, sich in jedem schöpferischen Bereich auszudrücken.

150° ⊼
(Quinkunx)
Der Orbis für Planeten beträgt 2° (3°, wenn Sonne/Mond beteiligt sind). Ein schwacher, aber dennoch wichtiger Aspekt, der Umwandlung, Veränderungen des geistigen Standpunkts und Gesundheit, Tod und Wiedererneuerung betrifft.
Der Applikationsaspekt: Der Native muß diejenigen finanziellen Interessen, die in irgendwelche partnerschaftlichen Verhältnisse eingebracht wurden, neu ordnen. Persönliche Veränderungen und Wandlungen werden höchst wichtig, wenn sie durch Direktionen oder im Zeitpunkt eines Transits aktiviert werden.
Der Separationsaspekt: Eine Tätigkeit in der Sozialarbeit liegt dem Nativen am ehesten. Rationalisierung kann weiterhelfen.

180° ☍
(Opposition)
Der Orbis für Planeten beträgt 3° (5°, wenn Sonne/Mond beteiligt sind). Die Opposition ist ein starker Aspekt. Sie zeigt Bewußtheit, den Versuch, über sich selbst hinauszugehen, um Kontakte zu anderen herzustellen, und die Erkenntnis des Potentials für Beziehungen zu anderen an. Dieser Aspekt lehrt die Anerkennung der eigenen Persönlichkeit und der anderer. Freunde, Ehe- und Geschäftspartner und die Öffentlichkeit in ihrer Gesamtheit wirken in dieser Beziehung wie Katalysatoren. Selbstdisziplin und Gefühl für Harmonie müssen erworben werden, wenn der Native die Möglichkeiten zu voller Entfaltung seines Wesens ausschöpfen will.

II
Weitere wichtige Elemente für die Horoskop-Deutung

7
Eckfelder, Mittelfelder und fallende Felder, die Kreuze und Hemisphären

Felder

Das erste, vierte, siebte und zehnte Feld werden kardinale Felder oder Eckfelder genannt (s. Abbildung 12). Planeten, die in diesen kardinalen Feldern stehen, bedeuten in einem Horoskop einen starken individuellen Einfluß, sie besitzen große Dynamik und wirken aktivierend, d.h., sie lösen Vorgänge aus und bezeichnen die wichtigsten Erfahrungsgebiete. Eckhaus-Planeten weisen auf hervorragende Begabung, die Kräfte der dort stehenden Planeten frei zur Ichentfaltung einzusetzen. Das erste Feld ist im Osten (Sonnenaufgang); das zehnte Feld ist im Süden (Mittag); das siebte Feld ist im Westen (Sonnenuntergang); und das vierte Feld ist im Norden (Mitternacht).
Abbildung 13 zeigt die Mittelfelder, auch folgende oder nachfolgende Felder genannt. Sie heißen nachfolgend, weil sie unmittelbar auf die Eckfelder folgen und eine Wirkung ausüben, die der Wirkungsweise der Eckfelder entgegengesetzt ist. Die Mittelfelder sind das zweite, fünfte, achte und elfte Feld. Planeten, die in diesen Feldern stehen, bedeuten im positiven Beständigkeit, Kontinuierlichkeit und Treue, im negativen Starrheit und Unbeweglichkeit.
Abbildung 14 zeigt die fallenden Felder, auch Endfelder genannt. Fallende Felder gehen den Eckfeldern voraus; demnach sind dies das dritte, sechste, neunte und zwölfte Feld. Sie bedeuten Vielseitigkeit, Veränderlichkeit und Intuition. Planeten, die in diesen Feldern stehen, bieten nicht viel Gelegenheit zu handeln, denn oft werden das Für und Wider zu sehr gegeneinander abgewogen; aber sie bringen Harmonie in die Vorgänge, die von den Eckfeldern ausgelöst und von den folgenden Feldern beständig gemacht worden sind.
Wenn Sie sich die vier Eckfelder – eins, vier, sieben und zehn – einprägen, werden Sie keine Schwierigkeit haben, sich daran zu erinnern, welches die nachfolgenden und welches die fallenden Felder (die vier, die den kardinalen Feldern vorangehen) sind.

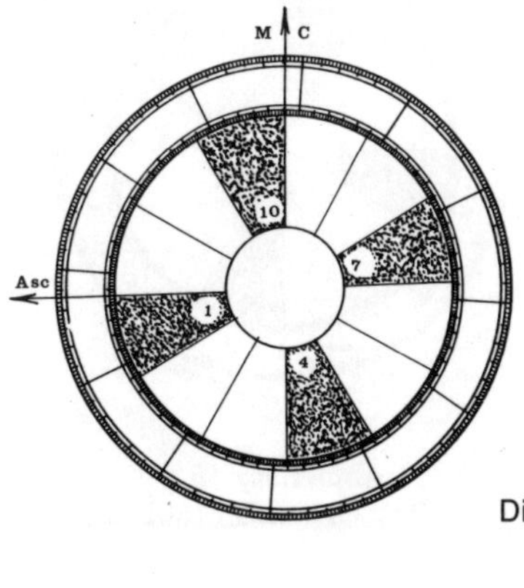

Abbildung 12
Die Eckfelder oder kardinalen Felder

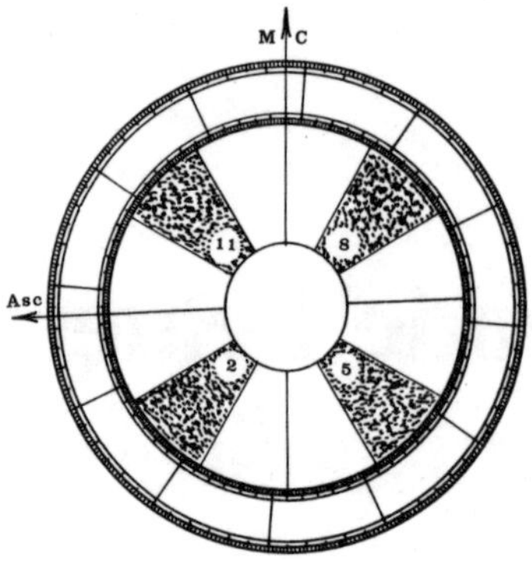

Abbildung 13
Die nachfolgenden Felder oder Mittelfelder

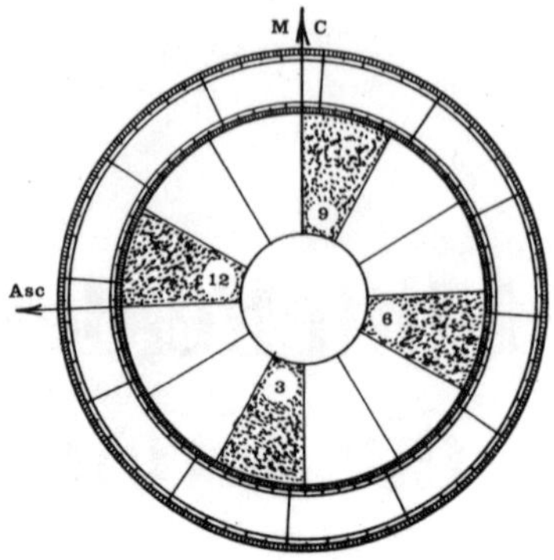

Abbildung 14
Die fallenden Felder oder Endfelder

Die drei Kreuze

Die Abbildungen 15, 16 und 17 zeigen die »Qualitäten«, wie die drei Kreuze genannt werden. Alle Zeichen des Tierkreises lassen sich einem der drei Kreuze – kardinal, fest oder veränderlich – zuordnen. Jedes Kreuz enthält alle vier Elemente (Feuer, Erde, Luft und Wasser). Das kardinale Kreuz (Figur 15) wird gebildet von Widder (Feuer), Krebs (Wasser), Waage (Luft) und Steinbock (Erde). Die Kardinalzeichen sind tatkräftig, autoritativ, aktiv und wirken sich am stärksten aus, wenn sie in den Eckhäusern stehen. Das feste oder fixe Kreuz (Abbildung 16) besteht aus Stier (Erdzeichen) in Opposition zu Skorpion (Wasserzeichen) und Löwe (Feuerzeichen) in Opposition zu Wassermann (Luftzeichen). Feste Zeichen sind herrisch, beständig, starr und haben sehr feste Vorsätze. Sollten diese Zeichen in Ihrem eigenen Horoskop in den Eckfeldern stehen, so weisen sie darauf hin, daß Sie entschlossen sind, Ihr Leben ordentlich einzurichten. In negativer Hinsicht können Sie Sklave Ihrer Gewohnheiten werden.

Das veränderliche oder gewöhnliche Kreuz (Abb. 17) besteht aus Zwillinge (Luftzeichen) in Opposition zu Schütze (Feuerzeichen) und Jungfrau (Erdzeichen) in Opposition zu Fische (Wasserzeichen). Veränderliche Zeichen können sich gut anpassen und sind flexibel. In negativer Hinsicht fällt es ihnen schwer, sich zu entscheiden. Sie sehen ständig das Für und Wider einer Sache.

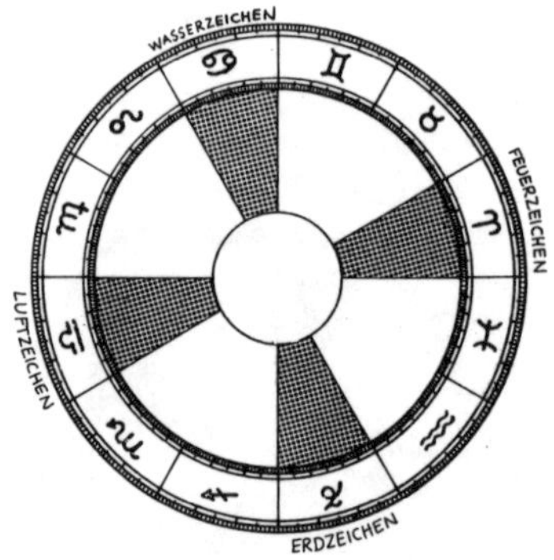

Abbildung 15
Das kardinale Kreuz

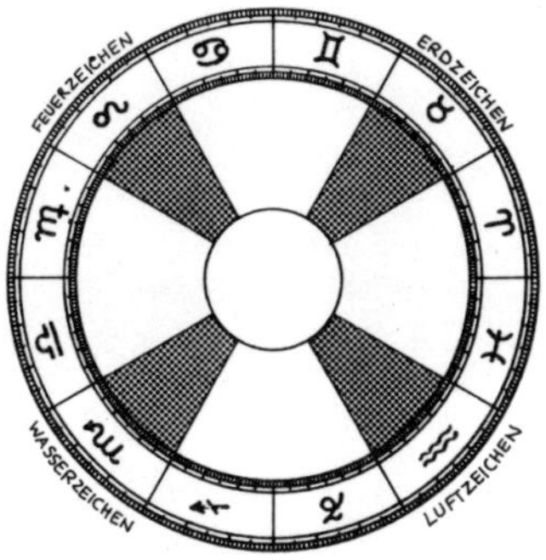

Abbildung 16
Das feste oder fixe Kreuz

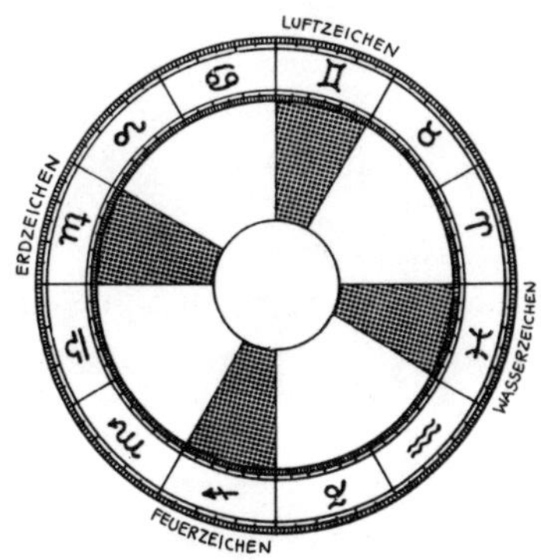

Abbildung 17
Das veränderliche oder gewöhnliche Kreuz

Die Horoskophälften

Diejenigen Horoskophälften (Hemisphären), in denen die meisten Planeten stehen, haben gleichfalls Bedeutung. Sie zeigen im Grunde die Tätigkeitsgebiete, auf die sich die Energien des Nativen mit Vorliebe konzentrieren, auch ob die Energien auf eine nach innen oder nach außen gerichtete, auf eine persönliche oder unpersönliche Weise in Erscheinung treten. Die unmittelbare Erfassung dieses Phänomens ist ein wichtiger Schritt in der Deutung von Horoskopen.
Abbildung 18 zeigt, wo der Hemisphären-Schwerpunkt liegt. Findet man die meisten Planeten in einem Horoskop auf der östlichen Seite des Horoskops – sie geht von der Felderspitze des zehnten Feldes über den Ascendenten zum Anfang der Felderspitze des vierten Feldes – so weist dies auf einen von starkem Selbstvertrauen geprägten Charakter hin. Der Native ist in diesem Fall jemand, der allein seinen Weg findet und sich oft mehr zumutet, als er bewältigen kann. Der Weg, den sein Leben nimmt, ist deshalb seine ganz persönliche Entscheidung.
Findet man die meisten Planeten auf der westlichen Seite des Horoskops, so wirkt der Native auf eine mehr unpersönliche Weise. Sein Leben hängt deshalb etwas von anderen Menschen ab. Ein solcher Mensch wird nicht den ersten Schritt machen, um eine Sache in Gang zu setzen, er wartet, bis die Dinge reif sind.
Befinden sich die meisten Planeten auf der Tag- oder Süd-Seite des Horoskops – sie reicht von der Felderspitze des siebten Feldes zur Felderspitze des ersten Feldes – so weist dies auf ein breitgestreutes Interessengebiet hin. Im allgemeinen ist der Native unabhängig, stolz und hat ziemlich viel Glück. Er strebt gewöhnlich danach, eine leitende Stellung einzunehmen, und hat viele Interessen, die darauf ausgerichtet sind, ihm Anerkennung einzutragen. Er ist im Sinne C. G. Jungs extravertiert, außenlebig.
Stehen die meisten Planeten auf der nächtlichen Seite des Horoskops, so handelt es sich um Menschen, die in ihrer Arbeit und Lebensweise nach innen gerichtet sind. Eine solche Anordnung deutet auf ein engbegrenztes Interessengebiet, sie macht aus dem Nativen einen introvertierten und häuslichen Menschen. Dieser Mensch neigt leicht zu Launenhaftigkeit und Schwermut.
Es ist natürlich durchaus möglich, daß ein Horoskop eine Kombination dieser Anordnungen aufweist. Die gleiche Anzahl Planeten kann z.B. auf der Tag- und auf der Nacht-Seite auftreten. Dies ist übrigens eine der besten Kombinationen: Dadurch wird der Native nicht nur zu einem Menschen, der seinen Weg aus eigenem Antrieb macht, sondern diese Kombination macht ihn auch noch zu einem glücklichen und geselligen Menschen. Tätigkeit und Entspannung ergänzen sich harmonisch.

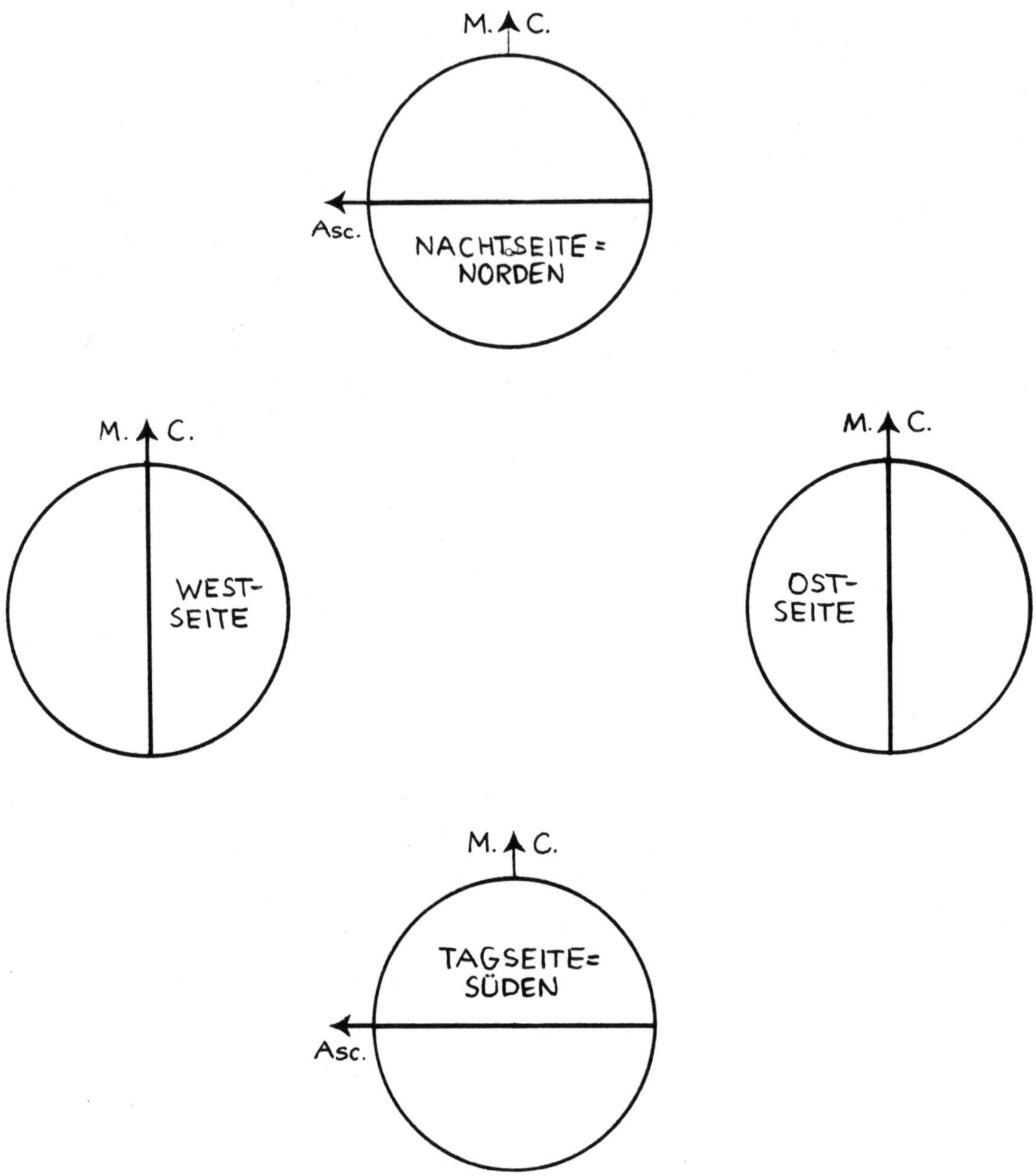

Abbildung 18
Horoskop-Hälften (Hemisphären-Schwerpunkte)

8
Einteilung in Kategorien nach Verteilung der Planeten

Das nächste, was wir zur Horoskop-Deutung feststellen müssen, ist die Art und Weise, wie die Planeten innerhalb des Kreises (unabhängig von den Zeichen) verteilt sind. Dies gibt uns den nächsten Fingerzeig auf den Charakter eines Menschen. Wir werden sehen, daß die Planetenverteilung der meisten Menschen einem von sieben Mustern entspricht. Natürlich gibt es viele Abweichungen von der Norm, wodurch einige Horoskope schwer einzuordnen sind; aber mit etwas Praxis und durch Üben mit Horoskopen von Menschen, die Sie kennen, werden Sie schnell eine gewisse Geschicklichkeit bei der Deutung von Horoskopen erwerben. Sie sollten jedoch die untenstehenden Hinweise nur verwerten, wenn das zu deutende Horoskop sich deutlich einordnen läßt. Der deutsche Altmeister der Astrologie Chr. Meier-Parm hat sich ausführlich mit der Struktur und dem Spannungsherrscher befaßt. Der Interessierte wird in seinem Buch »Die Ganzheitsschau im Horoskop, die Lehre vom Spannungsherrscher« weitere Hinweise finden.

Einteilung der Planeten in Klassen

Die Lokomotiv-Figurine
In etwa zwei Dritteln des Horoskops (Abb. 19) stehen Planeten, das andere Drittel ist leer. Menschen, deren Horoskop der Lokomotiv-Figurine entspricht, brauchen ständig günstige Gelegenheiten und Anerkennung; sie sind von unvernünftigem Ehrgeiz erfüllt und streben nach Erfolg und Macht. Ihr Selbstvertrauen hat seine Wurzel in persönlicher Erfahrung. Sie verfügen über ungewöhnlich viel Energie.
Der führende Planet – d. h., der erste Planet im Uhrzeigersinn – und das Feld, in dem dieser Planet steht, sind oft wichtig. Werden Menschen, die zu diesem Muster gehören, frustriert, oder werden ihre Vorhaben vereitelt, so können sie rebellisch werden.

Abbildung 19
Die Lokomotiv-Figurine

Die Schüssel-Figurine

Mehr als ein Drittel, aber weniger als die Hälfte des Kreises ist leer (s. Abb. 20). Dieses Muster deutet auf Selbstgenügsamkeit und eine kompromißlose Anstrengung, um sich Anerkennung und Billigung durch andere zu erzwingen. Diese Figurine weist ferner auf bewußte und übertriebene Wichtigtuerei, unermüdliche Arbeit an sich selbst und Ehrlichkeit. Dieser Mensch kann Erfahrungen verwerten. Der führende Planet (der erste Planet im Uhrzeigersinn) gibt weiteren Aufschluß. Sind Venus und Jupiter führende Planeten und bilden sie gute Aspekte, so bedeutet dies Hilfe und Unterstützung, während Mars, Saturn, Uranus und Pluto, wenn sie ungünstige Aspekte bilden, hemmend wirken können. Wenn die Planeten in der oberen, unteren, östlichen oder westlichen Hemisphäre stehen, ergeben sich weitere Hinweise.

Abbildung 20
Die Schüssel-Figurine

Die trigonale Figurine

Es handelt sich hierbei um eine dreiteilige Anordnung, obgleich es nicht immer einfach ist, sie als solche zu bestimmen (s. Abb. 21). Dieses Muster verleiht dem Nativen eine Spezialbegabung und gibt ihm Gelegenheit, menschlichem Schicksal sein Siegel aufzudrücken. Er kann sehr anständig sein oder auf irgendeine Weise pervertiert. Gewiß mißfällt es ihm, herumkommandiert oder in irgendein »Kästchen« einsortiert zu werden, und er wird verzweifelt versuchen, den Fesseln von Disziplin und Routine zu entkommen. Sein Temperament wird ihn in den Erfahrungen des menschlichen Lebens nach seinem eigenen Geschmack herumstöbern lassen.

Abbildung 21
Die trigonale Figurine

Die polare Figurine

Im Idealfall gibt es ein Sanduhr-Muster, bei dem sich zwei Gruppen gegenüber liegen (s. Abb. 22). Ein Mensch mit einer polaren Figurine hat eine ungewöhnliche Begabung dafür, sein Wissen anderen zu vermitteln oder mit anderen zu teilen. Hochbegabung ist möglich, sie wird durch den Planeten angezeigt, der von der polaren Figurine abweicht. Im allgemeinen haben solche Menschen unorthodoxe Vorstellungen und sehen das Leben durch eine Brille, deren Gläser anders gefärbt sind als bei den meisten Menschen.

Abbildung 22
Die polare Figurine

Die Spannungs-Figurine

Ein Planet steht als Spannungsherrscher allen anderen Planeten gegenüber (s. Abb. 23). Gibt es ein T-Kreuz (s. Abb. 27), so ist eine Fähigkeit zu fortgesetzten Leistungen vorhanden. Für das psychische Wohlbefinden des Nativen ist Leistung wichtig. Der Selbsterhaltungsinstinkt kann fehlen; daher bringt ein Mensch

Abbildung 23
Die Spannungs-Figurine

mit dieser Figurine sich oft selbst zu Fall. Er kann ein Opfer des Spannungsplaneten werden, und wenn er mit seinen Kräften nicht haushalten kann, nimmt er oft zu rücksichtslosen Methoden Zuflucht, um seine Ziele und die Vorstellungen, die ihm sein Ehrgeiz eingibt, zu verwirklichen.

Die Konjunktions-Figurine
Hier handelt es sich um eine seltene Anordnung. Alle Planeten stehen in einem Drittel oder noch kleineren Teil des Kreises (s. Abb. 24).
Diese Anordnung deutet auf Einseitigkeit. Es fällt schwer, eine Entwicklung auf allen Lebensgebieten weiterzutreiben. Aber da er Selbsterfüllung braucht, neigt er oft dazu, ein Spezialist zu werden. Sein Denken ist begrenzt, aber er ist imstande, ein bestimmtes Thema in seiner ganzen Tiefe zu erfassen.

Abbildung 24
Die Konjunktions-Figurine

Die polypolare Figurine
Diese Anordnung erkennt man leicht, da die Planeten sich auf so viele Zeichen wie möglich verteilen. Das Muster hat eine radähnliche Verteilung (s. Abb. 25). Der Unterschied zwischen diesem Muster und der trigonalen Figurine liegt darin, daß letztere mindestens eine Planetenhäufung (eine Gruppe von vier oder mehr Planeten in einem Zeichen oder Feld) benötigt.
Die polypolare Figurine zeigt Universalität, außergewöhnliche Leistung oder Verschwendung der Energien an. Der Native braucht eine ausgewogene Erziehung, da Neigung dazu besteht, sich an allzu viele Einzelinteressen zu verlieren.

Abbildung 25
Die polypolare Figurine

Planeten-Strukturen

Das große Kreuz
Sehen Sie sich nun Abb. 26 an, die die Stellung »großes Kreuz« in einem Horoskop wiedergibt. Ein Planet steht in Schütze, ein anderer ihm gegenüber in Zwillinge; gleichzeitig steht ein Planet in Jungfrau und ein weiterer in Opposition zu ihm im Zeichen Fische. Es können natürlich auch andere Quadrate sein, Kardinale usw. Wir haben, mit anderen Worten, zwei in Opposition stehende Planeten-Paare, die so angeordnet sind, daß ihr Abstand voneinander im Horoskop jeweils 90° – zuzüglich oder abzüglich des zulässigen Orbis – beträgt.
Menschen, die mit einem großen Kreuz im Horoskop geboren wurden, sind in ihrem Leben ständig Prüfungen und Krisen ausgesetzt.

Abbildung 26
Das große Kreuz

Das T-Kreuz

Diese Stellung weist auf Fertigkeiten und Leistung hin (s. Abb. 27). Zwei Planeten befinden sich zueinander in Opposition, und ein Planet bildet einen Quadrataspekt mit den beiden zueinander in Opposition stehenden Planeten. Ein Planet steht z. B. in Widder, ein anderer ihm gegenüber in Waage und ein dritter in Steinbock. Diese Stellung sieht wie ein »T« aus. Der Planet, auf den der kurze Schenkel des »T« gerichtet ist, ist der, der mit den beiden anderen ein Quadrat bildet; bei ihm liegt das Gewicht der Verantwortung dafür, daß Fertigkeiten und Leistung möglich sind.

Abbildung 27
Das T-Kreuz

Das große Trigon

Diese Figur bezeichnet Sorgenlosigkeit und anstrengungsloses Glück. Daher bezeichnet es oft Fehlen von Leistung. In einem großen Trigon stehen drei Planeten in einem Abstand von 120° voneinander (zusätzlich der Toleranz für den zulässigen Orbis). Ein Beispiel hierfür wären die Planeten in Widder, Löwe und Schütze (s. Abb. 28).

Abbildung 28
Das große Trigon

Das einfache Trigon

Ein einfaches Trigon liegt dann vor, wenn zwei Planeten 120° voneinander entfernt (zusätzlich der Toleranz für den zulässigen Orbis) stehen. Dies ist eine harmonische Stellung; man muß sowohl die Planeten als auch die Zeichen und Felder, in denen sie stehen, analysieren. Ein Beispiel für ein einfaches Trigon wäre ein Planet in Jungfrau, ein anderer in Steinbock (s. Abb. 29). Ein Trigon verleiht eine natürliche Geschicklichkeit, die beiden Planetenprinzipien harmonisch miteinander zu verbinden.

Abbildung 29
Das einfache Trigon

9
Die Dekanate

Da jedes Zeichen einen Umfang von 30° hat, kann es in drei Dekanate von je 10° aufgeteilt werden. So gehört, mit anderen Worten, jedes Zeichen von 0° bis 9°59′ zum ersten Dekanat, und jeder Geburtsplanet, der im ersten Dekanat liegt, nimmt an diesem Zeichen teil oder wird von ihm und dem Planeten, der es beherrscht, beeinflußt. Jeder Planet, der im zweiten Dekanat liegt, das von 10° eines Zeichens bis 19°59′ geht, ist einem *Neben*einfluß durch das nächste Zeichen ausgesetzt, wenn man entgegengesetzt zum Uhrzeigersinn im Bereich *des gleichen Elements* weiterzählt. Jeder Planet im dritten Dekanat, das von 20° eines Zeichens bis 29°59′ geht, ist einem Nebeneinfluß durch das dritte Zeichen ausgesetzt, wenn man entgegengesetzt zum Uhrzeigersinn im Bereich des gleichen Elements weiterzählt.

Angenommen, ein Geburtsplanet steht im ersten Dekanat Waage; dann erhält dieser Planet die Eigenschaften der Waage und des Planeten Venus, der das Zeichen Waage beherrscht. Jeder Geburtsplanet, der im zweiten Dekanat Waage steht, würde gleichfalls die Eigenschaften von Waage und Venus erhalten, zusätzlich aber noch einem Nebeneinfluß des nächsten (entgegengesetzt dem Uhrzeigersinn) Luft-Zeichens Wassermann ausgesetzt sein, das von Uranus und Saturn beherrscht wird. Ein Geburtsplanet im dritten Dekanat der Waage würde wiederum die Eigenschaften von Waage und Venus erhalten, aber darüber hinaus einem Nebeneinfluß des dritten (dem Uhrzeigersinn entgegengesetzt gezählt) Luft-Zeichens Zwillinge, das von Merkur beherrscht wird, ausgesetzt sein.

Da dies nicht leicht zu verstehen ist, sei noch ein weiteres Beispiel angeführt: Ein Planet im ersten Dekanat Wassermann erhält die Eigenschaften des Zeichens Wassermann sowie der Planeten Uranus und Saturn, den Herrschern des Zeichens. Ein Planet im zweiten Dekanat Wassermann ist, zusätzlich zum Einfluß des Zeichens und seiner herrschenden Planeten, dem Nebeneinfluß ausgesetzt, der vom nächsten Luft-Zeichen Zwillinge ausgeht. Ein Planet im dritten Dekanat Wassermann unterliegt dem Einfluß Wassermann und *zusätzlich* dem Nebeneinfluß des dritten Luft-Zeichens Waage.

Die folgende Tabelle gibt die Dekanate für alle Zeichen mit annähernd genauen Daten für die Anwesenheit der Sonne in den verschiedenen Dekanaten wieder. Ein Horoskopformular, das die Dekanatsherrscher zeigt, ist in Abb. 6 zu sehen.

Sie werden in Kapitel 21, in dem eine vollständige Synthese eines Geburtshoroskops dargestellt wird, feststellen, in welchem Maße diese Verfeinerungen die Analyse des Horoskops leichter machen. Im Anfang sollte man jedoch vorsichtig mit diesen Feinheiten umgehen.

Annähernde Geburtsdaten für die Ermittlung der Dekanate

Datum	Zeichen	Dekanat	Beherrschende Planeten und Nebeneinflüsse
21. März–30. März	Widder	1	♈
31. März–10. April	Widder	2	♈ plus ♌
11. April–20. April	Widder	3	♈ plus ♐
21. April–30. April	Stier	1	♉
1. Mai –10. Mai	Stier	2	♉ plus ♍
11. Mai –20. Mai	Stier	3	♉ plus ♑
21. Mai –31. Mai	Zwillinge	1	♊
1. Juni–10. Juni	Zwillinge	2	♊ plus ♎
11. Juni–20. Juni	Zwillinge	3	♊ plus ♒
21. Juni– 1. Juli	Krebs	1	♋
2. Juli –11. Juli	Krebs	2	♋ plus ♏
12. Juli –21. Juli	Krebs	3	♋ plus ♓
22. Juli – 1. August	Löwe	1	♌
2. August–11. August	Löwe	2	♌ plus ♐
12. August–22. August	Löwe	3	♌ plus ♈
23. August –1. September	Jungfrau	1	♍
2. September–11. September	Jungfrau	2	♍ plus ♑
12. September–22. September	Jungfrau	3	♍ plus ♉
23. September– 2. Oktober	Waage	1	♎
3. Oktober –12. Oktober	Waage	2	♎ plus ♒
13. Oktober –22. Oktober	Waage	3	♎ plus ♊
23. Oktober – 1. November	Skorpion	1	♏
2. November–12. November	Skorpion	2	♏ plus ♓
13. November–22. November	Skorpion	3	♏ plus ♋
23. November– 2. Dezember	Schütze	1	♐
3. Dezember–12. Dezember	Schütze	2	♐ plus ♈
13. Dezember–21. Dezember	Schütze	3	♐ plus ♌
22. Dezember–30. Dezember	Steinbock	1	♑
31. Dezember– 9. Januar	Steinbock	2	♑ plus ♉
10. Januar –19. Januar	Steinbock	3	♑ plus ♍
20. Januar –29. Januar	Wassermann	1	♒
30. Januar – 8. Februar	Wassermann	2	♒ plus ♊
9. Februar–18. Februar	Wassermann	3	♒ plus ♎
19. Februar–28. Februar	Fische	1	♓
1. März –10. März	Fische	2	♓ plus ♋
11. März –20. März	Fische	3	♓ plus ♏

III

Planeten, die in Ihrem Alltagsleben eine Rolle spielen

10

Der Einfluß von Venus, Mars und dem fünften Feld auf Ihr Verhältnis zum anderen Geschlecht

Venus und Mars sind die Planeten des Gefühls- und Geschlechtslebens. Für einen Astrologen sind Venus und Mars die Symbole für Eros und Sexus, die gefühlsbetonte und die geschlechtlich bestimmte Liebe.

Will man Harmonie in seinem Sexualleben erreichen, so kommt es darauf an, seinen Partner sowohl in seinem Gefühlsleben als auch in seinem physischen Verlangen, seinem Triebleben, zu verstehen. In diesem Kapitel besprechen wir zuerst Mars im Horoskop eines Mannes, dann einer Frau, und anschließend Venus im Horoskop eines Mannes und einer Frau. Sie sollten sich vielleicht zuerst die Angaben zu Venus in den verschiedenen Zeichen und dann die zu Mars in den verschiedenen Zeichen durchlesen.

Da das fünfte Feld Liebesaffären und den Sexualtrieb beherrscht, muß es in einem Geburtshoroskop gleichfalls analysiert werden. Das Zeichen, das die Spitze des fünften Feldes beherrscht, ist von großer Bedeutung für die Beurteilung der Beziehungen des Nativen zum anderen Geschlecht.

Wir wollen uns einige Beispiele ansehen. Das erste betrifft einen Mann mit Venus (♀) in Jungfrau (♍), Mars (♂) in Jungfrau (♍) und dem Zeichen Fische auf der Spitze des fünften Feldes. Er fühlt sich zu Frauen hingezogen, die realistisch (Venus in Jungfrau) eingestellt und ihm ergeben sind, ohne daß sie dies nach außen hin allzu sehr erkennen lassen würden. Fische auf der Spitze des fünften Feldes zeigt an, daß er eine romantisch eingestellte Partnerin braucht; da aber bei ihm Mars und Venus in Jungfrau stehen, mag er auf sie zuerst kalt wirken. Der Grund hierfür liegt darin, daß er nichts mehr fürchtet, als zurückgewiesen zu werden; er braucht daher eine Frau, die ihm entgegenkommt. Sie muß viel Verständnis, Geduld und Wärme haben, aber gleichzeitig darf er nicht das Gefühl haben, daß sie ihn unterdrücken will. Hier haben wir es ganz offensichtlich mit einer komplizierten Situation zu tun.

Schauen Sie sich ein anderes Beispiel an: Eine Frau mit Venus (♀) in Krebs (♋), Mars (♂) in Widder (♈) und dem Zeichen Fische auf der Spitze des fünften Feldes. Venus in Krebs weist bei ihr darauf hin, daß sie einen Mann braucht, den sie bemuttern kann, und daß sie umgekehrt Gleiches von ihm erwartet; zugleich braucht sie jemand, der ihre Stimmungen versteht. Mars in Widder bedeutet bei ihr, daß ihr Partner kraftvoll und voll Selbstvertrauen sein sollte. Selbst wenn es sich nicht so verhielte, sähe sie es gern, wenn er ein solches Benehmen zeigen würde. Fische auf der Spitze ihres fünften Feldes weist – wie in dem vorigen Beispiel – auf starke romantische Neigung hin, doch sind sie in diesem Fall noch stärker durch die Stellung von Venus in Krebs betont. Da sie ihre Gefühle stärker zur Schau trägt als der Mann im ersten Beispiel, ist sie imstande, ihre romantische Veranlagung offen zu zeigen. Sollten sich diese beiden Menschen heiraten, so müßte die Frau lernen, sich etwas zurückzuhalten, und der Mann wiederum müßte ihrem romantischen Charakter Rechnung tragen. Wenn beide Verständnis für die Ökonomie ihrer Psyche und Physis haben, kann es zu einer hervorragenden Partnerschaft kommen.

Mars im Horoskop eines Mannes (Seine Wünsche und Reaktionen)

♂ in ♈
Dieser Mann ist begeisterungsfähig, aggressiv und leidenschaftlich. Er möchte eine Frau lieber erobern, und die Jagd macht ihm mindestens soviel Spaß wie die Jagdbeute.

♂ in ♉
Dieser Mann ist sinnlich und liebt die irdischen Freuden. Seine Liebe geht durch den Magen.

♂ in ♊
Er neigt zum Flirt. Demnach braucht er eine intellektuelle Frau, da seine Auffassung über Beziehungen zum anderen Geschlecht geistig bestimmt ist.

♂ in ♋
Dieser Mann ist sensibel, ja, eher launenhaft und manchmal überempfindlich. Für die, die er liebt, will er der Beschützer sein; andererseits braucht er eine Frau, die ihn bemuttert. Keine leichte Rolle.

♂ in ♌
Ein warmherziger und warmblütiger Mann, für den es wichtig ist, bewundert zu werden. »Streichle ihn, und du wirst sehen, wie er schnurrt«, ist das Schlüsselwort für seine Reaktionen.

♂ in ♍
Dieser Typ Mann scheint kalt, unnahbar und ein scharfer Analytiker zu sein, aber nur, weil er Angst davor hat, abgewiesen zu werden. Er braucht eine Frau, die ihm viel Wärme und Ermutigung gibt.

♂ in ♎
Er braucht eine kultivierte Partnerin, denn Derbheit und unfeines Benehmen stoßen ihn ab. Er schätzt angenehmen und ästhetischen Zeitvertreib.

♂ in ♏
Dies ist ein zutiefst leidenschaftlicher Mann. Zunächst mag er einer Frau desinteressiert erscheinen, aber sie sollte auf der Hut sein, wenn sein Interesse erst einmal wach geworden ist! Hier glüht Lava unter der Asche.

♂ in ♐
Dieser Mann ist etwas genußfreudig und liebt seine Freiheit, doch ist er auch zartfühlend und liebevoll. Er braucht eine Frau, die sich oft verändert; nur eine solche Frau vermag ihn ständig an sich zu binden.

♂ in ♑
Er braucht eine Frau von großer Zärtlichkeit und Güte. Er ist äußerst sensibel und leicht verletzt.

♂ in ♒
Dieser Mann liebt seine Freiheit so sehr, daß er jede Art von Beziehung ablehnt, gleichviel ob sie eine Liebesbeziehung oder eine Freundschaft ist, in der man ihm nicht volles Vertrauen entgegenbringt.

♂ in ♓
Dieser hochgradig romantische Mann braucht einen Typ Frau, der ihm ähnlich ist. Er ist liebevoll, warm, voll Mitgefühl, verständnisvoll und gütig. Parfüm, schwache Beleuchtung und ein bißchen geheimnisvolles Drum und Dran regen seinen Appetit an.

Mars im Horoskop einer Frau (Welchen Typ Mann findet sie attraktiv)

♂ in ♈
Diese Frau fühlt sich von einem Mann angezogen, der ein dominierendes, kraftvolles Auftreten hat und viel Selbstvertrauen besitzt.

♂ in ♉
Sie findet einen Mann attraktiv, der sich ein klares Ziel gesetzt hat und Aussicht auf finanzielle Sicherheit bietet oder bereits eine sichere Position hat.

♂ in ♊
Sie will einen Mann, der sie geistig anregt und ständig bemüht ist, sich weiterzuentwickeln.

♂ in ♋
Dieser Frau gefällt der Mann, der für sie sorgt, sie zärtlich behandelt und sie beschützt.

♂ in ♌
Sie hätte gern einen Mann, der seiner selbst sicher, kontaktfreudig und elegant in seinem Äußeren ist.

♂ in ♍
Der intelligente, praktische und konventionelle Mann gefällt ihr. Aber – er muß imstande sein, ihr das Gefühl zu geben, daß sie für ihn wichtig ist.

♂ in ♎
Diese Frau mag einen Mann, der romantisch, gut erzogen und ruhig ist und der sein Leben mit Überlegung aufgebaut hat.

♂ in ♏
Sie fühlt sich von einem Mann angezogen, der zu jeder Tagesstunde voller Leidenschaft ist. Männer, die einen freien Beruf ausüben, findet sie besonders reizvoll. Er muß eine Aura von Überlegenheit besitzen.

♂ in ♐
Sie liebt einen Mann, der kontaktfreudig, anregend und ein Idealist ist. Er muß sich für Sport, Tiere und Hobbies im Freien interessieren.

♂ in ♑
Sie fühlt sich von einem Mann angezogen, der sich hohe Ziele setzt, da sie Leistung und eine praktische, realistische Einstellung schätzt. Er muß in der Öffentlichkeit fehlerfrei auftreten können.

♂ in ♒
Sie findet einen Mann anziehend, der sie nicht als seinen Besitz betrachtet. Sie hat gern, wenn er etwas unkonventionell ist und dann und wann unerwartete und originelle Ideen und Vorschläge hat. Wenn er ein bißchen Genie hätte, würde es nicht schaden.

♂ in ♓
Sie wird von einem Mann angezogen, der gütig, zärtlich und romantisch ist und zugleich einen starken Charakter hat. Sie muß auf zärtliche Weise beherrscht werden.

Venus im Horoskop eines Mannes (Welchen Typ Frau findet er attraktiv)

♀ in ♈
Er wird von einer Frau angezogen, die kontaktfreudig, unabhängig und abenteuerlustig ist und über einen glänzenden Verstand verfügt.

♀ in ♉
Er mag eine Frau, die eine gute Köchin, treu, häuslich und liebevoll ist.

♀ in ♊
Diesem Mann entspricht eine intelligente, unterhaltsame, witzige Frau, die zugleich ein guter Kamerad sein muß.

♀ in ♋
Er will eine reife Frau, die ihn bemuttert, für ihn kocht und sich darum kümmert, daß es ihm an nichts fehlt.

♀ in ♌
Diesen Mann zieht eine Frau an, die dramatisch ist, über dem Durchschnitt steht und ihm ihre Zuneigung offen entgegenbringt.

♀ in ♍
Er schätzt eine realistische und sich ihm widmende Frau, ohne daß sie dies allzu sehr nach außen hin zur Schau stellt.

♀ in ♎
Ihn zieht eine zärtliche, romantische und gepflegte Frau an. Der zarte, feminine Typ Frau übt auf ihn eine besondere Anziehungskraft aus.

♀ in ♏
Die Frau, die zutiefst leidenschaftlich ist und es außerdem noch versteht, sich mit einem gewissen Geheim-

nis zu umgeben, wird ihre Wirkung auf diesen Mann nicht verfehlen.

♀ in ♐
Er mag eine Frau, die alle Fragen des Lebens in einer direkten Weise angeht. Ihm liegt die Frau, die dem schlanken Typus angehört, der viel für Sport und Hobbies im Freien übrig hat. Für die anspruchsvolle Frau, die sich gern wie eine Klette an ihren Mann hängt, hat er nichts übrig.

♀ in ♑
Dieser Mann fühlt sich zu einer Frau hingezogen, die ein Gefühl für ihren Wert besitzt, die eine hohe gesellschaftliche Stellung einnimmt oder die mindestens in ihrem eigenen Lebensbereich eine gewisse Kompetenz aufweist. In der Öffentlichkeit muß sie überlegen wirken, aber privat muß sie Leidenschaft und Sinnlichkeit zeigen.

♀ in ♒
Auf ihn wirkt die ungewöhnliche und unabhängige Frau. Es macht ihm privat nicht einmal etwas aus, wenn sie exzentrisch ist. Sie sollte sich des Wertes ihrer Freiheit bewußt sein, doch will er, daß sie nur ihm treu ist.

♀ in ♓
Die Frau, die sensibel, künstlerisch und äußerst weiblich ist, wird ihre Wirkung auf diesen Mann nicht verfehlen. Es liegt ihm sehr daran, die Frau, der seine Zuneigung gehört, zu beschützen.

Venus im Horoskop einer Frau (Ihre Wünsche und Reaktionen)

♀ in ♈
Sie braucht einen herrischen und erdhaften Mann. Das geringste Zeichen von Unsicherheit würde sie veranlassen, sich von ihm abzuwenden.

♀ in ♉
Diese Frau ist sinnlich und unheilbar romantisch veranlagt. Sie will einen Mann, der diese Eigenschaften zu schätzen weiß. Er muß ihr auch finanzielle Sicherheit bieten können.

♀ in ♊
Diese Frau will einen Mann, der ihr intellektuell überlegen ist. Ein Mann ohne Phantasie ist nichts für sie.

♀ in ♋
Sie hat es gern, wenn sie bemuttert wird, aber es muß ihr auch möglich sein, ihren Mann zu bemuttern. Sie hat Launen und braucht jemand, der sie verstehen kann.

♀ in ♌
Diese Frau ist dramatisch. Der ideale Mann für sie ist jemand, der auf sie eingeht und ein inbrünstiger Mensch ist; sehr oft ist der richtige Mann jemand, der zur Erhöhung ihres gesellschaftlichen Prestiges beiträgt.

♀ in ♍
Sie muß einem Mann dienen und für ihn sorgen können. Aber sie kann nicht immer ihre Gefühle zeigen, und er muß dies verstehen.

♀ in ♎
Sie braucht einen sehr romantischen Mann, der höflich und kultiviert ist, jemand, der die richtigen Worte benutzt und die richtigen Dinge im richtigen Augenblick tut.

♀ in ♏
Sie hat verwickelte Gefühle und braucht einen starken Mann, der sie verstehen kann. Sie nimmt gern von anderen Besitz, schätzt es aber nicht, wenn jemand versucht, von ihr Besitz zu ergreifen.

♀ in ♐
Abwechslung und Wechsel im Lebensrhythmus sind von vitaler Bedeutung dafür, daß diese Frau ihr Interesse nicht verliert. Sie braucht viele Komplimente.

♀ in ♑
Eine reservierte Frau, oft nicht fähig, ihre Gefühle zu zeigen; hat ein Mann aber einmal ihre Reserviertheit akzeptiert und ihre Achtung erworben, wird sie ihm unbedingt treu sein.

♀ in ♒
Dies ist der Typ Frau, der viel für Originalität in Denken und Handeln übrig hat. Der konservative, engstirnige Typ Mann ist nichts für sie.

♀ in ♓
Diese Frau kann ohne Einschränkung lieben, aber nur einen Mann, der sie mit Beweisen seiner Zuneigung förmlich überschüttet, sehr romantisch ist und ihr jede Entscheidung abnimmt.

Das Zeichen, das die Spitze des fünften Feldes beherrscht

♈
Diese Stellung bedeutet Liebe auf den ersten Blick. Diese Menschen brauchen einen Partner, der für sie eine Herausforderung darstellt. Auch müssen sie in der körperlichen Liebe diejenigen sein, von denen die Initiative ausgeht.

♉
Diese Menschen brauchen einen treuen, gütigen und zärtlichen Partner. Sie verlangen danach, berührt und liebkost zu werden. Sie können zu naiv und vertrauensvoll sein.

♊
Für diese Menschen ist das Geschlechtliche ein Spiel. Sie brauchen einen Partner, der sie geistig anregt.

♋
Diese Menschen brauchen einen verständnisvollen Partner, der Intuition besitzt. Sie bemuttern gern ihren Partner, wie sie es auch umgekehrt schätzen, wenn sie bemuttert werden. Sie können manchmal launenhaft sein.

♌
Sie brauchen einen Partner, der Verständnis dafür hat, daß sich necken und verspielt sein zum Sex gehören. Sie sind sinnlich und haben viel für Petting übrig.

♍
Diese Menschen brauchen einen Partner, der ein wahrer Sexualvirtuose ist. Sexuelle Gefühle zeigen sie nicht gern; sie diskutieren nicht gerne offen über sie in der Öffentlichkeit.

♎
Diesen Menschen gefällt ein romantischer, ästhetischer Partner, der zum Flirten aufgelegt ist. Es fällt ihnen schwer, den richtigen Partner zu wählen, und selbst wenn sie ihn gewählt haben, können sie das Gefühl haben, daß der falsche gewählt worden ist.

♏
Diese Menschen brauchen einen Partner, der leidenschaftlich ist und für sie eine ständige Herausforderung darstellen kann. Sie können im Übermaß von dem Verlangen geprägt sein, andere zu besitzen, und sie sind eifersüchtig.

♐
Für diese Menschen ist der ideale Partner jemand, der bereit ist, mehr ein Gefährte als ein Sexualpartner zu sein. Sie sind von Sex beeindruckt, aber geben ihr Herz nicht leicht hin.

♑
Sie brauchen einen Partner, der seine Gefühle zeigt und der versteht, daß unter ihrem scheinbar kalten Äußeren ein warmes Herz schlägt.

♒
Diese Menschen brauchen einen Partner, der sie geistig anregt. In ihrer sexuellen Leistung sind sie ungleichmäßig.

♓
Diese Menschen neigen zu romantischen Wachträumen und brauchen einen Partner, der romantisch ist, Intuition besitzt und imstande ist, ihre Furcht zu beschwichtigen.

11
Der Einfluß von Merkur und Sonne auf Ihre geistige Leistungsfähigkeit

Merkur, der die geistigen Fähigkeiten beherrscht, kann nur im selben Zeichen wie die Sonne oder in dem der Sonne vorangehenden oder dem der Sonne folgenden Zeichen stehen. Wenn Sie die weiter unten aufgeführten Deutungen für Merkur und Sonne lesen, so denken Sie daran, daß Merkur vor der Sonne auf einen schnelleren und wendigeren Geist hinweist als Merkur in einer Stellung nach der Sonne.

Merkur und Sonne im selben Zeichen, Merkur im Zeichen vor der Sonne, Merkur im Zeichen nach der Sonne.

Sonne in Widder – Merkur in Widder
Dieser Mensch muß lernen, seinen Verstand zu benutzen, logisch zu denken und Abstand zu wahren. Er neigt dazu, vorschnell Schlüsse zu ziehen. Eine gründliche Erziehung und Allgemeinbildung können eine Hilfe sein, da die Reaktionen dieses Menschen oft aus einer gewissen sachlichen Unwissenheit heraus erfolgen.

Sonne in Widder – Merkur in Fische
Hier liegt oft eine Neigung zu geistiger Schwärmerei vor. Man sollte der Intuition nicht trauen. Dieser Mensch ist leicht ein Opfer der Schmeicheleien anderer.

Sonne in Widder – Merkur in Stier
Dieser Mensch ist praktisch veranlagt, künstlerisch und leistungsfähig, da er entschlossen ist. Sein Geist ist sowohl gründlich als auch beweglich.

Sonne in Stier – Merkur in Stier
Ein schwerfällig arbeitender Geist, der Perioden geistigen Müßiggangs kennt. Obgleich wir es mit einer gewissen Dickköpfigkeit zu tun haben, kann dieser Mensch künstlerisch sein und Taktgefühl besitzen.

Sonne in Stier – Merkur in Widder
Diese Verbindung deutet auf die Fähigkeit, ein guter Vorgesetzter zu sein, und auf geistige Wendigkeit. Obgleich diese Mentalität visionär veranlagt ist, unterliegt sie manchmal der Selbsttäuschung.

Sonne in Stier – Merkur in Zwillinge
Hier gibt es vielseitige Denkmethoden. Dieser Mensch hat Intuition und kann schnell Schlüsse ziehen. Sein Geist hat eine gute Auffassungsfähigkeit, aber er kann auch einen ganzen Rattenschwanz unerledigter Aufgaben hinterlassen. Dieser Mensch kann

Erfolg in der Literatur haben, vorausgesetzt, er eignet sich Selbstdisziplin an.

Sonne in Zwillinge – Merkur in Zwillinge
Ein wendiger, schneller Geist, der gewinnbringend eingesetzt werden kann, Trends im Geschäftsleben zu analysieren. Im allgemeinen ist das Denken eher von Cleverness als von geistigem Tiefgang geprägt. Dieser Typus kann auch zu Betrug neigen.

Sonne in Zwillinge – Merkur in Stier
Dies ist eine ausgezeichnete Kombination. Der Geist ist beständig und schöpferisch. Dieser Mensch kann in fast jedem Bereich Erfolg haben.

Sonne in Zwillinge – Merkur in Krebs
Diese Kombination deutet auf einen schöpferischen, verständnisvollen Geist, der sensibel sein kann. Seine Umgebung und seine Mitmenschen üben einen großen Einfluß auf ihn aus.

Sonne in Krebs – Merkur in Krebs
Hier gibt es eine Tendenz, sowohl wertvolle wie wertlose Informationen zu sammeln. Das Gedächtnis ist gut, und der Geist ist feinfühlig, aber neigt zu Selbsttäuschung. Dieser Mensch kann manchmal halsstarrig oder pedantisch sein.

Sonne in Krebs – Merkur in Zwillinge
Dieser Mensch kann durch Erziehung zu Erfolg kommen, hat aber die Neigung, alles für selbstverständlich zu halten. Ein gescheiter Kopf, aber manchmal etwas oberflächlich.

Sonne in Krebs – Merkur in Löwe
Dieser Geist ist nicht flexibel und neigt dazu, an einer gegebenen Situation oder einem gegebenen Projekt festzuhalten, selbst dann, wenn sie sich als wertlos erwiesen haben. Das Gedächtnis ist gut, aber dieser Mensch muß lernen, tolerant zu werden.

Sonne in Löwe – Merkur in Löwe
Dieser Mensch ist schwer zufriedenzustellen, und er lehnt es gern ab, die Verantwortung für Fehler zu übernehmen. Es gibt eine egoistische, herrschsüchtige Seite in seinem Leben. Er kann dickköpfig sein und denselben Fehler wieder und wieder begehen; ein Appell an seine Vernunft bleibt erfolglos. Als Vorgesetzter ist er tüchtig mit der Einschränkung, daß er nicht immer gerecht ist. Andererseits wird dieser Mangel dadurch ausgeglichen, daß er großzügig und schöpferisch ist.

Sonne in Löwe – Merkur in Krebs
Die starken Qualitäten dieses Geistes sind Mitgefühl und Verständnis. Dieser Mensch wird immer das Beste in anderen sehen. Er hat eine Neigung zu Selbsttäuschung, Beeindruckbarkeit und manchmal zu Trägheit. Er verfügt jedoch über eine gute Begabung für Geschäfte und oft über eine Begabung als Schauspieler.

Sonne in Löwe – Merkur in Jungfrau
Hervorragende Begabung zum Vorgesetzten, obgleich der Geist etwas wählerisch und kleinlich sein kann. Dieser Mensch arbeitet ordentlich und kümmert sich um Einzelheiten. Oft liegt Begabung für Medizin und Chirurgie und ein Interesse an fortgesetzter Weiterbildung vor.

Sonne in Jungfrau – Merkur in Jungfrau
Für literarisches Arbeiten ist dies eine gute Verbindung. Dieser Mensch kann ein überzeugender Schriftsteller und Redner sein; er wird anderen schmeicheln, wenn dies seinen Zielen dient. Er hat guten Geschäftssinn und ist wegen seines entwickelten Gespürs für Einzelheiten ein guter Untergebener.

Sonne in Jungfrau – Merkur in Löwe
Dieser Mensch neigt dazu, bei unwichtigen Dingen deutlich und da, wo es um tiefere Gefühle geht, undeutlich zu sein. Er nimmt Eindrücke leicht auf und ist manchmal empfindlich. Da er zu Selbsttäuschung und Wachträumen neigt, muß er realistischer werden.

Sonne in Jungfrau – Merkur in Waage
Obgleich dieser Mensch nicht gern lernt, kann er erfolgreich sein, wenn er in seinen Bemühungen nicht nachläßt. Da er über eine gute körperliche Kondition verfügt, sollte er sich Übungen unterziehen, die sowohl die geistige wie die körperliche Wendigkeit fördern.

Sonne in Waage – Merkur in Waage
Dieser Geist ist künstlerisch, angenehm und kultiviert, eine hervorragende Kombination für einen Künstler. Jedoch neigt dieser Mensch um des lieben Friedens willen allzusehr zu Kompromissen.

Sonne in Waage – Merkur in Jungfrau
Es besteht ein sehr großes Verlangen nach Zuneigung und Sympathie. Der Geist ist künstlerisch, kritisch, logisch, analytisch ausgerichtet und wirkt manchmal so, als hätte er kein Verständnis für andere. Dieser Mensch muß lernen, seine Sympathie zu zeigen.

Sonne in Waage – Merkur in Skorpion
Dieser Mensch hat eine große analytische Begabung und ist äußerst unabhängig. Der Geist ist wendig und neigt zu wissenschaftlicher Arbeit. Er erscheint jedoch gelegentlich zu reserviert und zu distanziert. Er ärgert sich nicht leicht; ist er aber einmal verärgert, so fällt es ihm schwer zu vergeben. Obgleich er zu Dickköpfigkeit neigt, spricht er auf Menschen an, die Taktgefühl besitzen oder ihm schmeicheln.

Sonne in Skorpion – Merkur in Skorpion
Dieser Mensch neigt stark zu vorschnellen Folgerungen und dazu, einmal gefaßte Meinungen nicht mehr zu ändern. Seine Sprache und seine schriftliche Ausdrucksweise können verletzend und manchmal äußerst schneidend und bösartig sein. Er mag keine Menschen, die träge sind; er selbst ist zäh, halsstarrig, und in seinen Ansichten unerschütterlich; er vergißt oder vergibt eine Beleidigung nur selten.

Sonne in Skorpion – Merkur in Waage
Obgleich diese Menschen bereit sind, den Standpunkt anderer anzuerkennen, bedeutet dies nicht, daß sie ihren eigenen unbedingt ändern werden. Sie sind künstlerisch veranlagt und schätzen die Schönheit in allen ihren Erscheinungsformen. Sie haben eine gute Stimme, die ausgebildet werden kann, und besitzen die Fähigkeit, gute Vorgesetzte zu sein; sie haben eine Begabung für das Geldverdienen, was praktisch ist, da sie es gleichfalls gut auszugeben verstehen.

Sonne in Skorpion – Merkur in Schütze
Hier liegt eine schnelle, aber nicht sonderlich originelle Denkweise vor. Eine gute Erziehung ist erforderlich, da das Denken oft undiszipliniert und aus den Fugen geraten sein kann, was sich manchmal dadurch äußert, daß zuerst geredet und hinterher gedacht wird. Da diese Menschen in allem zu voreilig sind, sollten sie lernen, systematisch zu planen. Sie sollten sich ferner körperlich ertüchtigen.

Sonne in Schütze – Merkur in Schütze
Diese Menschen müssen lernen, wie man Dinge richtig zu Ende führt, da sie dazu neigen, mit der Arbeit an einem Entwurf zu beginnen und dann auf halbem Wege das Interesse daran zu verlieren. Sie betrachten das Leben philosophisch, aber hinter dieser Haltung können sich Oberflächlichkeit und Verwirrung verbergen. Sie können jedoch dann sehr erfolgreich sein, wenn sie in ihrer Jugend gelernt haben, sich zu konzentrieren.

Sonne in Schütze – Merkur in Skorpion
Ein durchdringender Verstand mit einem leichten Auffassungsvermögen für Ideen, Gedanken. Diese Menschen sind logische Denker, praktisch begabt und zuverlässig. Sie schätzen Kunst als Sammler. Sie sind oft sehr begabte Chirurgen. Sie lieben das Abenteuer und wirken härter als sie sind.

Sonne in Schütze – Merkur in Steinbock
Ein treuer Mensch, der sich seiner Familie und seinen Freunden widmet. Sein Geist ist beständig und zuverlässig; seine Anschauungen sind ausgeglichen. Manchmal zeigt er Stolz und Großzügigkeit, aber ein anderes Mal ist die Haltung zu starr und konventionell.

Sonne in Steinbock – Merkur in Steinbock
Diese Menschen sehen und akzeptieren das Leben schon in ihrer Jugend so, wie es wirklich ist. Sie sind perfekte Realisten, und deshalb verlassen sie sich nur auf sich selbst. Sie sind stolz, ehrgeizig, moralisch und besitzen hohes Niveau. Da sie nie verwirrt sind, sind sie in jeder Art von Betätigung erfolgreich.

Sonne in Steinbock – Merkur in Schütze
Ein schneller, wendiger Geist, der manchmal ungewöhnlich stark zu Philosophiererei neigt. Für ihn kommt es darauf an, ein festes Ziel nicht aus den Augen zu verlieren. Diese Menschen müssen lernen, wie man ein praktischer Denker wird, denn dann sind sie zu großen Leistungen fähig.

Sonne in Steinbock – Merkur in Wassermann
Bei dieser Verbindung besteht meist Neigung zu Wissenschaft oder Politik. Oft handelt es sich um einen originellen Denker, der zugleich die Fähigkeit besitzt, auch das Ungewöhnliche durchzusetzen. Diese Menschen sind der Gemeinschaft zugewandt, menschenfreundlich und imstande, auf breiter Basis zu arbeiten. Sie können das Ganze übersehen.

Sonne in Wassermann – Merkur in Wassermann
Ein hochgradig idealistischer Mensch, aber oft unpraktisch. Der Native weiß, daß er unpraktisch ist, aber es macht ihm nichts aus. Er braucht viel Freiheit, ist kontaktfreudig, gütig und verständnisvoll, obgleich seine Motive oft von anderen falsch gedeutet werden. In ihm ruhen viele Fähigkeiten, und sobald er einmal eine Wahl getroffen und genaue Ziele ins Auge gefaßt hat, kann er viel erreichen.

Sonne in Wassermann – Merkur in Steinbock
Aus dieser Verbindung gehen kluge Geschäftsleute hervor. Sie denken und arbeiten in großen Dimensionen, ohne darüber die praktischen Aspekte aus dem Auge zu verlieren. Sie interessieren sich für Wissenschaft und Kunst und sind auch manuell begabt. Sie sind oft großzügiger, als man annimmt.

Sonne in Wassermann – Merkur in Fische
Diese Menschen haben keine praktische Einstellung zum Leben, ihr Denken ist oft unrealistisch. Manchmal sind diese Menschen gütig und großzügig – ein anderes Mal sind sie egozentrisch und unvernünftig. Menschen starken Willens können sie leicht betrügen. An Mystik interessiert.

Sonne in Fische – Merkur in Fische
Diese Menschen sind schwer zu verstehen. Ihr Denken ist oft wirr und unklar; dies ist der Grund dafür, daß sie sich bei wichtigen Dingen undeutlich und bei unwichtigen Dingen äußerst präzise ausdrücken. Sie haben jedoch sehr viel Phantasie, und ihre Umgebung übt auf sie einen starken Einfluß aus. Gefährlich wird es für sie, wenn sie sich von extremen Gefühlen leiten lassen.

Sonne in Fische – Merkur in Wassermann
Bei richtiger Ausbildung kommen diese Menschen zu großen Erfolgen in der Kunst oder in den Wissenschaften. Die Einstellung ist sehr verständnisvoll, wenn es um die Sorgen anderer geht; sie sind Menschenfreunde, dennoch werden ihre Motive oft von anderen mißverstanden; daher sind sie ohne geistige Gefährten. Sie neigen stark zu Mystik, diese Tendenz sollte entwickelt werden, da sie so inneres Gleichgewicht und Frieden finden können.

Sonne in Fische – Merkur in Widder
Diese Menschen neigen dazu, allzu direkt und offenherzig zu sein. Obwohl sie so tun, als seien sie empfindlich, sind sie nicht besonders sensibel oder leicht verletzt. Sie machen sich oft Feinde, da sie ihre Fehler mit zu viel Gerede und unzureichenden Gesten zu bemänteln versuchen. Sie sollten lernen, wie man eine gegebene Situation gründlich analysiert, damit sie sich so ihre Vorliebe dafür abgewöhnen, ohne nachzudenken in die Dinge hineinzustolpern. Sie sind manuell begabt und hervorragend für Arbeiten geeignet, die Liebe zum Detail voraussetzen.

IV
Ihre Beziehungen zu anderen – Synastrie

12

Wie Sie Ihr Horoskop benutzen können, um Näheres über Ihre Beziehungen zu anderen zu erfahren

Sie können Ihr Horoskop benutzen, um Ihre Beziehungen zu Ihren Brüdern und Schwestern, Kindern, zu Ihrer Frau oder Ihrem Mann darzustellen. Schreiben Sie die Namen Ihrer Brüder und Schwestern auf, selbst wenn einige von ihnen schon gestorben sind; fangen Sie hierbei mit dem Ältesten an, und setzen Sie diese chronologische Reihe bis zum Jüngsten fort. Schließen Sie sich in dieser Reihenfolge selber nicht ein, Sie werden von der Spitze Ihres ersten Feldes beherrscht.

Beginnen Sie mit der Felderspitze Ihres dritten Feldes, welches Ihren ältesten Bruder oder Ihre älteste Schwester beherrscht. Zählen Sie das betreffende Feld immer mit. Machen Sie den Anfang mit der Felderspitze des ersten Feldes (das sind Sie) und zählen Sie drei Felderspitzen weiter, was Sie zur Spitze des dritten Feldes bringt. Dieses Feld wird nun für Ihren ältesten Bruder – oder Schwester – *das erste Feld.* Die Spitze Ihres vierten Feldes wird das zweite Feld für Ihren ältesten Bruder – oder Ihre älteste Schwester, und die Spitze Ihres fünften Feldes wird sein (oder ihr) drittes Feld und so weiter. Die Spitze Ihres fünften Feldes weist Ihren zweitältesten Bruder – oder Schwester – aus. Da dieses Feld auch Ihr erstes Kind darstellt, mag es für Sie von Interesse sein festzustellen, daß die Beziehungen zwischen Ihnen und Ihrem ersten Kind und Ihnen und Ihrem zweiten Bruder – oder Schwester – ähnlich sind. Ihr fünftes Feld wird jetzt das erste Feld Ihres zweitältesten Bruders oder Ihrer zweitältesten Schwester. Ihr sechstes Feld ist sein oder ihr zweites, und Ihr siebtes Feld ist sein oder ihr drittes. Es ist demnach nur logisch, daß das siebte Feld das erste Feld Ihres drittältesten Bruders oder Ihrer drittältesten Schwester ist. Dieses Feld – *Ihr* siebtes Feld – weist gleichfalls Ihren ersten Gatten bzw. Ihre erste Gattin aus. Fahren Sie in dieser Weise rings um den Tierkreis herum fort, alle Ihre Brüder und Schwestern zu identifizieren.

Was nun die Identifizierung Ihrer Kinder anbetrifft, so zeigt Ihr fünftes Feld (fünf Felder vom ersten entfernt) Ihr erstes Kind. Ihr zweites Kind, das der Bruder oder die Schwester Ihres ersten Kindes wäre, wird durch die Spitze Ihres siebten Feldes bezeichnet. So wird Ihr siebtes Feld das erste Feld Ihres zweiten Kindes. Besitzen Sie ein drittes Kind, so würde es durch die Spitze des neunten Feldes identifiziert (in Dreiergruppen für alle weiteren Geschwister weiterzählen).

Wenn Sie nun die Zählmethode verstanden haben, wissen Sie, wo Sie das erste Kind Ihres eigenen ersten Kindes finden werden. Da Ihr erstes Kind durch Ihr fünftes Feld bezeichnet wurde, würde das erste Kind *Ihres* Kindes (also Ihr Enkel) durch Ihr neuntes Feld bezeichnet werden. Wenn Sie an Ihrer fünften Felderspitze zu zählen beginnen, so drehen Sie Ihr Horoskop so, daß Ihr fünftes Feld auf dem Ascendent liegt:

Ihr fünftes ist das erste Feld für Ihr erstes Kind,
Ihr sechstes ist das zweite Feld für Ihr erstes Kind,
Ihr siebtes ist das dritte Feld für Ihr erstes Kind,
Ihr achtes ist das vierte Feld für Ihr erstes Kind,
Ihr neuntes ist das fünfte Feld für Ihr erstes Kind...

Wiederholen Sie die vorangegangene Identifizierungsmethode mehrere Male, bis Sie sie automatisch anwenden.

Lassen Sie uns als nächstes Gatten und Gattinnen betrachten. Die Felderspitze Ihres siebten Feldes beherrscht Ihren ersten Ehepartner. Dann *lassen wir ein Feld aus* und gehen zum neunten Feld, das Ihren zweiten Gatten bzw. Ihre zweite Gattin beherrscht und identifiziert. Die Spitze des elften Feldes (wir haben wieder ein Feld übersprungen) würde Ihren dritten Gatten (oder Gattin) bezeichnen. Und so weiter.

Der Grund dafür, daß Ihr siebtes Feld Ihren ersten Ehepartner identifiziert, liegt darin, daß es in Opposition zu Ihrem ersten Feld (Ihrem eigenen) steht. Obgleich wir das neunte, elfte Feld usw. für die Identifizierung weiterer Ehepartner verwenden, muß das siebte Feld bei den Deutungen aller Ehen in Betracht gezogen werden. Lassen Sie uns annehmen, daß der Herrscher der Felderspitze Ihres siebten Feldes beschädigt* ist. Das deutet auf Probleme, mit denen man fertig werden muß. Ist andererseits der Herrscher Ihres neunten Feldes in einer besseren Lage, so heißt dies nicht, daß alle Schwierigkeiten und Einschränkungen, auf die das siebte Feld (das ursprünglich für die Ehe maßgebliche Feld) hinweist, aufgehoben sind. Es zeigt nur an, daß Sie mit Problemen in Ihrer zweiten Ehe besser fertig werden als in der ersten.

Die Spitze Ihres elften Feldes identifiziert den ersten Gatten (bzw. Gattin) Ihres ersten Kindes, da das fünfte (Feld Ihres ersten Kindes) und das elfte Feld in Opposition stehen. Beachten Sie, daß wir es hier wieder mit einer Beziehung zwischen erstem und siebentem Feld (wie bei Ihrer eigenen Ehe) zu tun haben. Für den Anfänger klingt das vielleicht verwirrend oder verlockend. Sie sollten aber zu Anfang vorsichtig mit solchen Schlußfolgerungen sein. Verwenden Sie dies vorläufig nur für die Rückschau. Wenn es irgendwie möglich ist, sollten Sie jedoch nur mit dem Geburtshoroskop des betreffenden Menschen arbeiten, da das Geburtshoroskop das einzige richtige Werkzeug für eine gründliche Deutung ist. Ist dies aber unmöglich, so verwenden Sie das Horoskop von einem Elternteil des betreffenden Menschen. (Ich habe festgestellt, daß das Horoskop der Mutter hier besser ist als das des Vaters.)

Versuchen Sie nicht, Ihr eigenes Horoskop so zu interpretieren, als wäre es ein Horoskop Ihrer Brüder, Schwestern, Kinder oder Gatten. Die hier angegebene Methode ist vor allem deshalb wertvoll, weil sie zeigt, welche Art Beziehung zwischen dem Herrscher der jeweiligen Felderspitze des betreffenden Menschen und Ihrem eigenen Herrscher besteht. (Mit Herrscher meine ich den Planeten, der Ihr erstes Feld beherrscht.) Haben Sie, mit anderen Worten, Schütze im Ascendent, würde Ihr eigener Herrscher Jupiter sein. Ist die Felderspitze des Feldes Ihres Kindes Widder, so ist Mars der Herrscher. Sie müßten deshalb, um die Beziehung zwischen Ihnen und Ihrem Kind herauszufinden, die Beziehung zwischen Jupiter und Mars analysieren. Im nächsten Kapitel finden Sie eine Methode, die noch bessere und vor allem genauere Ergebnisse liefert: der Partnervergleich.

---

* Ein Planet gilt als beschädigt, wenn er einen belastenden Aspekt mit einem anderen Planeten (Halbquadrat, Quadrat, Anderthalbquadrat oder Opposition) bildet.

13
Der Partnervergleich

Vielleicht haben Sie sich schon einmal gefragt, warum Ihnen jemand entweder sofort sympathisch oder unsympathisch war oder warum Sie ohne Schwierigkeiten Kontakt mit dem einen Menschen aufnehmen konnten, während Ihnen dies bei einem anderen Menschen überhaupt nicht gelang. Der Aspektevergleich wird Ihnen Verständnis für Ihr eigenes Benehmen und die Reaktionen anderer vermitteln.
Doch nun kurz die Technik des Partner-Vergleiches: Sie nehmen die Planetenstände Ihres Partners und setzen der Reihe nach jeden einzelnen Planeten in Ihr Horoskop ein. Fangen Sie mit der Sonne an. Der Vergleich wird nun so durchgeführt, »als ob« der betreffende Planet in Ihrem Horoskop an dieser Stelle stehen würde.
Ein Beispiel: Ihr Ascendent ist 10° Skorpion und Ihr Partner hat die Sonne in 10° Skorpion, dann wäre das ein Aspekt ☉☌ A. Dieser Partner wirkt also so auf Sie, als ob Sie eine Sonne am Ascendenten hätten. Mit anderen Worten, der Partner macht Sie in Ihrem Auftreten selbstsicherer und energischer, aktiver, aber vielleicht auch aggressiver, als Sie sonst sind. Aber meist tritt diese Wirkung nur ein, wenn der Partner »in Reichweite« ist.
Hätte der Partner nun beispielsweise den Saturn da stehen, wo Sie Ihren Ascendenten stehen haben, dann würde Sie dieser Partner natürlich ernster, verschlossener, zurückhaltender, vielleicht sogar gehemmter machen, als Sie sonst sind. Sie können also mit dem Horoskop feststellen, wie ein Partner auf die Dauer mit Ihnen harmoniert.
Zu Anfang mag manches anders aussehen. Wenn beispielsweise ein doppelter Venus-Uranus-Aspekt vorliegt, dann dauert es einige Zeit, bis das Strohfeuer abgebrannt ist. Erst dann entscheidet es sich, ob noch andere tragende Aspekte vorhanden sind oder ob es bei der kurzen Leidenschaft bleibt.
Am besten ist es, wenn Sie der Reihe nach alle Aspekte aufschreiben und dann die folgenden Deutungen dazu heraussuchen. Sie finden dann zwar positive und negative Aspekte, aber Sie sehen aus der Art der Aspekte, wie sich die Verbindung auf die Dauer gestalten wird.
Manche Aspekte wirken sich zu bestimmten Zeiten besonders stark aus, dann nämlich, wenn bestimmte Transite auf diese Aspektstellen fallen. Über das »Wann« lesen Sie bald Näheres in dem Kapitel über die zeitgebundenen Einflüsse.

Die Sonne

☉ zu ☉
(Sonne = Macht – Ich – Lebenswille)

☉ ☌ ☉
Hier kann ein gemeinsames Machtstreben, das sich auf dasselbe Ziel richtet, entstehen; dieser Aspekt kann aber auch höchst störend sein. Andere Planetenaspekte müssen analysiert werden.

☉ ✶ △ ☉
Ähnlichkeit der Ziele und Vorhaben.

☉ □ ☍ ☉
Frustrationen und Konflikte zwischen zwei Menschen.

☉ zu ☾
(Sonne = Macht – Ich – Lebenswille)
(Mond = Seele – Sensibilität – Stimmungsschwankungen – Häuslichkeit)

☉ ☌ ✶ △ ☾
Harmonie, Verträglichkeit. Einigkeit in häuslichen und Gefühlsangelegenheiten.

☉ □ ☍ ☾
Unterschiede des Temperaments und Probleme durch den Gegensatz von Selbstbestätigung (Sonne) und Überempfindlichkeit (Mond).

☉ zu ☿
(Sonne = Macht – Ich – Lebenswille)
(Merkur = Geistige Energie – Analytisches Denken – Kontaktfreudigkeit)

☉ ☌ ✶ △ ☿
Geistige Übereinstimmung und gegenseitiges Verständnis.

☉ □ ☍ ∠ ☿
Unterschiedliche geistige Standpunkte.

☉ zu ♀
(Sonne = Macht – Ich – Lebenswille)
(Venus = Harmonie – Zuneigung – Geselligkeit)

☉ ☌ ✶ △ ♀
Zusammenarbeit, Verehrung, Bewunderung und Interesse an gefühlsmäßiger Bindung.

☉ □ ☍ ∠ ♀
Emotionale Probleme und Disharmonie aufgrund unterschiedlicher gesellschaftlicher Herkunft oder Bildung.

☉ zu ♂
(Sonne = Macht – Ich – Lebenswille)
(Mars = Physische Energie – Angriffslust – Auflehnung)

☉ ☌ ♂
Aggressionen und Unduldsamkeit zwischen zwei Menschen. Möglicherweise ein sehr stimulierender Aspekt, wenn die anderen Aspekte gut sind. Unter dem Gesichtspunkt des sexuellen Zusammenlebens bedeutet diese Verbindung gutes gegenseitiges Verständnis, Leidenschaft und Erregung.

☉ ✶ △ ♂
Harmonie, Übereinstimmung und Selbstvertrauen. Beide Partner sind imstande, ehrgeizige Ziele zu entwickeln. Ein günstiger Aspekt für eine sexuell anregende Beziehung.

☉ □ ☍ ♂
Ein Aspekt, der extreme gegenseitige Aggression bedeutet. Er fördert Disharmonie, Streit und Auflehnung.

☉ zu ♃
(Sonne = Macht – Ich – Lebenswille)
(Jupiter = Güte – Schutz – Duldsamkeit)

☉ ☌ ✶ △ ♃
Ein Aspekt der Toleranz, des Vertrauens, der Sympathie und der Beschützung. Finanzieller Schutz kann stark ausgeprägt sein.

☉ □ ☍ ∠ ♃
Dieser Aspekt deutet auf Konflikte, die entstehen, wenn beide Partner ehrgeizige Ziele verfolgen. Der »Sonne«-Mensch kann vom »Jupiter«-Mensch zuviel erwarten. Oft kommt es zum Zusammenstoß egoistischer Interessen.

☉ zu ♄
(Sonne = Macht – Ich – Lebenswille)
(Saturn = Beschränkung – Disziplin – Pflicht)

☉ ☌ ♄
Ein Aspekt der Treue. Der »Sonne«-Partner kann seinen Optimismus an den »Saturn«-Partner weitergeben, und umgekehrt kann der »Saturn«- dem »Sonne«-Partner ein stärkeres Verantwortungsbewußtsein vermitteln. Jedoch muß sich der »Saturn«-Partner davor hüten, seine Erziehung zur Disziplin zu übertreiben, sonst wirkt er bedrückend.

☉ ✱ △ ♄
Gegenseitiges Einvernehmen in bezug auf Sicherheit und gemeinsame Ziele. Der Aspekt zeigt Treue an, er ist ausgezeichnet für eine dauerhafte Verbindung.

☉ □ ☍ ♄
Dieser Aspekt bringt extreme Frustrierung und Mißtrauen. Diese Art von Verbindung ist wie eine Verurteilung – denn sie erzeugt ständigen Streit, Eifersucht, Meinungsverschiedenheiten und gegenseitige Enttäuschung.

☉ zu ♅
(Sonne = Macht – Ich – Lebenswille)
(Uranus = Aufregung – Überraschung – Veränderung)

☉ ☌ ♅
Dieser Aspekt bringt eine sehr aufregende, aber sprunghafte Beziehung. Sind die anderen Aspekte zwischen den beiden Horoskopen vorteilhaft, so kann dies zu größerer Originalität bei beiden Partnern führen; bestehen aber nachteilige Aspekte zwischen zwei Horoskopen, so kann dies zu heftigen und unerwarteten Reaktionen zwischen den beiden Menschen führen.

☉ ✱ △ ♅
Jeder der beiden Partner wird aus dem anderen großen Nutzen ziehen in geistiger, schöpferischer und gefühlsmäßiger Hinsicht. Dieser Aspekt deutet auf eine starke gegenseitige Anziehungskraft im Bereich der Gefühle.

☉ □ ☍ ♅
Dieser Aspekt bewirkt Disharmonie, Trennung, Verstimmung und Ungeduld.

☉ zu ♆
(Sonne = Macht – Ich – Lebenswille)
(Neptun = Geistigkeit – Mitgefühl – Zerstreuung)

☉ ☌ ♆
Dieser Aspekt gilt als psychische und Karma-Verbindung. Sind die anderen Aspekte zwischen diesen Menschen vorteilhaft, so kann er Sympathie und Mitgefühl bedeuten; sind aber die anderen Aspekte nachteilig, so kann er Weltflucht- und Täuschungstendenzen anzeigen. Der »Neptun«-Mensch kann ausweichend, schwer zu verstehen, unwahrhaftig und untreu sein.

☉ ✱ △ ♆
Dieser Aspekt zeigt eine starke psychische Bindung an. Er bringt gegenseitiges Vertrauen und gemeinsame Interessen, Verständnis und Mitgefühl.

☉ □ ☍ ∠ ♆
Der »Neptun«-Mensch wird sich als sehr ausweichend erweisen. Dieser Aspekt fördert Mißverständnisse und Mißtrauen durch Täuschung und Manipulation.

☉ zu ♇
(Sonne = Macht – Ich – Lebenswille)
(Pluto = Zerstörung – Umgestaltung – verborgene Rücksichtslosigkeit)

☉ ☌ ♇
Dieser Aspekt löst einen Kampf um Macht, Beherrschung und Selbstbestätigung zwischen den beiden Menschen aus. Jeder kann durch den anderen völlig verändert werden.

☉ ✱ △ ♇
Ein guter Aspekt für geschäftliche oder politische Bündnisse, da beide Menschen die gleiche Motivation besitzen.

☉ □ ☍ ∠ ♇
Dieser Aspekt bringt ernsthafte Reibungen, Rachsucht und Eifersucht.

Der Mond

☾ I zu ☾ I
(Mond = Seele – Sensibilität – Stimmungsschwankungen – Häuslichkeit)

☾ I ☌ ✶ △ ☾ I
Diese beiden Menschen sind einander in ihren Stimmungen und ihrer Temperamentslage sehr ähnlich. Dieser Aspekt bedeutet Harmonie und Zusammenarbeit.

☾ I □ ☍ ∠ ☾ I
Der Aspekt führt zu gelegentlichen Differenzen und einer fehlenden Rücksichtnahme auf die Gefühle des anderen; hierdurch kommt es zu Mißverständnissen. Sind die anderen Aspekte zwischen diesen beiden Menschen vorteilhaft, so hat dies keine allzu große Bedeutung.

☾ I zu ☿
(Mond = Seele – Sensibilität – Stimmungsschwankungen – Häuslichkeit)
(Merkur = Geistige Energie – Analytisches Denken – Kontaktfreudigkeit)

☾ I ☌ ✶ △ ☿
Ein guter Aspekt für den Gedankenaustausch zwischen zwei Menschen. Er begünstigt das gegenseitige Verständnis. Man errät die Gedanken des anderen, ohne viel darüber zu reden.

☾ I □ ☍ ☿
Überempfindlichkeit, Verstimmung und Mißverständnisse. Der »Merkur«-Partner kann gelegentlich zu kritisch oder taktlos sein und dadurch den »Mond«-Partner verletzen.

☾ I zu ♀
(Mond = Seele – Sensibilität – Stimmungsschwankungen – Häuslichkeit)
(Venus = Harmonie – Zuneigung – Geselligkeit)

☾ I ☌ ✶ △ ♀
Eine sehr harmonische Verbindung, besonders zwischen Ehepartnern. Sie zeigt Sympathie und Achtung füreinander an. Diese Menschen haben viele ähnliche gesellschaftliche Interessen. Sinn für Zärtlichkeit.

☾ I □ ☍ ♀
Beide Partner sollten akzeptieren, daß viele Interessen des anderen von den seinigen verschieden sind. Der Aspekt stört nicht zu sehr, kann aber einige Probleme verursachen.

☾ I zu ♂
(Mond = Seele – Sensibilität – Stimmungsschwankungen – Häuslichkeit)
(Mars = Physische Energie – Angriffslust – Auflehnung)

☾ I ☌ ♂
Handelt es sich um Mann und Frau, so kann dieser Aspekt sehr anregend sein. Der »Mars«-Partner sollte sich vor Taktlosigkeit, der »Mond«-Partner vor allzu gefühlsbetonten Reaktionen hüten.

☾ I ✶ △ ♂
Dieser Aspekt begünstigt die gegenseitige Zusammenarbeit und Übereinstimmung. Auch für sexuelle Harmonie ist sein Einfluß günstig.

☾ I □ ☍ ♂
Starke Reaktionen und Konflikte. Der »Mars«-Partner neigt dazu, zu aggressiv, und der »Mond«-Partner, zu empfindlich zu sein.

☾ I zu ♃
(Mond = Seele – Sensibilität – Stimmungsschwankungen – Häuslichkeit)
(Jupiter = Güte – Schutz – Duldsamkeit)

☾ I ☌ ✶ △ ♃
Einer der günstigsten Aspekte. Der »Jupiter«-Mensch gibt Schutz und sieht dem »Mond«-Menschen alles nach. Jeder achtet den anderen.

☾ I □ ☍ ♃
Der »Jupiter«-Partner kann mehr versprechen, als er hält; dies kann das seelische Gleichgewicht des »Mond«-Menschen stören.

☾ I zu ♄
(Mond = Seele – Sensibilität – Stimmungsschwankungen – Häuslichkeit)
(Saturn = Beschränkung – Disziplin – Pflicht)

☾ ☌ ♄
Liegt dieser Aspekt vor, so müssen die anderen zwischen zwei Menschen bestehenden Aspekte sowie die Aspekte im Horoskop jedes Partners analysiert werden. Der »Saturn«-Partner kann entweder eine stabilisierende oder eine deprimierende und beschränkende Wirkung auf den »Mond«-Partner ausüben.

☾ ✱ △ ♄
Gegenseitige Achtung. Der »Saturn«-Partner wird oft auf die eine oder andere Weise zu einem Lehrer, was für den »Mond«-Partner von großem Vorteil sein kann.

☾ □ ☍ ♄
Der »Saturn«-Partner ist oft zum »Mond«-Partner kalt und unliebenswürdig, was bei diesem zu ernsthaften Depressionen führen kann. Innerhalb einer Familie kann dieser Aspekt finanzielle Schwierigkeiten verursachen.

☾ zu ♅
(Mond = Seele – Sensibilität – Stimmungsschwankungen – Häuslichkeit)
(Uranus = Aufregung – Überraschung – Veränderung)

☾ ☌ ✱ △ ♅
Ein Aspekt mit Überraschungen. In jeder Art von Beziehung kann es zu unerwarteten, ungewöhnlichen und plötzlichen Vorkommnissen kommen. Eine gefühlsmäßige Verbindung kann oft auf lange Zeit unterbrochen werden.

☾ □ ☍ ♅
Verstimmung und Verwirrung werden durch diesen Aspekt verursacht. Er führt zu Reibungen und Trennung.

☾ zu ♆
(Mond = Seele – Sensibilität – Stimmungsschwankungen – Häuslichkeit)
(Neptun = Geistigkeit – Mitgefühl – Zerstreuung)

☾ ☌ ✱ △ ♆
Dieser Aspekt wird oft als karmische Verbindung bezeichnet. Jeder Partner versteht die Stimmungen und Gefühle des anderen. Auf alle Fälle eine tiefe Seelenbindung.

☾ □ ☍ ♆
Dieser Aspekt verursacht Verwirrung und kann bei beiden Partnern negative Gewohnheiten entstehen lassen.

☾ zu ♇
(Mond = Seele – Sensibilität – Stimmungsschwankungen – Häuslichkeit)
(Pluto = Zerstörung – Umgestaltung – verborgene Rücksichtslosigkeit)

☾ ☌ ♇
Der »Pluto«-Partner kann allzu stark Besitz über Personen und Dinge anstreben, was das Gleichgewicht des »Mond«-Partners stört. Vom Gesichtspunkt einer sexuellen Bindung aus gesehen, ist diese Verbindung hervorragend.

☾ ✱ △ ♇
Dieser Aspekt kann zu einer Veränderung beider Menschen führen, was durchaus von großem Vorteil sein kann.

☾ □ ☍ ♇
Ernsthafte Mißverständnisse und gegenseitige Abneigung sind bei diesem Aspekt nicht selten.

Der Merkur in Verbindung mit anderen Planeten

☿ zu ☿
(Merkur = Geistige Energie – Analytisches Denken – Kontaktfreudigkeit)

☿ ☌ ✱ △ ☿
Dieser Aspekt regt intellektuelle Verträglichkeit an. Die beiden Partner verstehen sich ohne Schwierigkeiten. Die Pläne und Vorstellungen des anderen Partners werden akzeptiert und verstanden.

☿ □ ☍ ☿
Mißverständnisse und Differenzen. Jeder der beiden nimmt einen anderen Standpunkt ein. Verwirrung und Mißverständnisse führen zu Streit.

☿ zu ♀
(Merkur = Geistige Energie – Analytisches Denken – Kontaktfreudigkeit)
(Venus = Harmonie – Zuneigung – Geselligkeit)

☿ ☌ ✶ △ ♀
Harmonische Verbindung, in der beide ähnliche kulturelle Interessen haben. Beide empfinden füreinander Sympathie und Achtung.

☿ □ ☍ ♀
Kleinere Konflikte und Verstimmungen. Der »Venus«-Partner kann den »Merkur«-Partner zu grob, der »Merkur«-Partner kann den »Venus«-Partner gelegentlich zu anspruchsvoll finden.

☿ zu ♂
(Merkur = Geistige Energie – Analytisches Denken – Kontaktfreudigkeit)
(Mars = Physische Energie – Angriffslust – Auflehnung)

☿ ☌ ✶ △ ♂
Für den »Merkur«-Partner bringt diese Verbindung geistige Anregung. Der »Mars«-Partner kann gelegentlich zu dynamisch und kraftvoll sein, aber dies wird den »Merkur«-Partner dazu bringen, von seinen Möglichkeiten einen vernünftigeren Gebrauch zu machen. Der »Merkur«-Partner wiederum kann etwaige Probleme des »Mars«-Partners mit seinem scharfen Verstand lösen.

☿ □ ☍ ♂
Ernsthafte Konflikte, die zu Streit und aggressiven, kämpferischen Reaktionen führen.

☿ zu ♃
(Merkur = Geistige Energie – Analytisches Denken – Kontaktfreudigkeit)
(Jupiter = Güte – Schutz – Duldsamkeit)

☿ ☌ ✶ △ ♃
Beide Partner verhalten sich tolerant zueinander und bewundern sich gegenseitig. Beiden bringt eine Partnerschaft, in welcher Form auch immer, geistigen und materiellen Nutzen.

☿ □ ☍ ♃
Dieser Aspekt kann zu Verstimmungen führen, da der »Merkur«-Partner mehr von seinem »Jupiter«-Partner erwarten kann, als dieser zu leisten imstande ist.

☿ zu ♄
(Merkur = Geistige Energie – Analytisches Denken – Kontaktfreudigkeit)
(Saturn = Beschränkung – Disziplin – Pflicht)

☿ ☌ ♄
Gibt es andere negative Aspekte zwischen den beiden Horoskopen, so kann dies eine äußerst schwierige Verbindung sein: Der »Saturn«-Partner kann dem »Merkur«-Partner das Gefühl geben, daß seine Leistungen unzulänglich sind. Ein beschränkender Aspekt; der »Saturn«-Partner kann oft eifersüchtig sein.

☿ ✶ △ ♄
Ein anregender Aspekt, da sich der »Saturn«-Partner als weise, hilfsbereit und beständig erweisen kann, was vom »Merkur«-Partner geschätzt wird.

☿ □ ☍ ♄
Der »Saturn«-Partner neigt leider dazu, die Bemühungen des »Merkur«-Partners herabzusetzen, um so dessen Selbstvertrauen zu untergraben. Bei dieser Verbindung fällt Zusammenarbeit schwer.

☿ zu ♅
(Merkur = Geistige Energie – Analytisches Denken – Kontaktfreudigkeit)
(Uranus = Aufregung – Überraschung – Veränderung)

☿ ☌ ✶ △ ♅
Ein schöner Aspekt, da er in einer Verbindung Originalität entstehen läßt. Anregende Gespräche gehören zum guten Alltag.

☿ □ ☍ ♅
Mißverständnisse und Verwirrung. Man versteht einander schlecht, und dies führt zu vielen Streitigkeiten.

☿ zu ♆
(Merkur = Geistige Energie – Analytisches Denken – Kontaktfreudigkeit)
(Neptun = Geistigkeit – Mitgefühl – Zerstreuung)

☿ ☌ ✶ △ ♆
Eine sogenannte psychische oder Karma-Verbindung. Diese beiden Menschen mögen oft dieselben Dinge. Verwirrung kann sich einstellen, wenn die Aspekte dieser Planeten zu Aspekten anderer Planeten nachteilig stehen. Zusammen mit günstigen Aspekten kann dieser Aspekt jedoch tiefes gegenseitiges Einfühlungsvermögen bedeuten.

☿ □ ☍ ♆
Der Aspekt kann zu ernsthaften Mißverständnissen zwischen zwei Menschen führen. Der eine oder der

andere der beiden Partner kann zu Lügen Zuflucht nehmen, wodurch die Beziehung zerstört wird. Gefühl und Vernunft harmonieren nicht miteinander.

☿ zu ♇
(Merkur = Geistige Energie – Analytisches Denken – Kontaktfreudigkeit)
(Pluto = Zerstörung – Umgestaltung – verborgene Rücksichtslosigkeit)

☿ ☌ ✶ △ ♇
Die beiden Partner haben gemeinsame Interessen. Aus ihrer Verbindung kann viel praktischer Nutzen entstehen. Besonders günstig für gemeinsame Aufgaben als Forscher auf vielen Gebieten.

☿ □ ☍ ♇
Aggression, kritische Einstellung und ernsthafte Mißverständnisse.

Venus

♀ zu ♀
(Venus = Harmonie – Zuneigung – Geselligkeit)

♀ ☌ ✶ △ ♀
Beide Partner mögen ähnliche gesellschaftliche Veranstaltungen. Dies läßt Harmonie entstehen und kann nachteilige Aspekte überwinden helfen. Liebe, Toleranz und Mitgefühl herrschen vor.

♀ □ ☍ ♀
Die beiden Partner können aus verschiedenen Gesellschaftsschichten kommen, was zu kleineren Schwierigkeiten zwischen ihnen führen kann.

♀ zu ♂
(Venus = Harmonie – Zuneigung – Geselligkeit)
(Mars = Physische Energie – Angriffslust – Auflehnung)

♀ ☌ ✶ △ ♂
Starke sexuelle Anziehung. Der »Venus«-Partner kann etwaige Verärgerungen des »Mars«-Partners beschwichtigen und so für Harmonie sorgen.

♀ □ ☍ ♂
Auch dieser Aspekt bedeutet starke sexuelle Anziehung, aber diese Verbindung ist nicht ohne Probleme. Der »Venus«-Partner muß lernen, sich nicht durch den aggressiven Charakter des »Mars«-Partners stören zu lassen. Sonst können Zank und Verärgerungen entstehen.

♀ zu ♃
(Venus = Harmonie – Zuneigung – Geselligkeit)
(Jupiter = Güte – Schutz – Duldsamkeit)

♀ ☌ ✶ △ ♃
Beide Partner haben ähnliche gesellschaftliche Interessen. Ihr Verhältnis ist von Mitgefühl und Toleranz geprägt.

♀ □ ☍ ♃
Dieser Aspekt kann eine Neigung zu Verschwendung und überschwenglichen Gefühlen in einem oder beiden Partnern hervorrufen und so zu Mißverständnissen führen.

♀ zu ♄
(Venus = Harmonie – Zuneigung – Geselligkeit)
(Saturn = Beschränkung – Disziplin – Pflicht)

♀ ☌ ♄
Keine gute Verbindung für eine Ehe, da der »Saturn«-Partner den »Venus«-Partner einschränken wird. Er kann zu anspruchsvoll sein und so die Sensibilität des »Venus«-Partners verletzen.

♀ ✶ △ ♄
Ein Aspekt der Treue und des Verstehens; durch ihn wird jede Art von Verbindung beiden Partnern zu großem Vorteil gereichen.

♀ □ ☍ ♄
Die Wirkung dieses Aspekts kommt der der Konjunktion nahe. Der »Saturn«-Partner ärgert sich über den »Venus«-Partner, und dieser fühlt sich unterdrückt und unfrei.

♀ zu ♅
(Venus = Harmonie – Zuneigung – Geselligkeit)
(Uranus = Aufregung – Überraschung – Veränderung)

♀ ☌ ✱ △ ♅
Ausgezeichnet für eine Gefühlsbindung, aber leider oft nicht von Dauer. Doch solange die Verbindung hält, ist sie sehr fest und ungewöhnlich.

♀ □ ☍ ♅
Das Verlangen nach Romantik steht in Widerspruch zu dem Wunsch nach Freiheit und Aufregung; so wird jeder Partner durch den anderen enttäuscht und frustriert werden. Ein Aspekt der plötzlichen Trennung.

♀ zu ♆
(Venus = Harmonie – Zuneigung – Geselligkeit)
(Neptun = Geistigkeit – Mitgefühl – Zerstreuung)

♀ ☌ ✱ △ ♆
Beide finden an denselben kulturellen Veranstaltungen Gefallen. Zeigen die jeweiligen Horoskope eine Beschädigung an, so kann sich dieser Aspekt für eine dauerhafte Beziehung als unbefriedigend erweisen, da er zur Desillusionierung führen kann.

♀ □ ☍ ♆
Verwirrung, Mißverständnisse und Täuschung durch einen oder beide Partner.

♀ zu ♇
(Venus = Harmonie – Zuneigung – Geselligkeit)
(Pluto = Zerstörung – Umgestaltung – verborgene Rücksichtslosigkeit)

♀ ☌ ♇
Bei diesem Aspekt kann der »Pluto«-Partner zu besitzergreifend und eifersüchtig sein. Schicksalhafte Liebe.

♀ ✱ △ ♇
Großes Verständnis und Durchsetzen konstruktiver Vorhaben. Die Partner können aneinander kleben.

♀ □ ☍ ♇
Oft eine Kombination, die durch Eifersucht, Ansprüche und Erniedrigung gekennzeichnet ist und in der der »Pluto«-Partner dem »Venus«-Partner seinen Willen so sehr aufzwingt, daß dieser den »Pluto«-Partner schließlich ablehnt.

Mars

♂ zu ♂
(Mars = Physische Energie – Angriffslust – Auflehnung)

♂ ☌ ♂
Beide Partner haben die Neigung, sich aneinander zu reiben, oder sie können ihre Kräfte für ein gemeinsames Ziel einsetzen; dies hängt von den anderen Aspekten in ihren Horoskopen ab.

♂ ✱ △ ♂
Zusammenarbeit und Zustimmung zu den Vorhaben des anderen. Diese Partner werden selten oder nie miteinander Streit haben.

♂ □ ☍ ♂
Aggression und willensmäßige Hemmungen zwischen den beiden Partnern. Eine Zusammenarbeit wird kaum erreicht.

♂ zu ♃
(Mars = Physische Energie – Angriffslust – Auflehnung)
(Jupiter = Güte – Schutz – Duldsamkeit)

♂ ☌ ✱ △ ♃
Ein ausgezeichneter Aspekt für Leistung, da sich die beiden Partner bei ihren Vorhaben gegenseitig ermutigen und unterstützen.

♂ □ ☍ ♃
Konflikte, Unzufriedenheit und Ungeduld. Auch treten die verborgenen Tendenzen zu Rücksichtslosigkeit in beiden Partnern hervor, oder diese Tendenzen werden noch verstärkt, wenn sie bereits manifest waren.

♂ zu ♄
(Mars = Physische Energie – Angriffslust – Auflehnung)
(Saturn = Beschränkung – Disziplin – Pflicht)

♂ ☌ ♄
Hervorragender Aspekt, da der »Saturn«-Partner die Rücksichtslosigkeit des »Mars«-Partners im Zaum hält – falls ihm der Sinn danach steht. Aber der »Saturn«-Partner muß sich davor hüten, die Unternehmungslust des »Mars«-Partners zu unterdrücken; sonst können seine Reaktionen die Beziehung zerstören. Äußerste Vorsicht ist auf alle Fälle geboten.

♂ ✱ △ ♄
Durch diesen Aspekt werden viele Schwierigkeiten in einer Verbindung aus dem Weg geschafft, da beide ein Verlangen nach praktischen Erfolgen besitzen.

♂ □ ☍ ♄
Eine hochgradig frustrierende Verbindung, die zu Streit, Verärgerung und Meinungsverschiedenheiten zwischen den beiden Partnern führt.

♂ zu ♅
(Mars = Physische Energie – Angriffslust – Auflehnung)
(Uranus = Aufregung – Überraschung – Veränderung)

♂ ☌ ♅
Da beide Menschen sehr unabhängig sind und die Beherrschung durch andere ablehnen, kann sich diese Beziehung als höchst unharmonisch erweisen. Zwar ist sie ausgezeichnet für eine sexuelle Verbindung, doch muß jeder Partner verstehen, daß der andere sich frei fühlen will. Beide schätzen die Unabhängigkeit.

♂ ✱ △ ♅
Hervorragender Aspekt, durch den Originalität und Leistungen zustande kommen, von denen beide Partner profitieren werden.

♂ □ ☍ ♅
Ernsthafte Konflikte; es kommt zu Streit und starken Aggressionen.

♂ zu ♆
(Mars = Physische Energie – Angriffslust – Auflehnung)
(Neptun = Geistigkeit – Mitgefühl – Zerstreuung)

♂ ☌ ✱ △ ♆
Es hängt von anderen Aspekten ab, ob diese Konjunktion Verwirrung und Nachteile mit sich bringt. Genausogut kann dies ein hervorragender Aspekt für ähnliche Interessen geistiger Natur sein. Neptun kann auf Mars eine stark hypnotische Wirkung ausüben. Eine psychische und Karma-Verbindung ist angezeigt. Der »Mars«-Partner kann dem »Neptun«-Partner die notwendige Energie für Leistungen geben.

♂ □ ☍ ♆
Dieser Aspekt bringt in beiden Menschen das Schlechteste heraus. Mißverständnisse, Disharmonie und verschwenderische Gewohnheiten sind die Folge. Der »Mars«-Partner neigt dazu, die Träume des »Neptun«-Partners zu zerstören.

♂ zu ♇
(Mars = Physische Energie – Angriffslust – Auflehnung)
(Pluto = Zerstörung – Umgestaltung – verborgene Rücksichtslosigkeit)

♂ ☌ ♇
Diese beiden Menschen gehen nicht aufeinander ein. Dieser Aspekt kann durchaus das Ende einer jeden Beziehung sein.

♂ ✱ △ ♇
Hier lassen sich Pläne, Organisation und Umorganisation durchsetzen, die in ihrer Auswirkung für beide Partner günstig sind.

♂ □ ☍ ♇
Auflehnung und Heimtücke, derer sich der eine oder beide Partner bedienen, können zur Aushöhlung dieser Beziehung führen.

Jupiter

♃ zu ♃
(Jupiter = Güte – Schutz – Duldsamkeit)

♃ ☌ ✱ △ ♃
Zwei Menschen können unter diesem Aspekt eine Beziehung aufbauen, in der der Humor eine besondere Rolle spielt. Sie sind hilfsbereit, stellen sich vor andere und besitzen Verständnis füreinander. Ein sehr vorteilhafter Aspekt.

♃ □ ☍ ♃
Diese beiden Menschen können aus verschiedenen gesellschaftlichen Schichten kommen. Ihre religiösen oder moralischen Anschauungen können verschieden sein, was zu Mißtrauen und Mißverständnissen führt.

♃ zu ♄
(Jupiter = Güte – Schutz – Duldsamkeit)
(Saturn = Beschränkung – Disziplin – Pflicht)

♃ ☌ ✶ △ ♄
Eine sehr beständige Verbindung. Gibt es klare Ziele, so können beide Partner viel leisten.

♃ □ ☍ ♄
Saturn behindert, beschränkt und dämpft den Enthusiasmus und den Optimismus des »Jupiter«-Partners, was schließlich zu Zwistigkeiten führt.

♃ zu ♅
(Jupiter = Güte – Schutz – Duldsamkeit)
(Uranus = Aufregung – Überraschung – Veränderung)

♃ ☌ ✶ △ ♅
Eine Verbindung, die Mut und Optimismus gibt. Jeder Partner akzeptiert und versteht die Bedürfnisse des anderen. Die Konjunktion kann zu einem Übermaß an Optimismus und Rücksichtslosigkeit bei einem oder beiden Partnern führen.

♃ □ ☍ ♅
Auflehnung und starke Reaktionen bei beiden Partnern. Es hängt von den anderen Aspekten in den Horoskopen ab, ob diese Kombination zu ernsthafter Trennung führt.

♃ zu ♆
(Jupiter = Güte – Schutz – Duldsamkeit)
(Neptun = Geistigkeit – Mitgefühl – Zerstreuung)

♃ ☌ ✶ △ ♆
Eine Seelenfreundschaft. Jeder Partner versteht intuitiv die Bedürfnisse und Ziele des anderen und wird ihm helfen.

♃ □ ☍ ♆
Dieser Aspekt läßt verschwenderische Gewohnheiten entstehen und kann zu Verwirrung und Unaufrichtigkeit führen. Keine gute Kombination für irgendeine Form von Partnerschaft, es sei denn, daß gute Aspekte zwischen den beiden Horoskopen bestehen.

♃ zu ♇
(Jupiter = Güte – Schutz – Duldsamkeit)
(Pluto = Zerstörung – Umgestaltung – verborgene Rücksichtslosigkeit)

♃ ☌ ✶ △ ♇
Dieser Aspekt kann für beide Partner einen Anreiz zu größerem gesellschaftlichem Bewußtsein bedeuten. Es ist möglich, daß beide sich intensiv mit sozialen Fragen beschäftigen.

♃ □ ☍ ♇
Dieser Aspekt schafft Mißverständnisse und Hindernisse für den Fortschritt beider Menschen – dies vielleicht in stärkerem Maße für den »Jupiter«-Partner.

Saturn

♄ zu ♄
(Saturn = Beschränkung – Disziplin – Pflicht)

♄ ☌ ✶ △ ♄
Beide haben die gleiche Motivation und das gleiche Bedürfnis nach Sicherheit. Sie können einander beim Erreichen gemeinsamer Ziele helfen. Unter dieser Konjunktion gibt es eine Tendenz, aufeinander negativ zu reagieren, wenn die Geburtsaspekte nachteilig sind.

♄ □ ☍ ♄
Rivalität und Mißtrauen besteht auf beiden Seiten. Vom materiellen Standpunkt aus gesehen, kann dieser Aspekt wirtschaftliches Unglück bedeuten.

♄ zu ♅
(Saturn = Beschränkung – Disziplin – Pflicht)
(Uranus = Aufregung – Überraschung – Veränderung)

♄ ☌ ✶ △ ♅
Dieser Aspekt kann für beide Seiten sehr vorteilhaft sein. Uranus, der fortschrittliche, und Saturn, der vorsichtige Planet, können ihre Kräfte für konstruktive und progressive Vorhaben verbinden. Ein Aspekt der Zusammenarbeit und der Leistung.

♄ □ ☍ ♅
Unzuverlässigkeit und Gegensätze. Der »Uranus«-Partner kann für den langsamen, vorsichtigen »Saturn«-Menschen zu sprunghaft sein, der durch den Freiheitsdrang des »Uranus«-Partners verärgert sein kann.

♄ zu ♆
(Saturn = Beschränkung – Disziplin – Pflicht)
(Neptun = Geistigkeit – Mitgefühl – Zerstreuung)

♄ ☌ ✱ △ ♆
Für beide kann dieser Aspekt Vorteile bringen. Der »Saturn«-Partner kann einsichtiger werden, der »Neptun«-Partner kann zu klarerem Denken kommen.

♄ □ ☍ ♆
Ein Aspekt, der Eifersucht, Beschränkung und Mißverständnisse bedeutet. Er begünstigt oft beabsichtigten oder unbeabsichtigten Betrug. Für den »Saturn«-Partner ist der »Neptun«-Partner oft etwas verwirrend.

♄ zu ♇
(Saturn = Beschränkung – Disziplin – Pflicht)
(Pluto = Zerstörung – Umgestaltung – verborgene Rücksichtslosigkeit)

♄ ☌ ♇
Starke Abneigung und gehässiges Benehmen kennzeichnen die Beziehung zwischen den beiden Partnern.

♄ ✱ △ ♇
Beide verfolgen auf harmonische Weise gemeinsame Ziele und Interessen.

♄ □ ☍ ♇
Boshaftigkeit und extreme gegenseitige Abneigung.

Anmerkung:
Die Halbquadrat-(∠) und Anderthalbquadrat-(⚼)Aspekte zwischen Planeten lassen zwischen den Partnern große Verärgerung und Störung entstehen. Die Auswirkungen sind dem □ ähnlich, jedoch meist nicht ganz so stark.

Uranus, Neptun, Pluto

Die Aspekte dieser Planeten untereinander, deren Umlaufbahnen von der Erde am weitesten entfernt sind, haben für die zwischenmenschlichen Beziehungen kaum Bedeutung: ihr Einfluß bezieht sich mehr auf die gesamte menschliche Gesellschaft als auf einzelne Menschen. Wenn der Native etwa fünfzehn ist, bildet der Uranus einen Sextil-Aspekt, der Zusammenarbeit und Interessen in den Bereichen der Erfindung und der Wissenschaft fördert und es einem Menschen möglich macht, sich die Bedingungen und Pläne seiner Vorbilder zu eigen zu machen. Ist der Native etwa einundzwanzig, so bildet Uranus ein Quadrat mit der nächsten Generation, was auf Verschiedenartigkeit der Interessen von Kindern und Eltern und damit auf eine entsprechende Auflehnung seitens der Kinder hinweist. Ist der Native ungefähr fünfunddreißig, bildet Uranus ein Trigon, dies weist auf Verständnis und Zusammenarbeit zwischen den Eltern und ihrer Nachkommenschaft hin und darauf, daß die Eltern die Ziele der jüngeren Generation billigen. Im Alter von etwa zweiundvierzig Jahren befindet sich Uranus in Opposition, und da dieser Aspekt Umwandlung und Veränderung anzeigt, so stellt dies oft einen Wendepunkt im Hinblick auf die persönlichen Anschauungen eines Menschen dar. Zwischen der jüngeren und der älteren Generation bedeutet dies Frustration. Uranus braucht etwa vierundachtzig Jahre, um alle Zeiten zu durchlaufen.
Neptun benötigt etwa 186 Jahre, um die Zeichen des Tierkreises voll zu durchlaufen; daher können die Sextil-, Quadrat- und Trigon-Aspekte in einem durchschnittlich langen Leben gebildet werden, doch ist der Oppositionsaspekt selten. Um den Zeitpunkt zu ermitteln, zu dem diese Aspekte gebildet werden, müssen Sie die Ephemeriden zu Hilfe ziehen. Der Sextilaspekt wird etwa um das 28. Lebensjahr herum gebildet. Seine Folge ist ein geistiges Streben nach Selbstverständnis in Beziehung zum Ganzen des Universums. Etwa im Alter von 45 Jahren wird der Quadrataspekt gebildet, der oft eine Periode der Verwirrung in Gefühlen und Geist (besonders in bezug auf die geistigen Werte) mit sich bringt. Das Trigon wird etwa im Alter von 56–57 Jahren gebildet; es führt zu einer Milderung der Anschauungen und Glaubensmeinungen, zugleich kommt es zu einem besseren Einfühlungsvermögen für die Belange der jüngeren Generation.
Pluto benötigt ungefähr 248 Jahre, um den Tierkreis zu durchlaufen. Die Bewegung Plutos auf seiner Umlaufbahn um die Sonne ist ungleichmäßig; es ist daher schwierig, ein auch nur in etwa richtiges Alter zu nennen, in dem es zur Bildung der Sextil- und Quadrataspekte kommt. Da sich der Planet Pluto langsam bewegt, bildet sich das Trigon erst im hohen Alter. Plutos Wirkung betrifft die Meinungen großer Menschenmassen, Veränderungen und Umwandlungen, er löst Reaktionen auf eine veränderte gesellschaftliche Ordnung aus.

V
Wichtige Planetenpunkte

14
Nördliche und südliche Mondknoten in Zeichen und Feldern

Der Mond kreuzt bei seinem Lauf die Ekliptik. Dieser Punkt wird Mondknoten (☊) genannt. In Opposition dazu (180°) befindet sich der absteigende Mondknoten (☋). Im Horoskop zeigt die Lage des nördlichen Knotens (der auch *caput draconis* oder Drachenhaupt genannt wird) die Lebensbereiche an, in denen dem Nativen besondere Vorteile zuteil werden. Seine Natur ist mit Venus und Jupiter verwandt. Die Natur des südlichen Knotens (*cauda draconis* oder Drachenschwanz) ist mehr mit Saturn verwandt; er bezeichnet einen Bereich, in dem der Native durch Selbstanalyse zu einer Veränderung seiner Persönlichkeit kommen kann.

Sehen Sie Abb. 10 an, wenn Sie die Lage der nördlichen und südlichen Knoten ermitteln wollen. In der vorletzten Spalte können Sie die Mondknoten ablesen. Der nördliche Knoten wird in einer Ephemeride für jeden zweiten Tag aufgezeichnet. Beachten Sie in Abb. 10, wie er im Verhältnis von 3 Minuten pro Tag oder 6 Minuten in zwei Tagen zurückweicht. Man muß keine schwierigen mathematischen Berechnungen anstellen, um die Lage des nördlichen Knotens zu ermitteln; Sie können sie schnell im Kopf ausrechnen. Wie Sie in Abb. 10 sehen können, war der nördliche Knoten am siebten November bei 20°08′ Steinbock.

Der südliche Knoten des Monds befindet sich *immer in genauer Opposition* zum nördlichen Knoten. Es ist nicht erforderlich, den südlichen Knoten zu verzeichnen, obgleich Sie es natürlich tun können.

Wenn Sie die nördlichen und südlichen Knoten deuten wollen, so lesen Sie die Deutung des nördlichen Knotens gemäß dem Zeichen, dann lesen Sie die Deutung des nördlichen Knotens gemäß dem Feld, und schließlich kombinieren Sie diese Informationen. Führen Sie dasselbe für den südlichen Knoten durch. Dieses Verfahren gibt Ihnen zusätzliche Elemente, die Sie in Kombination mit anderen zur genauen Deutung eines Horoskops verwenden können.

Lassen Sie uns als Beispiel jemanden nehmen, der mit dem nördlichen Knoten in Zwillinge im achten Feld geboren wurde; sein südlicher Knoten würde demnach in Opposition, nämlich in Schütze im zweiten Feld stehen. Wir wissen, daß wir vier Elemente kombinieren müssen:

1. **Nördlicher Knoten (☊) in Zwillinge (♊).**
   Dies weist auf hervorragende geistige Beweglichkeit, viel Optimismus und eine allgemeine Begabung hin, sich den Umständen anzupassen.

2. **Nördlicher Knoten (☊) im achten Feld.**
   Er verspricht ein langes Leben und möglichen Gewinn durch Erbschaft.

3. **Südlicher Knoten (☋) in Schütze (♐).**
   Er zeigt an, daß der Native lernen muß, mehr Takt zu zeigen. Er oder sie kann zu einem Übermaß an Optimismus und schlechtem Urteilsvermögen neigen. Es besteht die Möglichkeit, daß wirklicher Erfolg versagt bleibt. Der Native kann in einem früheren Leben zu oberflächlich und rücksichtslos gewesen sein. So besteht im Unterbewußtsein eine Neigung zu innerer Unzufriedenheit und Rastlosigkeit, die korrigiert werden muß.

4. **Südlicher Knoten (☋) im zweiten Feld.**
   Es bestehen Hinweise auf Prestigeverlust und

finanzielle Schwierigkeiten, die auf eine Gewohnheit in einem früheren Leben, eher zu nehmen als zu geben, zurückzuführen ist.

Aus diesen Elementen können wir in einer Art Synthese die folgende Deutung zusammenstellen:

Da dieser Mensch geistig beweglich ist, kann er sich schnell an veränderte Umstände anpassen, aber er muß sich um ein feineres Taktgefühl bemühen. Er muß gleichfalls lernen, seinen übergroßen Optimismus zu zügeln; sonst bleibt wirklicher Erfolg unerreichbar für ihn, besonders auf finanziellem Gebiet. In seinem Unterbewußtsein gibt es eine Neigung zu Rücksichtslosigkeit und Unzufriedenheit, die der Berichtigung bedarf. Dieser Mensch wäre wohl beraten, wenn er lernte, einen Tag zu warten, ehe er wichtige Entscheidungen trifft.

Da der Native Aussicht auf ein langes Leben hat, besitzt er viele Gelegenheiten, seine Tendenz zu Oberflächlichkeit zu berichtigen. Wie schlimm es ihm im Leben auch ergehen mag, sein natürlicher Optimismus und seine Anpassungsfähigkeit werden ihn dazu befähigen, neue oder andere Wege zur Lösung seiner Probleme zu finden.

Versuchen Sie die Deutung der nördlichen und südlichen Knoten nach Zeichen und Feldern Ihres eigenen Horoskops und dem Ihrer Freunde und Verwandten, damit Sie Übung bekommen. Lesen Sie zuerst die folgende Tabelle durch.

Deutung der nördlichen (☊) und südlichen (☋) Mondknoten nach Zeichen und Feldern

Zeichen	Feld
☊ in Widder Schöpferisch und originell, selbstbewußt.	**☊ im ersten Feld** Starke Begabung zum Selbstausdruck, unabhängig, zuversichtlich.
☋ in Widder Geschäftssinn, scharfe analytische Begabung, aber im Unterbewußtsein Neigung zu einem Übermaß an Aggression.	**☋ im ersten Feld** Lernt Leiden kennen und macht Prüfungen durch, bis seine ichbezogene Einstellung überwunden ist.
☊ in Stier Optimistisch, sensibel, materiell eingestellt, meist wohlhabend und beschützt.	**☊ im zweiten Feld** Finanzielle Sicherheit, kann andere darin unterrichten, wie man sein Vermögen und seine Begabung besser nutzt.
☋ in Stier Hält eigensinnig an Ideen und Zuständen fest, muß in seinem Unterbewußtsein die Neigung zu allzu großer Freude an Besitz von Dingen und Menschen korrigieren.	**☋ im zweiten Feld** Verliert Prestige und hat finanzielle Schwierigkeiten. Neigt dazu, mehr zu nehmen als zu geben.
☊ in Zwillinge Geistig beweglich, sehr optimistisch, kann sich im allgemeinen gut an veränderte Umstände anpassen.	**☊ im dritten Feld** An Reisen interessiert oder durch Reisen erfolgreich, Schriftsteller, Verleger oder Erzieher.
☋ in Zwillinge Könnte hervorragend in Handelsgeschäften tätig sein. Kann sich schwer konzentrieren.	**☋ im dritten Feld** Hat Schwierigkeiten mit und durch Blutsverwandte, Nachbarn und Reisen. Sollte sich bemühen, sein geistiges und emotionales Gleichgewicht zu erreichen.
☊ in Krebs An Heim und Familie interessiert und auf beides stolz, starker Glaube an die Institution der Familie, sensibel im Hinblick auf die Bedürfnisse anderer.	**☊ im vierten Feld** Fähig, Besitz zu erwerben, hat Glück im Umgang mit den Gütern dieser Erde.

Zeichen	Feld
☋ in Krebs Hat egoistische, ichbezogene Tendenzen, die andere befremden. Überempfindlichkeit muß überwunden werden.	**☋ im vierten Feld** Verwirrt, neigt zu Verschwendung, hat Schwierigkeiten mit der Familie. Sollte lernen, stärker auf einer gesellschaftlichen und nach außen gerichteten Ebene zu arbeiten.
☊ in Löwe Fähiger Führer, besitzt Selbstachtung, kann Dinge in großem Maßstab verwirklichen.	**☊ im fünften Feld** Kann talentierte Kinder haben, Erfolge im schöpferischen Bereich, bei Spekulationen und in gesellschaftlichem Verkehr.
☋ in Löwe Kann überall Erfolg haben, aber die in seinem Unterbewußtsein vorhandenen Neigungen zu Gefühlsüberschwang, Vertrauensseligkeit und Größenwahn müssen überwunden werden.	**☋ im fünften Feld** Schwierigkeiten mit Kindern und Spekulationen. Muß die übergroße Tendenz zu Genußfreudigkeit korrigieren lernen.
☊ in Jungfrau Zeigt kritische, aber einwandfreie Benehmensformen, analytisch, verständnisvoll, beständig.	**☊ im sechsten Feld** Ausgezeichnete Gesundheit, kann Krankheiten abschütteln, ein ausgezeichneter Angestellter oder Unternehmer, hat eine glückliche Hand mit Haustieren.
☋ in Jungfrau Neigt dazu, überkritisch, sensibel, sarkastisch zu sein. Eine im Unterbewußtsein vorhandene Tendenz zu Hypochondrie muß unter Kontrolle gehalten werden.	**☋ im sechsten Feld** Neigung zu ungewöhnlichen Krankheiten, hat Schwierigkeiten mit Angestellten und Mitarbeitern, sollte lernen, Dienstleistungen richtig und ordentlich zu erbringen und ein positives Benehmen zu entwickeln.
☊ in Waage Kultiviert, gesellig, freundlich, kann gut als Koordinator auftreten, verständnisvoll, sensibel, begreift die Nöte und Sorgen anderer.	**☊ im siebten Feld** Profitiert von Partnerschaften, hat wenige oder keine Feinde.
☋ in Waage Der klare Blick wird durch Gefühle getrübt. Fehlendes Selbstbewußtsein kann sich in einer Neigung des Unterbewußtseins niederschlagen, allzu stark zu kritisieren, was korrigiert werden muß.	**☋ im siebten Feld** Hat Schwierigkeiten mit und durch andere, muß Zusammenarbeit, Selbstbewußtsein und Selbstvertrauen lernen.
☊ in Skorpion Mit Vorliebe als Forscher tätig, will Freiheit in Denken und Handeln, in Krisen mutig.	**☊ im achten Feld** Aussicht auf ein langes Leben, eventuell Gewinn durch eine Erbschaft.
☋ in Skorpion Beherrscht gern andere, fühlt sich unzulänglich, Furcht und Empfindlichkeit müssen überwunden werden.	**☋ im achten Feld** Schwierigkeiten rechtlicher Art mit Erbschaften und Besitz des Partners; im Unterbewußtsein gibt es selbstzerstörerische, negative Denkmuster, die bewußt gemacht und analysiert werden sollten.
☊ in Schütze Interessen für Philosophie, Erziehung und Religion helfen, Probleme zu lösen.	**☊ im neunten Feld** Hochgradig idealistisch, visionär, religiös, philosophisch und intellektuell.
☋ in Schütze Muß lernen, taktvoller zu werden, neigt zu allzu großem Optimismus, sein schlechtes Urteilsvermögen steht ihm beim Erreichen wirklicher Erfolge im Weg. Eine Neigung zu Oberflächlichkeit und Rücksichtslosigkeit ist die Ursache für gegenwärtige innere Unzufriedenheit und Ruhelosigkeit, die korrigiert werden müssen.	**☋ im neunten Feld** Muß lernen, den richtigen Stellenwert der Erziehung zu begreifen. Reisen können unterbrochen werden oder sich sonst irgendwie als unglücklich erweisen. Kann Tendenzen zu Weltflucht haben, muß lernen, realistisch zu werden.

Zeichen	Feld
☊ in Steinbock Herrisch, verantwortungsbewußt und ehrgeizig. Die eigene Entwicklung ist auf ein bestimmtes Ziel abgestellt, das zum Vorteil für die Gemeinschaft sein kann.	**☊ im zehnten Feld** Leistung, Anerkennung und beruflicher Aufstieg sind durch persönliche Initiative und persönlichen Fleiß des Nativen möglich.
☋ in Steinbock Will rücksichtslos zu Erfolg kommen, ist ichbezogen. Egoistische Gewohnheiten führen zu einer Neigung im Unterbewußtsein, Macht und Kontrolle über andere auszuüben, die korrigiert werden muß.	**☋ im zehnten Feld** Schwierigkeiten mit den Inhabern der Macht, Scheitern im Geschäftlichen und Schwankungen. Der Native muß lernen, sich auf ein Ziel zu konzentrieren, und darf sich nicht durch die Leistungen anderer stören lassen.
☊ in Wassermann Seine Motivation ist auf gesellschaftliche Ziele ausgerichtet. Deutlicher Ehrgeiz, nach oben zu kommen. Sein besonderes Interesse gilt der Forschung, den Wissenschaften und den Erfindungen.	**☊ im elften Feld** Freunde helfen in Notzeiten. Dienst in Gruppen oder für die Allgemeinheit bringt persönliche Zufriedenheit.
☋ in Wassermann Er ist gern für sich, außerdem Snob und hat hierdurch Schwierigkeiten bei der Zusammenarbeit mit anderen. Neigung zu impulsivem und egozentrischem Benehmen hat Gewohnheiten des Unterbewußtseins zur Folge, die sich in der Kontrolle anderer und Selbstbeweihräucherung äußern, was korrigiert werden muß.	**☋ im elften Feld** Freunde und Verbindungen können sich als eine Quelle für Schwierigkeiten erweisen. Günstige Gelegenheiten gehen wegen allzu großer Abhängigkeit von anderen ungenutzt vorbei.
☊ in Fische Hilft anderen auf selbstlose Weise, hat mitfühlende Natur, ist gütig und verständnisvoll.	**☊ im zwölften Feld** An okkulten Dingen und an Arbeit in Institutionen interessiert.
☋ in Fische Sollte auf korrektes moralisches und ethisches Benehmen achten, kann sehr undiszipliniert sein. Neigung zu Genußfreude und gleichgültiges Verhalten gegenüber der Wirklichkeit können zu Neigungen im Unterbewußtsein führen, die Unmäßigkeit und Weltfluchtbestrebungen zur Folge haben können, was zu korrigieren ist.	**☋ im zwölften Feld** Kann Gefühle in sich verschließen, was nachteilige Folgen für das physische und psychische Wohlbefinden haben kann. Kann Schwierigkeiten haben, mit dem Leben fertig zu werden. Probleme des Gefühlslebens und Komplexe sollten analysiert werden.

15

Die Sensitivpunkte, ihre Berechnung und der Glückspunkt nach Zeichen und Feldern

Die Sensitivpunkte werden von einem arabischen Astrologiesystem abgeleitet, das von dem Felderspitzengrad des Ascendenten bei der Geburt ausgeht, dann die Gradzahl eines bestimmten Planeten hinzuaddiert und anschließend die Gradzahl eines bestimmten Planeten abzieht. Die endgültige Stellung gibt im Horoskop einen imaginären Punkt an, der durch Transite oder Progressionen von Planeten aktiviert wird. Für jeden Sensitivpunkt kann man auch durch einen Direktionsbogen (Altersbogen) eine Direktion erstellen, die oft den Zeitpunkt eines künftigen Ereignisses bestimmt.

Der allgemein am meisten verwendete Sensitiv-Punkt ist der Glückspunkt, er sollte in jedem Horoskop eingesetzt werden. Schauen Sie sich die folgende Rechnung an, in der Sie ein Beispiel für die zur Berechnung des Glückspunkts erforderliche Mathematik finden. Der Ascendent ist hier 21°48′ Fische. Fische ist das

Wie man den Glückspunkt berechnet

Formel: Asc. + ☾ − ☉

Zählen Sie die Zeichen wie folgt:

♈–0 oder 12 Zeichen	♋ 3 Zeichen	♎ 6 Zeichen	♑ 9 Zeichen
♉–1 Zeichen	♌ 4 Zeichen	♏ 7 Zeichen	♒ 10 Zeichen
♊–2 Zeichen	♍ 5 Zeichen	♐ 8 Zeichen	♓ 11 Zeichen

		Zeichen	Grad	Minuten
Asc. (21°48′ ♓) ———	=	11	21°	48′
☾ (5°57′ ♐) ———	=	+ 8	5°	57′
Insges.	=	19	26°	105′
☉ (15°37′ ♏) ———	=	− 7	15°	37′
		12	11°	68°
				⊕ =12°08′ ♈

Bei einem negativen Ergebnis müssen Sie 12 Zeichen (oder 360°) hinzuaddieren, um Ihren Glückspunkt zu erhalten.

Die Sensitivpunkte

Todesfälle	Felderspitze des 12. + Herrscher des 12. Feldes – ♆
Bankrott	♃ + ♆ – ♅
Rechtsgeschäfte	9. + 3. – ♀
Schiffsreisen	Asc.* + 15° ♋ – ♄
Gefahr	Asc. + Herrscher des 8. – ♄
Unheil	Asc. + Felderspitze des 8. – ☾
Ehe, Partner	Asc. + Felderspitze des 7. – ♀
Scheidung	Asc. + ♀ – 7. Feldspitze
Katastrophe	Asc. + ♅ – ☉
Geschäfte, Handel	Asc. + ♂ – ☉
Töchter	Asc. + ♀ – ☾
Glaube, Vertrauen	Asc. + ☿ – ☾
Vater	Asc. + ☉ – ♄
Glück	Asc. + ☾ – ☉
Zuwachs, Vorteile	Asc. + ♃ – ☉
Erbschaft, Nachlaß	Asc. + ☾ – ♄
Intelligenz, Geschicklichkeit	Asc. + ♂ – ☿
Mutter	Asc. + ♃ – ♀
Hausangestellte, Dienstleistungen	Asc. + ☾ – ☿
Krankheit, Aufregungen	Asc. + ♂ – ♄
Söhne	Asc. + ♃ – ☾
Chirurgische Eingriffe, Schnitte	Asc. + ♄ – ♂
Tragische Ereignisse	Asc. + ♄ – ☉
Verrat, Betrug, Lügen	Asc. + ♆ – ☉
Verschwendung, Extravaganz, Zwietracht	Asc. + ♃ – ♂
Liebe, Anerkennung	Asc. + ♀ – ☉
Geist, Seele	Asc. + ☉ – ☾

* Asc. = Ascendent

elfte Zeichen*, und diese Zahl wird unter »Zeichen« aufgeschrieben. Die Position des Mondes, 5°57′ Schütze, wird zu der Zahl für den Ascendenten addiert. Schütze ist das achte Zeichen; diese Zahl wird unter »Zeichen« aufgeschrieben. Addiert man beide Zahlen, so erhält man 19 Zeichen, 26°105′. Als nächstes wird die Stellung der Sonne, 15° 37′ Skorpion (Skorpion ist das siebte Zeichen bzw. sieben volle Zeichen sind ihm vorangegangen) abgezogen; es bleiben 12 Zeichen, 11°68′, übrig. Um das endgültige Ergebnis zu erhalten, werden die 68′ umgewandelt in 1°08′; hieraus ergibt sich 12 Zeichen, 12°08′. Da 0 oder 12 das Zeichen für Widder ist, lautet die endgültige Zahl 12°08′ Widder.

Um die richtige Deutung des Glückspunktes zu ermitteln, lesen Sie zuerst die Deutung seines Elements (Feuer, Erde, Luft oder Wasser); anschließend lesen Sie die Deutung seiner Feld-Stellung.

Die obige Tabelle zeigt viele weitere Sensitivpunkte, die verwendet werden können. Sie sollten keinen dieser Punkte verwenden, wenn Sie den genauen Zeit-

* Im arabischen System werden die Zeichen anders gezählt. Fische ist das zwölfte Zeichen des Tierkreises, wenn man beim Zählen von Widder ausgeht und dieses Zeichen einschließt. Im arabischen System wird aber ein Zeichen erst gezählt, wenn es vollständig ist – 30° Widder (also 0° Stier) ist ein Zeichen. Deshalb ist Fische im arabischen System das elfte Zeichen und Widder das nullte. Sie können aber auch davon ausgehen, daß dem Fische-Zeichen elf volle Zeichen vorausgehen.

punkt der Geburt nicht kennen, da der Wert der meisten davon abhängt, daß man den genauen Ascendenten kennt. Bei einigen kommt es auf das Zeichen und den Grad der anderen Felderspitzen an, so zum Beispiel bei dem Punkt für Eheschließung und Rechtsgeschäfte, für den man die Felderspitzen des neunten und dritten Feldes verwendet. Der Heiratspunkt verwendet die Felderspitzen des ersten und siebten Feldes nach Zeichen und Graden.
Erscheint ein Zeichen, das von zwei Planeten beherrscht wird – wie z.B. Fische oder Wassermann – auf der Felderspitze des zwölften Feldes beim Todesfallpunkt oder auf der Felderspitze des achten beim Gefahrenpunkt, so müssen *zwei* Sensitivpunkte berechnet werden, nämlich jeweils einer für jeden Herrscher (Neptun und Jupiter für Fische, Saturn und Uranus für Wassermann).
Wenn Sie feststellen wollen, ob die Sensitivpunkte in Ihrem Horoskop wirksam sind, so müssen Sie vergangene wichtige Jahre heraussuchen, in denen bestimmte, entscheidende Ereignisse stattfanden. Prüfen Sie die Transite und Progressionen, die zum Zeitpunkt dieser Ereignisse bestanden. Diese bestimmten Sensitivpunkte sollten wirksam sein, wenn Sie den genauen Zeitpunkt der Geburt kannten. Es ist nicht ratsam, daß man alle hier aufgeführten Sensitivpunkte verwendet, aber die Punkte, die sich auf Glück, Gefahr, Krankheit und chirurgische Eingriffe beziehen, erleichtern die Horoskop-Deutung. Die meisten Menschen werden sich wahrscheinlich auch für den Punkt interessieren, der sich auf Eheschließung bzw. den Abschluß von Rechtsgeschäften bezieht. Für den Anfang raten wir Ihnen, zuerst nur den Glückspunkt zu benutzen und alle anderen Punkte erst bei Sonderfällen zu prüfen. Auf keinen Fall sollten Sie die Punkte zu Prognosen benutzen.

Der Glückspunkt (Formel: Ascendent + ☾ −☉)

Der Glückspunkt zeigt irdischen Erfolg an, der im wesentlichen durch die eigenen Bemühungen des Geborenen zustande kommt. Er liegt vom Ascendenten genauso weit entfernt wie die Sonne vom Mond.

In den Zeichen

Feuerzeichen
Energie zu hervorragenden Leistungen. Oft liegt Interesse an Erfindungen, neuen Vorhaben und ungewöhnlichen Methoden zur Lösung von Problemen vor.

Erdzeichen
Der Glückspunkt macht sich im praktischen Bereich bemerkbar. Sicherheit und eine feste Grundlage werden angestrebt.

Luftzeichen
Der Glückspunkt im Luftzeichen fördert das Interesse an geistigen Dingen und geistigen Ausdrucksmöglichkeiten. Die Erfüllung kann in den Gebieten Literatur, Kunst oder Sozialarbeit gefunden werden.

Wasserzeichen
Der Glückspunkt betont hier die emotionalen, psychischen und intuitiven Vorhaben oder Interessen.

In den Feldern

Erstes Feld
Gewinn, Entwicklung, Glück, Fortschritt sind Schlüsselworte für diese Plazierung. Aber die durch sie bezeichneten Werte werden nur durch die eigenen Anstrengungen des Geborenen erreicht.

Zweites Feld
Gewinn durch Geschäfte oder Besitz ist hier möglich. Freunde und Geschäftspartner können eine große Rolle dabei spielen, dem Nativen zu finanzieller Sicherheit zu verhelfen.

Drittes Feld
Hier wird der Gewinn aus intellektueller Betätigung betont und eine Neigung, eigene Motive und die anderer zu untersuchen.

Viertes Feld
Es kann in diesem Fall zu Gewinn durch Familie, Besitz und Bodenerzeugnisse kommen. Dem Nativen liegt viel daran, mit seiner Umgebung in Harmonie zu leben.

Fünftes Feld
Der Akzent liegt hier auf Gewinn durch künstlerische und angenehme Beschäftigungen. Oft gibt es Hinweise auf Schutz durch Kinder.

Sechstes Feld
Gewinn durch eine Tätigkeit als Angestellter und durch Angestellte. Der Native ist sich seiner Verantwortung Untergebenen gegenüber bewußt.

Siebtes Feld
Diese Stellung bringt Gewinn durch jede Art von Partnerschaft, erfolgreiche Prozesse und harmonische Beziehungen.

Achtes Feld
Hier liegt eine Tendenz vor, durch Erbschaften aus den Gütern Verstorbener Gewinn zu erzielen. Der Geborene kann mit dem Geld anderer umgehen.

Neuntes Feld
Gewinn durch höhere Bildung, verlegerische Tätigkeit, durch Reisen, religiöse oder philosophische Arbeiten.

Zehntes Feld
Gewinn durch ungewöhnliche Ereignisse verhilft dem Nativen zu einer bedeutenden Position. Dies kann sich im Kreis der Familie oder im Berufsleben zutragen.

Elftes Feld
Hier liegt ein Hinweis auf Gewinn durch Freunde, Organisationen und Verbindungen vor. Das Element, in dem der Glückspunkt liegt, deutet an, welcher Art die Freunde sein werden, ob sie originell, konservativ, intellektuell oder sensibel sind.

Zwölftes Feld
Gewinn wird durch Meditation, innere Einsicht und Selbstanalyse erreicht. Diese Stellung zeigt an, daß Vertrauen und Bewußtheit des eigenen Wertes mit Ausdauer entwickelt werden müssen.

Ist der Glückspunkt durch die Stellung stark beschädigt, so müssen die vorstehenden Deutungen modifiziert werden. Der Native muß sich dann darüber im klaren sein, daß er eine überdurchschnittliche Verantwortung dafür trägt, seine eigenen Bedürfnisse und Ansprüche zu erfüllen und zu befriedigen. Beispielsweise kann ein Spannungswinkel des Mars aus dem ersten Feld die guten Möglichkeiten des Glückspunktes durch Eigensinn mindern oder zunichte machen.

16 Die Spiegelpunkte

Spiegelpunkte sind diejenigen Punkte in der Ekliptik des Tierkreises, an denen sich die Sonne von 0° Krebs oder 0° Steinbock zum Himmelsäquator* zurückwendet. Sowohl bei 0° Krebs wie auch bei 0° Steinbock ist die Entfernung der Sonne vom Himmelsäquator am größten. Die Sommersonnenwende erfolgt etwa am 21. Juni, wenn die Sonne bei 0° Krebs steht, und die Wintersonnenwende tritt ungefähr am 21. Dezember ein, wenn die Sonne bei 0° Steinbock steht. Der Spiegelpunkt eines Planeten wird von 0° Krebs oder 0° Steinbock aus berechnet und mit den übrigen Graden und Minuten auf die andere Spiegelachse übertragen.

Gehen Direktionen oder Transite von Planeten durch den Spiegelpunkt eines Geburtsplaneten, so wird der Geburtsplanet, zu dem dieser Spiegelpunkt gehört, aktiviert. Das Ereignis hängt von dem Geburtsplanet, der Lage des Feldes und den Aspekten ab, die der Geburtsplanet im Horoskop des Geborenen bildet. Die Ursachen vielerlei Vorkommnisse, die auf den ersten Blick nicht offenkundig sind, können auf diese Weise erklärt werden.

Die Messung der Spiegelpunkte erfolgt wie in Abbildung 30 dargestellt. Ein Planet in Krebs hat seinen Spiegelpunkt in Zwillinge; ein Planet in Jungfrau hat seinen Spiegelpunkt in Widder. Das gleiche gilt für die folgenden Kombinationen: Löwe–Stier, Jungfrau–Widder, Steinbock–Schütze, Wassermann–Skorpion und Fische–Waage. Betrachten Sie nun Abbildung 31. Wenn Sie z.B. einen Geburtsplaneten in 12° Widder hätten, würden Sie 12° von 30° (die höchste mögliche Gradzahl eines Zeichens) abziehen, und der Spiegelpunkt dieses Planeten wäre dann 18° Jungfrau. Der Oppositionspunkt von 18° Jungfrau ist 18° Fische, der deshalb dann auch betroffen wäre. In dieser Abbildung können Sie erkennen, daß die Spiegelpunktmechanik sehr oft nach dem Prinzip einer zurückprallenden Kugel funktioniert.

Wir wollen noch einige weitere Beispiele durcharbeiten, damit Sie meine Erklärung besser verstehen. Der Spiegelpunkt eines Planeten in 20° Widder würde 10° Jungfrau sein. Der Spiegelpunkt eines Planeten in 25° Widder wäre 5° Jungfrau. Ein Planet in 5° Stier hätte seinen Spiegelpunkt in 25° Löwe. Ein Planet in 10° Stier hätte seinen Spiegelpunkt in 20° Löwe. Erkennen Sie jetzt, daß in jedem unserer Beispiele die Summe der Gradzahlen eines Geburtsplaneten und seiner Spiegelpunktstellung immer gleich 30° ist? Der Oppositionspunkt wird in jedem Fall mitbetroffen. Wenn deshalb ein Geburtsplanet – z.B. Jupiter – in 6°12′ Steinbock ist, so wäre sein Spiegelpunkt bei 23°48′ Schütze. Der Oppositionspunkt wäre dann natürlich 23°48′ Zwillinge. Mit anderen Worten, ein Planet kann in Transit oder Progression in 23°48′ Schütze oder 23°48′ Zwillinge stehen, und Jupiter würde aktiviert werden. Die Wirkung ist jedoch schwächer. Den Oppositionspunkt des Spiegelpunktes können Sie praktisch vergessen, denn er ist sowieso mitbetroffen. Als Beispiel: Steht ein am Himmel laufender Planet in 18° Steinbock, so bildet er ein Sextil zum Oppositionspunkt in 18° Fische (Abb. 31) und

* Die Ekliptik des Tierkreises ist die *scheinbare* jährliche Bahn der Sonne. (In der Astrologie werden die Bewegungen der Planeten so beschrieben, wie sie einem Beobachter auf der Erde erscheinen.) Der Himmelsäquator ist der in den Sternenhimmel projizierte Erdäquator.

ein Trigon zum Spiegelpunkt in 18° Jungfrau. Stände der Transitplanet in 18° Schütze, so würde er sowieso zu beiden Punkten ein Quadrat bilden. Für den Anfang empfehle ich Ihnen, die Spiegelpunkte unberücksichtigt zu lassen und sich nur auf die gesicherten Faktoren zu verlassen (Planeten, Tierkreis, Aspekte). Sämtliche Spiegelpunkte für das Musterhoroskop, Abb. 37, sind in Abb. 39 aufgeführt. Ich möchte Ihnen zur Beobachtung und zum Üben vorschlagen, die Spiegelpunkte Ihres eigenen Geburts-Planeten in einer Liste zu erfassen und die Tage festzustellen, an denen der Mond durch diese verschiedenen Punkte geht. Im nächsten Kapitel wird die Technik der »Transite« näher besprochen.

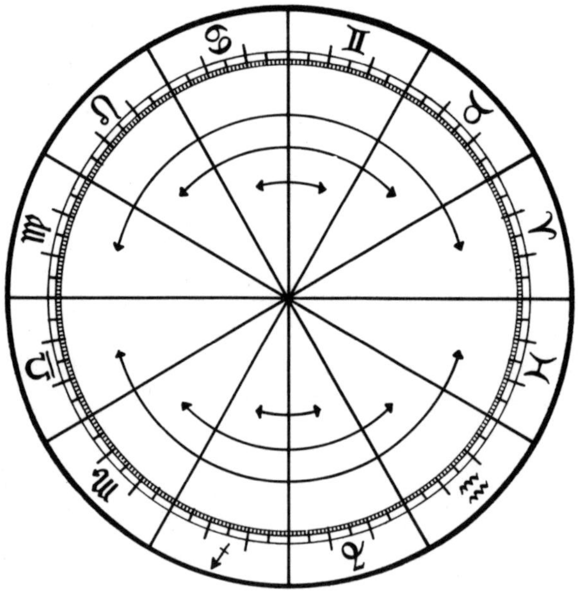

Abbildung 30
Die Spiegelpunkte ♋–♊, ♌–♉, ♍–♈, ♑–♐, ♒–♏, ♓–♎

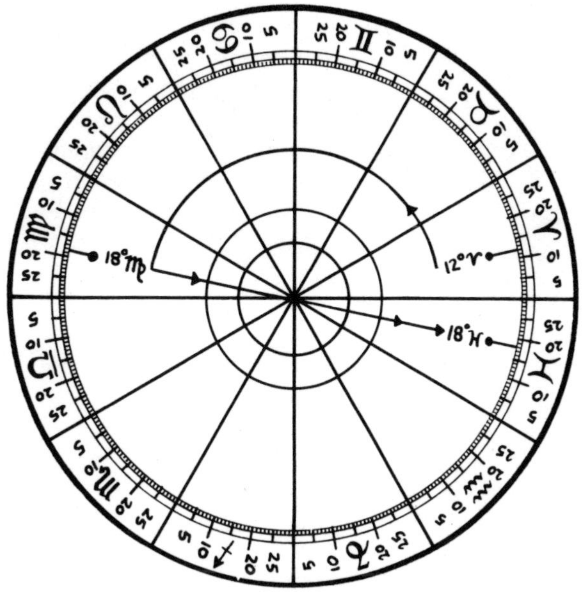

Abbildung 31
Der Geburtsplanet in 12° Widder ergibt einen Spiegelpunkt von 18° Jungfrau und einen Oppositionspunkt von 18° Fische

VI
Methoden zur Ermittlung von Ereigniszeiten

17
Transite – Gezeiten des Schicksals

Das Geburtshoroskop ist eine Blitzlichtaufnahme des Sternhimmels im Moment der Geburt. Wie Sie wissen, wandern aber die Planeten am Himmel weiter. Beim Mond läßt es sich leicht beobachten, Jupiter wandert schon sehr viel langsamer. Irgendwann trifft also ein am Himmel wandernder Planet auf einen Punkt im Tierkreis, an dem zur Zeit Ihrer Geburt ein Planet stand. Nehmen wir an, in einem Horoskop stand Jupiter zur Zeit der Geburt in 2° Schütze. Die Sonne stand in 1° Fische. Jupiter wandert nun am Himmel weiter und erreicht nach circa drei Jahren ein Grad Fische, den Sonnenstand bei der Geburt. Diese Konjunktion nennt man einen Transit (vom lateinischen transitare – vorübergehen, durchlaufen). Ebensogut wäre es natürlich auch ein Transit, wenn die Sonne in 1° Krebs stehen würde, dann wäre es ein Trigon. Man schreibt es als ♃△☉, genau wie bei den Radixaspekten.* Der laufende, transitierende Planet wird immer zuerst geschrieben, das ist wichtig. Oft wird auch im deutschen Sprachraum ein »t« als Index beigefügt ($♃_t△☉_r$). Wenn Sie also sagen, »Ich habe heute einen Transit Sonne Trigon Jupiter«, so würde das bedeuten, daß die laufende Sonne einen Trigonschein zu Ihrem Jupiter bildet. Dieser Einfluß wäre natürlich lange nicht so stark wie Jupiter Trigon Sonne. Unter diesem Aspekt wird die Vitalität erhöht, man fühlt sich wohler, ist optimistischer und hat damit oft mehr Glück als zu anderen Zeiten. Das Wirkungsprinzip ist also bei allen Transiten immer das gleiche: Der Radix-Planet erhält Einflüsse von dem transitierenden Planeten. Die Umkehr des obigen Aspektes wäre Sonne Trigon Jupiter. Hier würde der Jupiter dann Sonneneinflüsse erhalten. Nehmen wir an, der Jupiter stehe im dritten Felde, dann reist man gern. Die Sonne würde nun die Energie und den Anreiz liefern, wieder eine kleine Reise zu unternehmen oder zu organisieren. Sie ersehen daraus, daß Transite vor allem das im Grundhoroskop Angezeigte aktivieren und aus der Latenz heben.

Soviel zum Prinzip der Transite. Nun wäre nur noch zu klären, wie lange ein solcher Einfluß dauert. Als Faustregel können Sie davon ausgehen, daß er etwa 1/2 Grad vor und danach wirkt. Sehen wir uns die Abbildung 10 einmal an. Sie finden dort den Saturn im November 72 in den Zwillingen. Nehmen wir an, Ihr Geburtsmond stehe in 19°00′ ♒, dann bildet sich der Transit ♄△☾. Ein halber Grad (= 30′) vor und nach diesem Stand würde besagen, daß der Einfluß etwa von 18°30′ bis 19°30′ spürbar ist, d.h. vom 6.–21. November 72, also etwa zwei Wochen. Wenn nun beispielsweise der Merkur im Radix in 4°33′ Fische steht, bildet sich der Transit Neptun Quadrat Merkur. Die Wirkungsdauer ist dann also (± 30′) von 4°3′ bis 5°3′ Schütze, d.h. vom 1.–28. November 1972. Damit besteht der Einfluß doppelt so lange wie im vorigen Beispiel, nämlich volle 4 Wochen.

Wenn Sie nun Deutungshilfen suchen, so finden Sie in den »Aspekten« in Kapitel 5 Anhaltspunkte für die Deutung. Für den ersten Aspekt müßten Sie unter »☉ mit ♃« nachsehen. Sie finden dort unter dem Trigon verschiedene Stichworte, u.a. »lebensfroh, erfolgreich, optimistisch, bejahend«. Sie werden unter diesen Transit-Aspekten auch feststellen, daß Sie optimistischer als sonst sind,und daher wird Ihnen manches auch besser gelingen. Aber natürlich müssen Sie die

---

* Radix – lat. Wurzel – bezeichnet das Grundhoroskop.

Tendenz des Grundhoroskopes mit beachten. Nehmen wir an, im Radix wäre ☉☌♄☌☿, dann darf man schon eine ganze Portion Nüchternheit, Skepsis, Vorsicht und vielleicht sogar Mißtrauen voraussetzen. Ein Jupiter-Trigon auf diese Sonne würde also kaum leichtsinnigen Optimismus bringen, obwohl natürlich auch dieser Aspekt etwas heiterer stimmen würde. Steht aber im Radix ♃☌☉ und der laufende Jupiter würde im Trigon diese Stelle aspektieren, so wäre der äußere Erfolg und der innere Optimismus sicher größer. Ein solcher Aspekt wäre nämlich ein »Wiederholungsaspekt«, und daher wirkt er markanter, weil er sich hier seiner Natur gemäß entfalten kann.
Allgemein werden Sie jedoch finden, daß unter den Jupiter-Sonne-Transiten die Dinge leichter gehen und Sie sich viel froher fühlen als etwa unter Saturn-Sonne-Quadraten oder Konjunktionen. In dieser Zeit sollte man nichts Neues anfangen und seine Gesundheit schonen.
Sie haben sicher Ihr Horoskop wieder bei der Hand und werden nun neugierig sein, die Transite von Jupiter und Saturn zu prüfen. Im Anhang (Seite 170ff.) finden Sie eine Tabelle der Planeten ab Jupiter, jeweils für ein Quartal. Sie können damit ungefähr überschlagen, wie die Planeten wanderten und welche Winkel sich zu Ihren Planetenständen bildeten. Prüfen Sie zunächst erst einmal die guten Jupiter-Winkel und dann die Saturn-Quadrate und Konjunktionen. Dann prüfen Sie am besten auch die anderen Transite. Sie können sich aber auch ereignisreiche Zeiten aussuchen und nachsehen, welche Transite sich bildeten. Bei beruflichen Dingen wird beispielsweise das M.C. eine Rolle spielen usw.
Aber Sie werden ebenso finden, daß manche Transite keine Auslösung brachten, sondern allenfalls nur Tendenzen ohne Ereignisse. Besonders bei den langsamen Planeten, vor allem bei Saturn, Neptun und Pluto in gegenseitigen Aspekten werden Sie sehen, daß sich nichts feststellen läßt, und bei Transiten von Neptun und Pluto zeigen sich nur Tendenzen und Zustände. Die langsamen unter sich sind praktisch wirkungslos (♆△♇, ⛢✶♆ usw.).
Eine praktische Hilfe beim Ausrechnen der Transite ist eine Aspekttabelle, wie wir sie für das Beispiel »Ann« hier ausgefüllt haben. Die Tabelle gibt die Orte an, an denen sich Aspekte bilden können. Damit können Sie die Transite leicht ablesen. Am Ende des Buches ist ein leeres Formular für Ihre Gestirnstände abgedruckt.
Wie Sie gleich erkennen werden, sind in der Aspekttabelle in der linken Spalte die Zahlen von 0 bis 29 geordnet. Um dieses Formular auszufüllen, schreiben Sie alle Planetenstände sowie A und MC in der Reihenfolge 0–29 in eine Reihe. Dann notieren Sie sich zu jeder Zahl das Halbquadrat, d.h. Sie addieren zu dieser Zahl 15. Die Reihe beginnt bei »Ann« mit Uranus 1°30′, darunter ☊ mit 2°12′, dazu addieren Sie jeweils 15 und haben dann eine Reihe, die mit 16°30′, 17°12′ beginnt.
Die sich so ergebenden Werte ordnen Sie ihrer Größenordnung entsprechend in der linken Spalte ein (wobei Sie berücksichtigen müssen, daß Sie bei allen Werten, die über 30 hinausgehen, die Zahl 30 abziehen müssen). In der Tabelle »Ann« sehen Sie, daß ab der 14. Reihe der Uranus wieder erscheint und alle folgenden Planeten die gleiche Reihenfolge wie in den ersten 13 Zeilen haben. Jeder Planet erscheint also zweimal, einmal mit seinen durch 30 teilbaren Aspekten (✶, △, □, ☍) und einmal mit seinen Halb- und Anderthalbquadraten (∠, ⚼, durch 45 teilbar).
Haben Sie sich nun eine solche Tabelle zusammengestellt, so können Sie leicht die Transite erkennen und notieren. Nehmen wir für das Beispiel »Ann« die Ephemeride von Nov. 1972 (Abb. 10) zur Hand. Beginnen wir bei ♆. Er läuft im November von 4°3′ ♐ bis 5°7′ ♐. Da man bei Transiten einen Orbis (Wirkungs-Umkreis) von ±30′ annimmt, so haben wir also eine Neptun-Einwirkung von 4°3′–0°30′ = 3°33′ ♐ bis zu 5°37′ ♐. Wir sehen nun in der Tabelle nach und erkennen, daß in diesem Monat kein Neptuntransit fällig ist.
Als nächsten Planeten prüfen wir nun den Uranus. Er bewegt sich von 19°59′ bis 21°35′ ♎ und hat also eine Wirkungsbreite von 19°29′ bis 22°5′ ♎. In der Aspekttabelle erkennen wir, daß sich erst gegen Monatsende der Winkel ⛢✶♀ zu bilden anfängt. Exakt wird dieser Transit jedoch erst im nächsten Monat. Die Wirkung dieses Einflusses kann sich jedoch schon Ende November bemerkbar machen. In dieser Art prüfen Sie nun alle Transite und notieren sich die Einflüsse.
In der Ephemeride finden Sie übrigens manchmal bei den Planetenangaben ein »R«, beispielsweise in der Ephemeride November 1972 (Abb. 10) unter Saturn. Während bei allen anderen Planeten die Gradzahlen von oben nach unten ansteigen (z.B. beim ♃ von 5° bis 10°), gehen sie bei ♄ rückwärts: von 19° zurück zu 17°. Eine solche Planetenbewegung heißt dann »rückläufig« und wird mit einem »R« gekennzeichnet.
In Wirklichkeit gibt es jedoch keine rückläufigen Planeten, alle Planeten laufen nur in einer Richtung vorwärts. Infolge des Laufes der Erde um die Sonne erscheint es uns nur so, als ob die Planeten sich im Tierkreis rückläufig bewegen würden.

Ann	♈	♉	♊	♋	♌	♍	♎	♏	♐	♑	♒	♓
⛢ 1°30′ ♓		∗	□	△		☍		△	□	∗		⛢
☊ 2°12′ ♐	△		☍		△	□	∗		☊		∗	□
⚸ 5°41′ ♋	□	∗		⚸		∗	□	△		☍		△
☉ 6°21′ ♋	□	∗		☉		∗	□	△		☍		△
♀ 6°43′	⚼			∠			∠			⚼		
♃ 7°22′			∠			∠			⚼			⚼
A 7°28′	∠			⚼			⚼			∠		
♆ 7°50′ ♌	△	□	∗		♆		∗	□	△		☍	
♂ 8°32′		∠			∠			⚼			⚼	
☽ 9° 9′			∠			∠			⚼			⚼
M 9°30′ ♐	△		☍		△	□	∗		M		∗	□
♄ 9°55′	⚼			∠			∠			⚼		
☿ 9°57′			∠			∠			⚼			⚼
⛢ 16°30′	∠			⚼			⚼			∠		
☊ 17°12′	⚼			⚼			∠			∠		
⚸ 20°41′		∠			∠			⚼			⚼	
☉ 21°21′		∠			∠			⚼			⚼	
♀ 21°43′ ♌	△	□	∗		♀		∗	□	△		☍	
♃ 22°22′ ♋	□	∗		♃		∗	□	△		☍		△
A 22°28′ ♒	∗	□	△		☍		△	□	∗		A	
♆ 23°50′			∠			∠			⚼			⚼
♂ 23°32′ ♊	∗		♂		∗	□	△		☍		△	□
☽ 24° 9′ ♋	□	∗		☽		∗	□	△		☍		△
M 24°30′	⚼			⚼			∠			∠		
♄ 24°55′ ♌	△	□	∗		♄		∗	□	△		☍	
☿ 24°57′ ♋	□	∗		☿		∗	□	△		☍		△

Abbildung 32
Aspekt-Tabelle zum Horoskop »Ann«

18
Transite und Direktionen der Planeten durch die Felder

Im vorigen Kapitel sahen wir, daß Transite Winkelbildungen laufender Planeten zu Radixplaneten sind. In Kapitel 22 und 25 werden Sie nun noch die »Direktionen« kennenlernen, Einflüsse, die die Gezeiten des Schicksals mit beeinflussen. Die Direktionen können aus dem Grundhoroskop berechnet werden, ihr Einfluß ist stärker als Transite. Die Berechnung beruht auf dem Erfahrungswert, daß eine Verschiebung der Planeten um etwa 1 Grad einem Lebensjahr entspricht. Direktionsplaneten stellen eine Situation her, während Transite den Ablauf einer Situation in Gang setzen.* Im folgenden finden Sie den Einfluß der Direktions- und Transitplaneten in den Feldern. Sie werden die Bedeutung der Planeten in diesen Feldern feststellen, wenn Sie vergangene Ereignisse überprüfen.

Mond im Durchgang durch die Felder nach Transit oder Direktion

Erstes Feld
Bezeichnet eine Phase der Ruhelosigkeit und Unzufriedenheit mit den bestehenden Verhältnissen. Oft besteht der Wunsch, etwas Neues anzufangen.

Zweites Feld
Häufig ein Hinweis auf eine Änderung der finanziellen Verhältnisse. Der Native sollte sich vor Ausgaben hüten, auf die verzichtet werden kann; er muß lernen, mit einem Budget auszukommen.

Drittes Feld
Interesse an Reisen und Studien, oft ein Anreiz, Beziehungen zu Verwandten und Nachbarn aufzunehmen. Der Geist ist häufig unbeständig und ruhelos.

Viertes Feld
Verlangen, die Wohnung zu wechseln oder die Inneneinrichtung zu verändern. Familieninteressen erhalten größere Bedeutung.

Fünftes Feld
Verlangen nach gesellschaftlichen Veranstaltungen, romantischen Beziehungen und schöpferischem Ausdruck. Kinder werden im Horoskop eines Elternteils wichtig.

* Vergleichen Sie Kapitel 25, in dem die Berechnung der Direktionen erklärt wird.

Sechstes Feld
Man sollte auf Gesundheit, Hygiene und Ernährung achtgeben. Manchmal ergibt sich ein Wechsel des Arbeitsplatzes oder die Einstellung zu Angestellten und Kollegen ändert sich.

Siebtes Feld
Größeres Bedürfnis nach Zusammenarbeit mit anderen und nach einem aktiveren gesellschaftlichen Leben. Alle partnerschaftlichen Verhältnisse bekommen mehr Bedeutung.

Achtes Feld
Ein guter Zeitpunkt, um seine finanzielle Lage zu analysieren und Versicherungspolicen zu überprüfen. Oft ist ein Interesse an okkulten Dingen vorhanden.

Neuntes Feld
Religiöse und philosophische Studien gewinnen an Bedeutung, Reisen können angezeigt sein. Ein guter Zeitpunkt, um seinen Horizont zu erweitern.

Zehntes Feld
Starkes Verlangen danach, bei anderen beliebt zu sein. In der beruflichen Laufbahn kann sich eine Veränderung ergeben, doch sollte der Native vorher prüfen, ob eine solche Veränderung auch ratsam ist.

Elftes Feld
Häufig Veränderungen der Ziele und Lebensanschauungen. Der Native stellt sich stärker auf das Leben in der Gemeinschaft ein. Auch können zu diesem Zeitpunkt neue Freundschaften entstehen und alte Beziehungen sich wandeln.

Zwölftes Feld
Übermäßige Träume, Launenhaftigkeit und melancholische Gefühle. Für den Nativen ist es wichtig, seine realistische Einstellung zum Leben nicht zu verlieren, während der Mond im Durchgang durch dieses Feld ist. Furcht- und Angst-Gefühle sollten analysiert werden.

Sonne im Durchgang durch die Felder

Erstes Feld
Der Native sollte Selbstvertrauen zeigen und sich um eine Verbesserung seiner Lage bemühen. Erfolge sind möglich, wenn die entsprechenden Bemühungen unternommen werden.

Zweites Feld
Eine Gelegenheit für zusätzliches Einkommen. Man sollte sich jedoch vor extravaganten Ausgaben hüten – Geld wird oft für Luxusgüter ausgegeben.

Drittes Feld
Der Native sollte sich jetzt mit einem neuen Lehrbuch befassen oder eine neue geistige Fähigkeit erwerben. Ein guter Zeitpunkt, um neue Studien und Projekte als Schriftsteller in Angriff zu nehmen.

Viertes Feld
Die Aufmerksamkeit richtet sich auf das Zuhause. Ein guter Zeitpunkt, um Reparaturen vorzunehmen oder die Inneneinrichtung zu verändern.

Fünftes Feld
Alle gesellschaftlichen und künstlerischen Vorhaben werden begünstigt. Kinder können zu diesem Zeitpunkt wichtiger werden. Auch in den Liebesbeziehungen kann es zu einer Aktivierung kommen.

Sechstes Feld
Der Native muß für genügend Erholung sorgen und darüber nachdenken, wie er seine Beziehungen zu Mitarbeitern und Angestellten verbessern kann.

Siebtes Feld
Ein ausgezeichneter Zeitpunkt, um in jeder Art von Partnerschaft Fortschritte zu erzielen. Bildet die Sonne einen vorteilhaften Aspekt, so ist dies auch ein günstiger Zeitpunkt, um Prozesse zu gewinnen.

Achtes Feld
Geldgeschenk oder Erbschaft. Auf alle Fälle ein guter Zeitpunkt, um eine eiserne Reserve anzulegen. Der Zeitpunkt ist auch günstig, um Vorhaben der jüngsten Vergangenheit weiterzuverfolgen.

Neuntes Feld
Ein guter Zeitpunkt für Studien und Reisen. Religiöse und juristische Angelegenheiten können an erster Stelle stehen.

Zehntes Feld
Ausgezeichneter Zeitpunkt, um eine Stellung zu erlangen, die mit großen Vollmachten ausgestattet ist. Bei entsprechender Anstrengung kann der Native in seinem Beruf zu Gewinn kommen.

Elftes Feld
Einflußreiche Freunde können dem Geborenen beim Erreichen seiner Ziele und Wünsche behilflich sein. Das gesellschaftliche Leben kann intensiver werden.

Zwölftes Feld
Ruhe und Erholung sind angezeigt. Erfolg stellt sich aufgrund stiller Arbeit hinter der Szene ein. Ein guter Zeitpunkt, um die Grundlage für ein schöpferisches Vorhaben aufzubauen.

Merkur im Durchgang durch die Felder

Erstes Feld
Die Einstellung zum Leben wandelt sich. Eine gründliche Analyse des gesellschaftlichen Ansehens und der Stellung im Leben ist angebracht. Ausreichende Erholung ist wichtig, da diese Stellung Nervosität mit sich bringen kann.

Zweites Feld
Ausgezeichnet für finanziellen Gewinn durch jede Art von Verbindung. Finanzielle Verträge und Abmachungen.

Drittes Feld
Literarische Interessen stehen im Vordergrund. Ein guter Zeitpunkt, um sorgfältige Reisepläne zu machen und Briefe zu schreiben. Man sollte mit allen Informationen vorsichtig umgehen.

Viertes Feld
Vorsicht vor Ruhelosigkeit, die eine Folge schwankender Gemütsstimmungen ist. Oft sind sie der Anlaß zu Wohnungswechsel.

Fünftes Feld
Ein hervorragender Zeitpunkt für jede Art von schöpferischem Ausdruck, für Theaterbesuch, sportliche Veranstaltungen, Unterricht von oder Arbeiten mit Kindern.

Sechstes Feld
Der Geborene sollte seine geistige Unruhe zügeln und versuchen, seine Angstgefühle durch Ausruhen zu vermindern. Kleine Ärgernisse durch Angestellte.

Siebtes Feld
Der Geborene sollte den Umgang mit interessanten und geistig gebildeten Menschen suchen. Bildet Merkur vorteilhafte Aspekte, so ist dies ein besonders guter Zeitpunkt, um Verträge zu unterzeichnen.

Achtes Feld
Das Interesse an mystischen Dingen kann sich verstärken. Alle Papiere und Versicherungspolicen sollten gründlich vor der Unterzeichnung analysiert werden.

Neuntes Feld
Ein günstiger Zeitpunkt, um sich um die Einzelheiten von Reisen und juristischen Angelegenheiten zu kümmern. Der geistige Horizont erweitert sich. Während dieses Transites kann der Geist äußerst aktiv sein.

Zehntes Feld
Das öffentliche Leben und der Beruf stehen im Vordergrund. Berufliche Ziele sollten neu erwogen werden; man sollte vermeiden, allzu viele Eisen im Feuer zu haben.

Elftes Feld
Die Aktivität des Nativen in Gruppen und Organisationen steigert sich. Geistig anregende Beziehungen können plötzlich entstehen.

Zwölftes Feld
Verlangen nach Zurückgezogenheit. Ein ausgezeichneter Zeitpunkt, um als Schriftsteller Schöpferisches zu leisten. Man kann sich auf ein Ziel konzentrieren.

Venus im Durchgang durch die Felder

Erstes Feld
Optimismus und Popularität, Verlangen nach Bewunderung. Der Wunsch nach Luxusgegenständen erhält neuen Auftrieb.

Zweites Feld
Vorsicht vor Verschwendung. Obgleich diese Stellung Geld mit sich zu bringen scheint, hat der Geborene Schwierigkeiten, es festzuhalten. Oft wird das Geld für Luxusgegenstände und Kunstwerke ausgegeben.

Drittes Feld
Möglichkeiten harmonischer Verbindung zu Nachbarn, Brüdern und Schwestern. Diese Stellung bringt eine optimistischere Einstellung mit sich. Dies kann auch der Zeitpunkt sein, zu dem der Geborene etwas von einem ihm Nahestehenden hört.

Viertes Feld
Oft Verlangen nach Änderung der Inneneinrichtung und nach einer farbenfrohen und luxuriösen Umgebung.

Fünftes Feld
Ein guter Zeitpunkt für Liebesaffären und künstlerische Vorhaben.

Sechstes Feld
Begünstigung der Zusammenarbeit mit anderen und der gegenseitigen Sympathie. Der Geborene kann zunehmen.

Siebtes Feld
Ein Zeitpunkt, zu dem es zu harmonischer Entwicklung innerhalb bestehender Partnerschaften kommen kann. Verstärkte Friedensliebe und heitere Gelassenheit.

Achtes Feld
Plötzliche Verstärkung des Geschlechtstriebs. Eine Erbschaft oder ein Geschenk ist möglich.

Neuntes Feld
Günstig für angenehme Reiseerlebnisse. Auch ein guter Zeitpunkt, um sich weiter mit Musik, Kunst oder Schauspiel zu beschäftigen.

Zehntes Feld
Oftmals Ehrungen und Beliebtheit. Ein günstiger Zeitpunkt, um zu Erfolg zu kommen.

Elftes Feld
Das Leben des Nativen kann durch Freunde, Wünsche und Geschenke neuen Auftrieb erhalten. Er kann plötzlich mit Einladungen zu Parties und zu Abendessen überschüttet werden.

Zwölftes Feld
Künstlerische Unternehmungen können in Abgeschlossenheit heranreifen. Eine geheime oder ungewöhnliche Liebesaffäre kann plötzlich entstehen.

Mars im Durchgang durch die Felder

Erstes Feld
Energie und Impulsivität. Vorsicht vor Unfällen, die auf Hastigkeit zurückzuführen sind. Er oder sie muß sein Temperament im Zaum halten.

Zweites Feld
Bildet Mars vorteilhafte Aspekte, so ist Erwerb von Besitz möglich. Vorsicht jedoch vor Verschwendung und allzu großzügigen Geldausgaben, da dies ein Zeitpunkt impulsiver Ausgaben ist.

Drittes Feld
Steigerung geistiger Energie. Der Geist kann vorschnell und unruhig sein. Der Native sollte versuchen, diplomatischer vorzugehen und zu denken, bevor er spricht.

Viertes Feld
Häusliche Auseinandersetzungen sind zu meiden. Unfälle und Verluste, die das Heim betreffen.

Fünftes Feld
Ein Zeitpunkt, der durch Aufregung in Gefühlsdingen gekennzeichnet ist. Genußfreude ist zu zügeln, der Native sollte das Leben realistisch angehen. Kinder können zu Problemen werden.

Sechstes Feld
Der Native sollte auf die Gesundheit achten. Ein Zeitpunkt verstärkter Arbeit mit Angestellten und eine Zeit der Reibereien und der Meinungsverschiedenheiten.

Siebtes Feld
Vorsicht vor Prozessen. In partnerschaftlichen Bindungen kann es zu Belastungen und Streit kommen. Eine flexible Haltung sollte eingenommen werden, um den Bedürfnissen des Partners oder Gefährten zu entsprechen.

Achtes Feld
Vorsicht vor unbedachten oder impulsiven Geldausgaben. Langfristige finanzielle Pläne mit anderen sollten erneut einer Prüfung unterzogen werden. Steht Mars in dieser Stellung, so ist dies ein guter Zeitpunkt, um zu prüfen, ob die Versicherungspolicen dem letzten Stand entsprechen.

Neuntes Feld
Vorsicht vor Reiseunfällen. Der Native sollte an sich arbeiten und sich aus juristischen Dingen heraushalten. Ein guter Zeitpunkt, um sich mit Schwung neuen Studien zu widmen.

Zehntes Feld
Ein Zeitpunkt, in dem man sich um Unabhängigkeit und eine Führungsposition bemühen sollte, ohne jedoch den Ruf durch zu offenherziges Auftreten oder Mangel an Takt aufs Spiel zu setzen. Schwierigkeiten können sich mit Menschen in machtvollen Positionen ergeben.

Elftes Feld
Freunde und Bekannte können Probleme aufwerfen. Realismus ist bei der Durchführung von Vorhaben geboten.

Zwölftes Feld
Intrigen durch heimliche Feinde. Klatsch ist zu meiden, der gute Ruf ist zu wahren. Dieser Gestirnstand bringt oft Passivität und Lethargie mit sich.

Jupiter im Durchgang durch die Felder

Erstes Feld
Steht Jupiter in diesem Feld, so beginnt für den Nativen ein neuer Zyklus. Größerer Optimismus, oft Fortschritte in der Karriere, gute Gelegenheiten. Gute Vorzeichen für die Gesundheit, obgleich es zu Gewichtszunahme kommen kann.

Zweites Feld
Verbesserte finanzielle Aussichten. Bildet Jupiter keinen nachteiligen Aspekt, so gibt es eine gute Gelegenheit, ein Bankkonto aufzubauen.

Drittes Feld
Geistiger Optimismus. Ein außerordentlich günstiger Zeitpunkt für Reisen, Korrespondenz und alle Formen geistiger Betätigung.

Viertes Feld
Verbesserung oder Neueinrichtung der Wohnung oder Kauf eines neuen Hauses sind zu diesem Zeitpunkt vorteilhaft. Auch ist Gewinn aus der Erschließung von Land möglich.

Fünftes Feld
Interesse an jeder Art von Vergnügung. Glück in romantischen Beziehungen und bei Spekulationen. Oft Erbschaft.

Sechstes Feld
Außergewöhnlich gut für die Gesundheit und hervorragend, um Fortschritte auf dem Gebiet zu machen, das man sich ausgesucht hat. Erfolg mit Mitarbeitern oder Angestellten, aber Vorsicht vor übermäßigem Essen und Trinken.

Siebtes Feld
Wohlstand durch den Partner wird begünstigt. Eine gute Stellung für Prozesse.

Achtes Feld
Erbschaft oder eine Geldsumme. Religiöse und okkulte Interessen oder Erfahrungen können sich ergeben.

Neuntes Feld
Ausgezeichneter Zeitpunkt, um sich mit einem Gebiet der höheren Bildung zu befassen. Reisen bringen frohe Erlebnisse. Es kann zu einer Neubewertung von Glaubensfragen kommen.

Zehntes Feld
Begünstigt Popularität, die Verbesserung des Rufes und den Erfolg.

Elftes Feld
Wünsche werden erfüllt, Ziele erreicht, Freunde erweisen sich als hilfsbereit.

Zwölftes Feld
Ein guter Zeitpunkt, um sich mit okkulten oder mystischen Dingen zu befassen. Der Native will oft Kranken oder Minderprivilegierten Hilfe zuteil werden lassen.

Saturn im Durchgang durch die Felder

Erstes Feld
Ärztliche und zahnärztliche Untersuchungen sind oft angezeigt. Geduld muß geübt werden, da Saturn in dieser Stellung reifes Benehmen verlangt. Oft fehlt es an Vitalität und Depressionen stellen sich ein.

Zweites Feld
Der Native muß lernen, mit einem Budget auszukommen, da es zu großen oder unerwarteten Ausgaben kommen kann.

Drittes Feld
Großer geistiger Ernst. Es können sich Schwierigkeiten mit Brüdern, Schwestern oder Nachbarn ergeben.

Viertes Feld
Es kann zu Hause Enttäuschungen geben. Mit häuslichen Schwierigkeiten sollte man in Ruhe und mit Geduld fertig werden.

Fünftes Feld
Oft Auflösung einer Gefühlsbindung und Schwierigkeiten im schöpferischen Ausdruck. Den Kindern des Nativen sollte man mit Verständnisbereitschaft begegnen.

Sechstes Feld
Die Gesundheit sollte einer sorgfältigen Prüfung unterzogen werden. Erholung ist nötig. Routinearbeiten treten stärker hervor.

Siebtes Feld
Bedeutet oft Trennung von einem Partner. Kann jedoch auch zu einer festeren Bindung führen, wenn beide Partner die erforderliche Reife besitzen und ihre Horoskope auf eine dauerhafte Beziehung hinweisen.

Achtes Feld
Gemeinsame Finanzen können eine Quelle für Schwierigkeiten werden. Oft ein Anzeichen für den Tod älterer Menschen.

Neuntes Feld
Verluste durch Rechtsgeschäfte, es sei denn, Saturn würde vorteilhafte Aspekte bilden. Eine ausgezeichnete Stellung für eine Vertiefung religiöser Glaubensvorstellungen. Oft Verlangen nach zusätzlicher Bildung.

Zehntes Feld
Mehr Selbstdisziplin. Beförderungen kommen langsam und müssen verdient werden. Diese Stellung bringt größere Verantwortung, die eine Belastung darstellt, durch die der Native aber Bedeutendes lernt.

Elftes Feld
Freunde können Hilfe brauchen. Bei der Verfolgung von Zielen kann es zu Frustrationen kommen.

Zwölftes Feld
Bedeutet eine Verstärkung der Tendenz, sich abzukapseln, oft auch die Notwendigkeit, sich zurückzuziehen. Der Native sollte besonnen vorgehen, da andere über ihn reden oder Informationen gegen ihn verwenden können.

Uranus im Durchgang durch die Felder

Erstes Feld
Uranus bringt in dieser Stellung äußerst starke Unruhe und Veränderung. Der Native hat das Verlangen, etwas ganz Neues anzufangen, das völlig von dem abweicht, was er bisher getan hat. Dies kann eine sehr fortschrittliche und die Freiheit erweiternde Phase sein.

Zweites Feld
Außerordentliche Veränderungen, bei denen es um finanzielle Dinge geht, ereignen sich. Für den Nativen wäre es klug, eine eiserne Reserve für Notfälle anzulegen, ehe Uranus durch dieses Feld geht. Zu diesem Zeitpunkt ist es erforderlich, ein Budget aufzustellen und sich mit besonderer Sorgfalt um die Finanzen zu kümmern.

Drittes Feld
Es kann zu plötzlichen Reisen und plötzlichen Trennungen von Verwandten kommen. Ungewöhnliche Studien können durchgeführt werden. Ist Uranus beschädigt, so sollte der Native beim Umgang mit Fahrzeugen vorsichtig sein.

Viertes Feld
In dieser Stellung bringt Uranus oft eine Spaltung in der häuslichen Sphäre. Häufig gibt es einen Umzug in eine neue Wohnung oder die Inneneinrichtung wird geändert. Allgemein scheint es etwas schwierig zu sein, die häusliche Harmonie herzustellen.

Fünftes Feld
Es kann zu plötzlichen gefühlsmäßigen Bindungen kommen, aber sie werden wahrscheinlich nicht von Dauer sein, es sei denn, es bestünde Harmonie zwischen den Horoskopen der beiden Menschen. Es kann Schwierigkeiten mit Kindern geben; dies hängt von den Aspekten ab, die Uranus bildet. Interesse an Spekulationen, die oft einen plötzlichen Gewinn irgendeiner Art bringen können, aber auch dies hängt von den Aspekten ab, die Uranus bildet.

Sechstes Feld
Unter diesem Transit kann der Native plötzlich seinen Beruf wechseln. Es kann auch zu plötzlichen Veränderungen in seiner Gesundheit kommen. Neue Mitarbeiter oder ein Wechsel unter den Angestellten. Allgemein ist mehr Erholung angezeigt.

Siebtes Feld
Unter diesem Transit kann es zu einer voreilig geschlossenen Ehe kommen – oder zu einer plötzlichen Entfremdung oder Trennung von einem Geschäftspartner oder Gefährten. Diplomatie ist erforderlich, wenn zu diesem Zeitpunkt ein Kontakt mit der Öffentlichkeit erfolgt.

Achtes Feld
Besitz, den man mit anderen gemeinsam verwaltet, muß neu geordnet werden. Auch eine plötzliche Erbschaft oder unerwartetes Einkommen kann möglich sein; dies hängt von anderen Aspekten ab.

Neuntes Feld
Zu diesem Zeitpunkt kommt es oft zu plötzlichen Reisen. Es kann auch Kontakt zu genialen, exzentrischen und wichtigen Menschen geben. Oft treten Veränderungen in den Glaubensüberzeugungen und Einstellungen auf.

Zehntes Feld
Plötzliche Veränderung der Lage und oft vollständiger beruflicher Wechsel. Takt ist im Umgang mit den Mächtigen geboten, da unter diesem Transit Reibungen entstehen können.

Elftes Feld
Häufig kommt es zu ungewöhnlichen und impulsiven Bindungen und Freundschaften. Eine gewaltige Veränderung ergibt sich im gesellschaftlichen Leben des Nativen, da er viele neue und ungewöhnliche Menschen kennenlernt. Seine Träume und Ziele können sich radikal ändern.

Zwölftes Feld
Innere Unzufriedenheit. Mystische Interessen drängen sich oft nach vorn. Es gibt oft Veränderungen im Benehmen, die dazu führen, daß der Native von anderen mißverstanden wird.

Neptun im Durchgang durch die Felder

Erstes Feld
Der Native sollte sich vor Selbsttäuschung hüten. Zu dieser Zeit wird das Leben oft durch eine rosarote Brille betrachtet.

Zweites Feld
In Geldangelegenheiten kann Verwirrung herrschen, chaotische Finanzen können die Folge sein. Der Native sollte sich von allen Plänen fernhalten, in denen es um Geld geht.

Drittes Feld
Die Phantasie geht mit ihm durch, doch sollte der Native mit Bedacht darauf verzichten, irgendwelche Papiere zu unterzeichnen, ehe er nicht den Rat eines älteren und weiseren Menschen eingeholt hat. Gute Voraussetzungen für literarische Arbeiten.

Viertes Feld
Probleme können im Zusammenhang mit Haus- oder Grundbesitz entstehen. Alle Anschaffungen von dauerhaftem Wert sollten nur mit größter Vorsicht angegangen werden.

Fünftes Feld
Oft entwickeln sich hier latente künstlerische und schöpferische Fähigkeiten. Spekulationen sollten mit Vorsicht behandelt werden. Liebesaffären erscheinen in romantischem Licht, doch bleiben sie Illusion.

Sechstes Feld
Der Appetit ist zu zügeln. Eigenartige Leiden sind möglich. Angestellte oder Hausangestellte können eine Quelle für Schwierigkeiten sein.

Siebtes Feld
Vorsicht bei Plänen, die von anderen vorgeschlagen werden. In dieser Stellung kann Neptun sehr trügerische Vorschläge und Verbindungen bringen.

Achtes Feld
Durch einen Partner können sich schwierige Zustände ergeben. Alle Dokumente von Bedeutung sollten an sicherer Stelle aufgehoben werden.

Neuntes Feld
Oft entsteht der Wunsch, fremde Länder zu besuchen. Auch liegen mystische und religiöse Interessen vor, die allerdings nur undeutlich wahrgenommen werden.

Zehntes Feld
Vorsicht vor Skandalen. Dieser Transit ist am günstigsten für die Menschen, die in künstlerischen Berufen arbeiten.

Elftes Feld
Ungewöhnliche Freundschaften entstehen. Oft kommt es zu einer Verbindung mit Gruppen, die dem Leben einen tieferen Sinn zu geben versuchen. Durch Freunde kann der Native in irgendeiner Weise bekannt werden.

Zwölftes Feld
Geistige Unordnung kann entstehen. Vage Furcht- und Angstvorstellungen können sich einstellen. Man sollte lernen, alles realistisch zu sehen.

Pluto im Durchgang durch die Felder

Erstes Feld
Oft persönliche Erschütterung, Umwandlung, Unabhängigkeit und der Wunsch, sich eine Existenz zu gründen. Eine Zeit großer Veränderungen.

Zweites Feld
Diese Stellung bringt den Wunsch nach einer Veränderung der finanziellen Situation in großem Maßstab. Unvorhergesehene, gefährliche finanzielle Schwankungen deuten sich an, über die der Native keine Kontrolle zu haben scheint. Oft wird alle Vorsicht über Bord geworfen.

Drittes Feld
Eine gute Stellung für Studien und Forschung. Man beschäftigt sich mit ungewöhnlichen Freunden. Das Denken wandelt sich, durchdringt die Dinge mit Schärfe und wird oft angriffslustig.

Viertes Feld
Zu Hause kann es zu Unruhe und Wandlungen kommen. Es empfiehlt sich, zu diesem Zeitpunkt keine Immobiliengeschäfte abzuschließen.

Fünftes Feld
Bildet Pluto vorteilhafte Aspekte, so kann er in diesem Feld schier unglaublichen Erfolg durch Spekulation, Theater, sportliche Veranstaltungen und jede Art von künstlerischer Betätigung mit sich bringen.

Sechstes Feld
Es kann zu einem Berufs- oder Stellenwechsel kommen. Aggressives und gebieterisches Benehmen Mitarbeitern und Angestellten gegenüber muß gezügelt werden.

Siebtes Feld
Kontakte mit den verschiedenartigsten Menschen. Der Native kann sein Wissen durch diese Verbindungen vervollständigen. In der Ehe oder in partnerschaftlichen Verbindungen kommt es oft zu einer Veränderung.

Achtes Feld
Steht Pluto in dieser Stellung, so sollte man keine größeren finanziellen Verpflichtungen auf sich nehmen. Unter diesem Transit kann es zu extremen Verlusten kommen.

Neuntes Feld
Große Energien werden frei. Dies ist ein guter Zeitpunkt für Reisen, höhere Bildung, Forschung und religiöse Studien. Man hüte sich jedoch vor einem Übermaß an Optimismus.

Zehntes Feld
Ungeheures Verlangen nach Wohlstand und Macht. Geschäftliche Unternehmungen werden oft völlig neu geordnet. Der Native kann den Wunsch haben, sich selbständig zu machen.

Elftes Feld
Steht Pluto in dieser Stellung, so wird der Native von Menschen angezogen, die sehr aktiv sind und Macht besitzen. Er kann durch die Organisation oder Umorganisation von Gruppenaktivitäten zu Macht und Einfluß kommen.

Zwölftes Feld
Ein seltsam vorteilhafter Einfluß geht von Pluto in dieser Stellung auf den Nativen aus. Alle Dinge oder alle Menschen, die dem Nativen schaden können, werden zu seinem Besten auf die eine oder andere Weise aus dem Wege geräumt oder zurückgewiesen. Der Native neigt dazu, sich zu ändern und innere Werte neu zu überdenken.

Neben dem Durchgang (Transit) eines am Himmel laufenden Planeten durch die einzelnen Felder (Häuser) eines Horoskopes ist es natürlich noch von großer Bedeutung, welche Winkel der transitierende Planet zu den Planeten des Geburtshoroskopes bildet. So wird beispielsweise ein Trigon des laufenden Jupiter zu der Geburtssonne im 10. Felde sicher berufliche Förderungen, Ansehen, kurzum irgendwie eine angenehme berufliche Zeit bringen. Läuft dagegen der Saturn im Quadrat zum Saturn des Geburtshoroskopes, der im 10. Felde steht, so ist beruflich mit einer äußerst angespannten Zeit zu rechnen. Es treten auf einmal mehr als üblich berufliche Schwierigkeiten und Hindernisse auf. Alles in allem eine Zeit, in der man in beruflichen Dingen sehr sorgfältig vorgehen muß. So ist also jeder Aspekt individuell zu deuten. Wenn Sie Anhaltspunkte für die Deutung suchen, so wird Ihnen das Buch von Reinhold Ebertin »Transite – Deutung von Gestirnkonstellationen« viele Anregungen geben. Eine noch ausführlichere Deutung der Aspekte enthält »Das große Transitbuch« von v. Pronay. Beides über Ihre Buchhandlung zu beziehen.

19
Die Jahreskurve

Um Transite zu ermitteln, haben Sie bisher die Ephemeriden benutzt. Man könnte natürlich die Ephemeriden auch graphisch zeichnen. In Abb. 33 ist es angedeutet. Sie können darin ablesen, wie der Jupiter am Himmel wandert, daß er beispielsweise Ende März etwa 3° Widder steht, während er am Jahresanfang 0°15′ Widder stand. Links würden Sie Ihre Geburtsplaneten, die im Widder standen, eintragen. Hier z.B. Sonne und Merkur. Eine solche Graphik müßte aber sehr groß sein, denn es müssen 360 Grade untereinander stehen. Aber selbst bei einer so großen Darstellung würden Sie beispielsweise andere Aspekte nicht erfassen. Wenn Ihr Jupiter in 2° Schütze steht, dann wäre noch ein Jupiter Trigon Jupiter fällig, das hier nicht zu erkennen ist.

Es war eine geniale Idee, den Tierkreis in 8 Teile zu teilen (360:8 = 45) und diese Teile aufeinander zu legen. In Abb. 34 sehen Sie ein solches Formular. Ganz oben links an der Skala liegen 0°♈, 0°♋, 0°♎, 0°♑. In der zweiten Spalte finden Sie oben 16°♉, 16°♌, 16°♏, 16°♒. Die betreffenden Zeichen sind jeweils in den senkrechten Spalten vermerkt. Die Gestirnstände des Radix-Horoskopes werden nun links an der Skala eingetragen. Wie Sie die Planetenstriche eintragen, ersehen Sie am besten aus der Abb. 33. Beachten Sie bitte, daß mit dem Nullten Grad angefangen wird. Im ersten oberen Kästchen links werden also alle Planeten eingetragen, die 0°–0°59′ stehen. Die Positionen des Radix-Horoskopes werden nun links eingetragen. Wir haben in der Abbildung 34 das Musterhoroskop »Ann« ausgewählt. Am besten nehmen Sie dann für die waagerechten Linien einen Farbstift. Nur da, wo die waagerechte farbige Linie sich mit einer senkrechten kreuzt, ist ein Transit fällig. Prüfen Sie jetzt alle Planetenstände aus dem Musterhoroskop Ann. Sie merken gleich, daß es ganz einfach ist, wenn man mal ein bißchen übt.

Bei den Kreuzungspunkten kann es sich nur um Konjunktion, Halbquadrat, Quadrat oder Opposition handeln.

Die Trigone müssen Sie noch einzeichnen, die sind nicht erfaßt. Die spannungsreichen Kreuzungspunkte markieren Sie am besten rot, die harmonischen blau.

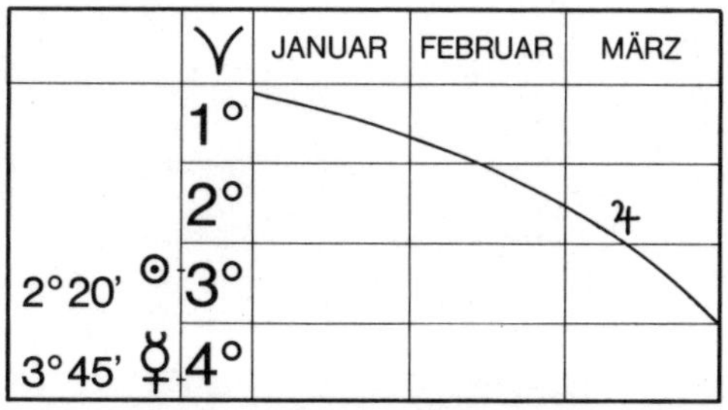

Abbildung 33
Ausschnitt einer graphischen Ephemeride

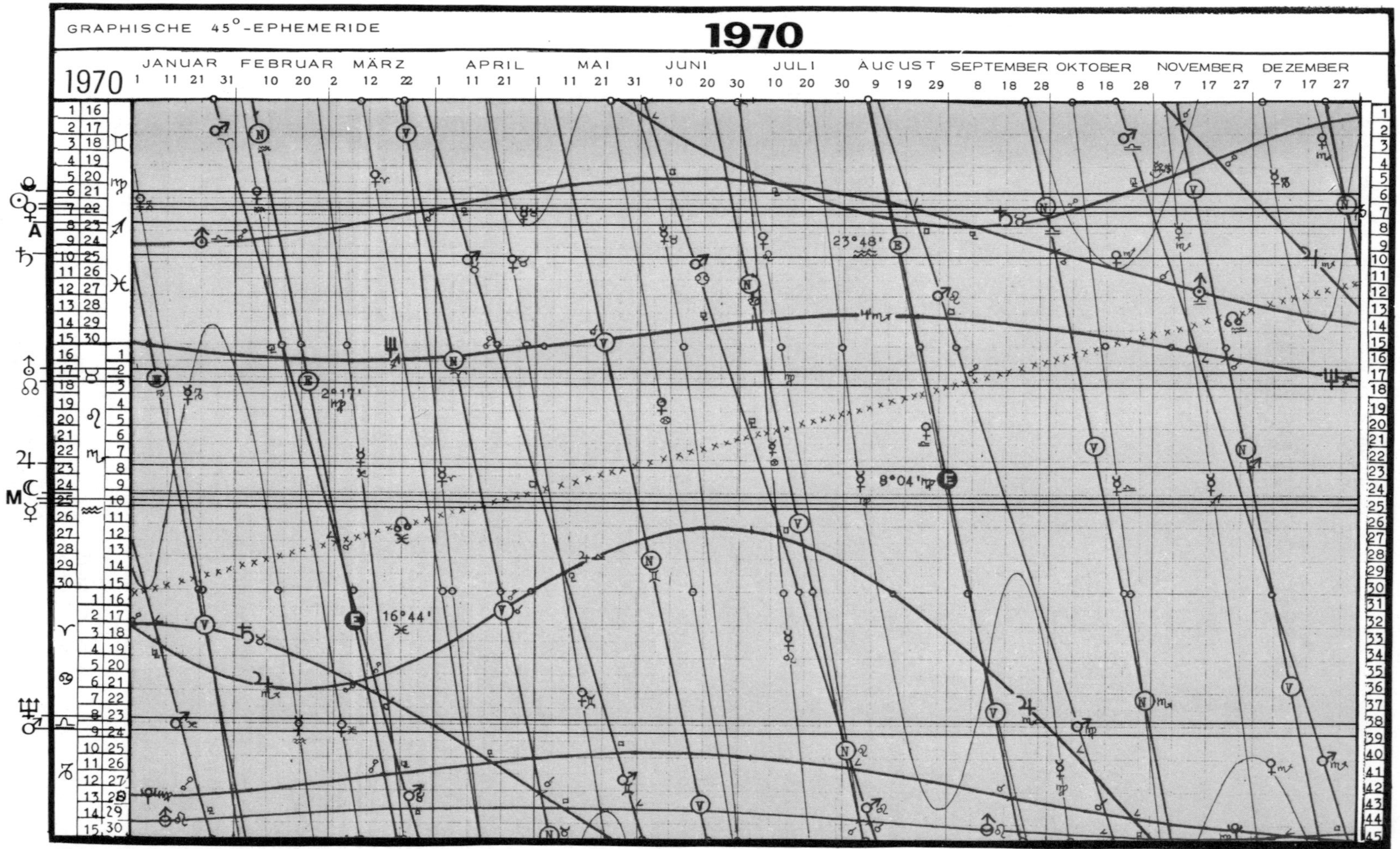

Abbildung 34
Jahreskurve 1970

20
Die zeitliche Bestimmung von Schwangerschaft und die Bestimmung des Geschlechts der Kinder

Die Völker des Altertums scheinen den Einfluß des Mondes auf Fruchtbarkeit, Schwankungen und Veränderung verstanden zu haben. Seit der Antike haben Bauern bei der Bestimmung des günstigsten Zeitpunktes für die Saat und Priester bei der Bestimmung von religiösen Festtagen die Stellung des Mondes beachtet. Noch heute gibt es in verschiedenen Kulturgebieten Fruchtbarkeitsriten, die sich an der Stellung des Mondes orientieren.

Herrn Dr. Eugen Jonas, einem tschechischen Psychiater und Gynäkologen, haben wir es zu verdanken, daß der Einfluß der Sonne-Mond-Beziehung auf die Empfängniszeit untersucht worden ist. Frauen sind dank seiner Untersuchungen heute in der Lage, den Zeitpunkt zu bestimmen, zu dem sie fruchtbar sind. (Viele Frauen benutzen astrologische Fruchtbarkeitshoroskope als Geburtenbeschränkungsmethode.)

Wenn eine Frau ihre Fruchtbarkeitsphase bestimmen will, sollte sie die Stellungen der Sonne und des Mondes (nach Graden) und auch den Mond-Spiegelpunkt zum Zeitpunkt ihrer Geburt berechnen. Steht der Mond genauso zur Sonne wie im Zeitpunkt ihrer Geburt, so ist Empfängnis möglich. (Um dieses Verhältnis zu ermitteln, müssen Sie in den laufenden Ephemeriden nachschlagen. Ein Orbis von 5° ist zulässig.)

Die Feld-Stellung des Mondes zum Zeitpunkt der Empfängnis bestimmt das Geschlecht des Kindes. Feuer- und Luft-Zeichen weisen auf ein männliches Kind; Erd- und Wasser-Zeichen bezeichnen ein weibliches Kind.

Ein Kind, das bei steigender Flut empfangen wurde, hat eine bessere Aussicht auf ein langes Leben als ein Kind, das bei fallender Flut empfangen wurde. (Unterlagen über die Gezeiten können Sie von Ihrer örtlichen Zeitung oder dem Küstenwachtdienst erhalten.)

Lassen Sie uns annehmen, daß der Geburtsmond einer Frau 14° Widder und ihre Geburtssonne 10° Krebs ist (s. Abb. 35). Das Verhältnis zwischen Geburtssonne und Geburtsmond ist demnach 86°. Empfängnis ist möglich, wenn Sonne und Mond in den laufenden Ephemeriden 81° bis 91° auseinander stehen. (Erinnern Sie sich daran, daß auf beiden Seiten des genauen Aspekts ein Orbis von 5° zulässig ist.) Der Mond muß in einem früheren Zeichen stehen als die Sonne, genauso wie im Horoskop. Wenn Sie sich Abb. 9 u. 10 (Reproduktionen von zwei Seiten der Ephemeriden) ansehen, so werden Sie feststellen, daß ein möglicher Zeitpunkt für Empfängnis auf den 26. und 27. fällt. Der Mond befindet sich spät am 26. noch in Löwe, und deshalb würde ein männliches Kind geboren werden. Am 27. steht der Mond in Jungfrau, deshalb würde ein weibliches Kind geboren werden.

Der Spiegelpunkt des Geburtsmondes, in diesem Fall 16° Jungfrau, muß gleichfalls berücksichtigt werden. Der Gradunterschied zwischen der Geburtssonne und dem Mond-Spiegelpunkt beträgt in Abb. 35 66°. In diesem Fall steht die Sonne in einem früheren Feld als der Mond. Deshalb ist Empfängnis auch möglich, wenn der Mond zwischen 61° und 71° entfernt in einem späteren Tierkreiszeichen als die Sonne steht. Beachten Sie in Abb. 9, daß diese Bedingung am 11. gegeben ist, wenn der Mond in Steinbock (einem Erdzeichen) steht, so daß ein weibliches Kind geboren würde. Dies sind die einzigen Möglichkeiten für eine Empfängnis, wenn man wie in unserem Beispiel von November 1972 ausgeht.

Wurde eine Frau während Vollmond (s. Abb. 36) geboren, so empfiehlt es sich für sie nicht, während einer Vollmondphase schwanger zu werden, da die Sonne den positiven und der Mond den negativen Faktor darstellt; sind diese beiden Planeten zur Zeit der Empfängnis in Opposition, kann es zu einer Verzögerung bei der Geburt von Kindern kommen, wenn andere Planetenaspekte nachteilig sind.

Aus Gründen der Sicherheit sollte diese Frau von der Spiegelpunktstellung des Mondes im Verhältnis zur Geburtssonne ausgehen, wenn sie ihre Empfängnisphasen bestimmt.
Wenn Sie zu diesen Regeln noch die Lehre von Knaus-Ogino berücksichtigen (mit dem entsprechenden Schwankungsspielraum), so haben Sie eine noch größere Sicherheit.

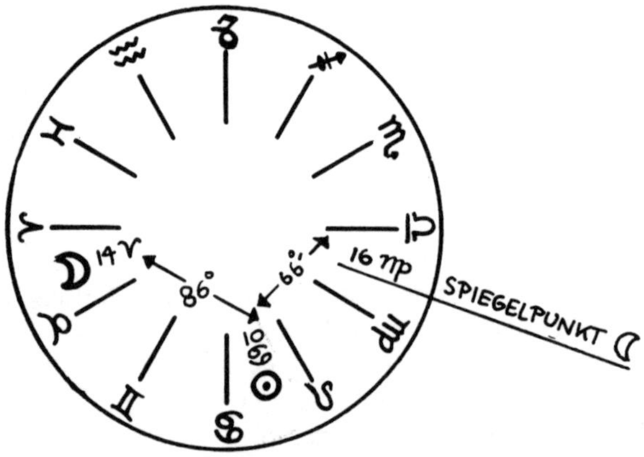

Abbildung 35
Empfängnis-Horoskop für eine Frau mit dem Geburtsmond in 14° ♈, der Geburtssonne in 10°♋ und dem Spiegelpunkt des Mondes bei 16° ♍

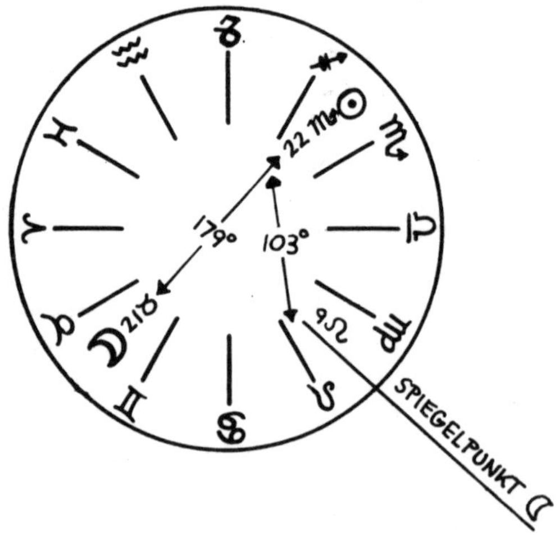

Abbildung 36
Empfängnis-Horoskop für eine bei Vollmond geborene Frau

VII
Die Deutung eines vollständigen Horoskops

21
Die Deutung eines Horoskops

Dieses Kapitel beschreibt das Geburtshoroskop einer Frau, die wir »Ann« nennen wollen; sie wurde am 28. Juni 1919, 23:32 Uhr Sommerzeit (SZ) an einem Ort geboren, der 96°W24′ (westlicher Längengrad) und 42°N30′ (nördlicher Breitengrad) liegt.* Da sie während der Sommerzeit geboren wurde, muß eine Stunde von ihrer Geburtsstunde abgezogen werden.** Anns Horoskop ist in Abb. 37 dargestellt, ihre Aspekte sind in Abb. 38 und die Spiegelpunkte ihrer Geburtsplaneten in Abb. 39 aufgeführt.

Wenn wir das Horoskop von Ann in eine Kategorie einordnen wollen, so stellen wir fest, daß es sich dabei um eine Kombination aus der Spannungs- und der Konjunktions-Figurine handelt. Es gibt einen Einzelgänger-Planeten auf der östlichen Seite des Horoskops und gleichzeitig eine außergewöhnliche Konzentration von Planeten im Bereich zwischen dem vierten und siebten Feld. Dies weist darauf hin, daß sie ein guter Denker und imstande ist, sich innerhalb eines bestimmten Interessengebiets gründlich auszubilden, aber daß es ihr an Selbsterhaltungstrieb fehlt. Sie neigt auch zu sehr starken Veränderungen und Umwälzungen, da Uranus in Fische im ersten Feld steht, wodurch plötzliche Veränderungen verursacht werden.

Da Uranus der Mit-Herrscher ihres Wassermann-Ascendenten ist – und der Ascendent in die dritte Dekade fällt, die gleichzeitig von Waage beherrscht wird, welche wiederum von Venus im sechsten Feld beherrscht wird – besitzt Ann das Gleichgewicht und die Entschlossenheit, die sie so sehr braucht, um die zahlreichen Erlebnisse und ungewöhnlichen Ereignisse zu bestehen, mit denen sie es zu tun hatte.

Ann hat Interesse am Weltgeschehen, über das sie gut unterrichtet ist (Wassermann steigt auf mit dem Herrscher Uranus im ersten Feld), und würde, wie sie selbst sagt, gern Geschichte studieren. Der Herrscher des zehnten Feldes (Beruf, Stellung) ist Jupiter, der in ihrem Horoskop im sechsten Feld in Krebs steht; dies zeigt an, daß sie als Angestellte arbeitet und in ihrem Beschäftigungsverhältnis loyal ist. Es ist ferner ein Hinweis darauf, daß sie hilfsbereit und manchmal so entgegenkommend ist, daß es schon eher eine Schwäche ist; sie wird dementsprechend oft ausgenutzt. Daß sie ein freundliches Wesen hat, zeigt die Konjunktion von Jupiter und Mond. Diese Konjunktion verleiht dem Nativen stets Optimismus – den Ann auch sicher dringend brauchte.

Mars im vierten Feld (häusliche Umgebung) weist auf Probleme in der häuslichen Sphäre, die sich durch ihr ganzes Leben hinziehen. Doch hat sie die Fähigkeit, häusliche Belastungen (Mars Sextil Saturn) zu ertragen. (Menschen scheinen mit genau den Planetenstellungen versehen zu werden, die sie benötigen, um mit allen Belastungen fertig zu werden, die für sie vorgesehen sind. Es werden uns wohl immer nur solche Lektionen erteilt, mit denen wir gerade fertig werden können.) Saturn im siebten Feld bedeutet Treue zu ihrem Gefährten.

Sonne in Konjunktion mit Pluto ist ein weiterer Aspekt, der auf große Krisenanfälligkeit hinweist. Da

* Schlagen Sie in Dernays »Longitudes and Latitudes in the United States« (s. Bibliographie) oder einem ähnlichen Buch nach, wenn Sie den Längen- und Breitengrad eines Ortes feststellen wollen.

** Das Buch von Doane »Time Changes in the U.S.A.« (s. Bibliographie) enthält eine komplette Zusammenstellung aller Zeitunterschiede in den Vereinigten Staaten.

Uranus, der Mit-Herrscher ihres ersten Feldes, im eingeschlossenen Zeichen Fische, und Saturn, der andere Herrscher des ersten Feldes, in Opposition zu ihrem Ascendenten steht, und Venus, der mitbestimmende Planet ihres Ascendenten, ebenfalls in Opposition zum Ascendenten steht, ist dies ein Hinweis darauf, daß Ann nicht völlig ihr eigener Herr sein wird, daß es in ihrem Leben viele Kräfte geben wird, über die sie keine Gewalt hat.

Die Bündelung von fünf Planeten im sechsten Feld zeigt, daß Ann am besten in einem Dienstleistungsbetrieb arbeitet. Sie hat als Sachbearbeiterin-Stenotypistin gearbeitet und ist jetzt Büroleiterin einer Erziehungsanstalt. Sie ist bei der Arbeit geschickt, was durch Sonne Trigon Uranus (verleiht organisatorisches Talent) angezeigt wird.

Dasselbe wird durch Pluto Trigon Uranus belegt.

Der Spiegelpunkt von Mars ist recht interessant, da er unmittelbar in Konjunktion zu ihrer Sonne fällt; dies kann als eine energiestärkende Konjunktion gedeutet werden. Pluto im fünften Feld weist oft auf Schwierigkeiten mit oder durch Kinder hin, besonders da Plutos Spiegelpunkt in Konjunktion mit ihrem Geburtsmars steht. Die Konjunktion Mond–Merkur zeigt überdurchschnittliche Intelligenz an; wir haben es also mit einem intelligenten Menschen zu tun, der durchaus imstande ist, mit seinen Schwierigkeiten fertig zu werden.

1922 erschoß sich eine von Anns Tanten; es war ein Unfall. Zur Zeit dieses Unfalls bildete der transitierende Saturn einen Quadrat-Aspekt mit Pluto (Mit-Herrscher des neunten Feldes von Ann, das das beherrschende Feld für Tanten ist); Mars (Schußwaffen) bildete einen Quadrataspekt mit Saturn.

Mars im vierten Feld ist oft ein Hinweis auf frühes Verlassen des Elternhauses; Ann zog 1938 im Alter von neunzehn Jahren von zu Hause fort und begann als Sachbearbeiterin-Stenotypistin zu arbeiten. Der vorgeschobene Uranus, der Mitbeherrscher ihres Ascendenten, hatte gerade ein Trigon mit Jupiter (Herrscher des zehnten Feldes – Beruf) gebildet. Die direktionale Sonne stand in Konjunktion mit dem Mond (Herrscher des sechsten Feldes – Dienstleistungen) und Merkur (Schriftstücke).

Mit zwanzig Jahren zog Ann aus ihrem Heimatstaat nach Kalifornien. Die Felderspitze des neunten Feldes bildete durch Direktionen einen genauen Quinkunxaspekt mit Pluto (Veränderung).

Am 18. Juni 1940, zehn Tage vor ihrem einundzwanzigsten Geburtstag, heiratete Ann ihren ersten Mann, der zum Küstenwachtdienst gehörte. In Anns Horoskop steht die Sonne, Herrscher des siebten Feldes (erste Ehe), in Krebs (ein Wasserzeichen), und Merkur, der Herrscher des zehnten Feldes ihres Mannes (Beruf), welches ihr viertes Feld ist, befand sich gleichfalls in einem Wasser-Zeichen und stellt deshalb seinen Beruf dar. Der Mond war an dem Tag, an dem sie die Ehe einging, im Transit und bildete ein Trigon mit Venus (Herrscher des dritten Feldes); dies weist auf die Unterzeichnung von Schriftstücken. Der transitierende Uranus, Mit-Herrscher ihres Ascendenten, bildete unglücklicherweise einen Quadrataspekt mit ihrem Geburtssaturn im siebten Feld, was ein Hinweis auf eheliche Schwierigkeiten ist. Der direktionale Uranus bildete mit dem Geburtsmars im vierten Feld einen Quadrataspekt, der gleichfalls auf Trennung weist; ein Trigon zwischen Jupiter und Mond zeigt ein bedeutendes Familienereignis an. Da ihr Geburtshoroskop den Eheschließungspunkt bei 23° 13′ Wassermann ausweist, ist er in Konjunktion mit ihrem Ascendenten und in Opposition zu Saturn; dies ist bereits zum Zeitpunkt der Geburt ein Hinweis auf Schwierigkeiten in der Ehe oder auf falsche Partnerwahl. Der Sensitivpunkt für Hochzeiten und Rechtsgeschäfte liegt bei 9° 05′ Löwe und bildet damit eine Konjunktion mit dem Planeten Neptun, der auf verworrene Situationen hinweist. Durch Direktionen stehen sowohl Neptun als auch der Sensitivpunkt für Hochzeiten und Rechtsgeschäfte in Opposition zu Anns Geburtsuranus.

Am 4. Februar 1941 wurde Anns Tochter geboren; ihr Mond, Saturn und Jupiter bildeten unglücklicherweise einen Quadrataspekt mit Anns Neptun, was auf eine schwierige Beziehung hinweist. Der Quadrataspekt zwischen dem Uranus der Tochter und der Geburtsvenus der Mutter zeigt weiterhin gegenseitige Enttäuschung an. Obgleich Anns Wasser-Planeten (fünf in Krebs, einer in Fische) ihr Einfühlungsvermögen und Sensibilität gaben, war sie dennoch nicht fähig, die ungünstige Planetenstellung zwischen sich und ihrer Tochter zu überwinden.

Im späteren Verlauf des Jahres 1941 begann Ann in einer Abteilung zu arbeiten, in der es nur Männer gab; sie arbeitete wieder als Sachbearbeiterin. Zu jenem Zeitpunkt bildete der vorgeschobene Mond einen Quadrataspekt mit der Spitze des dritten Feldes – das Ergebnis war, daß Ann viel Kummer und Ärger durch die aufreizenden Sticheleien ihrer männlichen Mitarbeiter hatte. Obgleich sie über genügend Kraft verfügte, hiermit fertig zu werden, bewirkten die im Überfluß vorhandenen Wasser-Zeichen-Planeten doch, daß sie außerordentlich befangen wurde.

1943 hatte Ann eine Fehlgeburt. Der Herrscher des zweiten Kindes ist das siebte Feld. Der direktionale

Neptun, der oft auf Fehlgeburten hinweist, stand zu jenem Zeitpunkt in Opposition zu Anns Geburtsuranus, Mit-Herrscher ihres Ascendenten. Die direktionale Sonne-Pluto-Konjunktion bildete einen Quinkunxaspekt mit der Spitze des elften Feldes (Hoffnungen und Wünsche); dies weist auf eine Veränderung durch ungünstige Umstände.

1944 tötete die erste Frau ihres einzigen Bruders – der Bruder wird durch Anns drittes Feld und seine Frau durch ihr neuntes Feld, das von Mars (Schußwaffen) beherrscht wird, bezeichnet – ihre Freundin mit einem Gewehr, ehe sie sich selbst umbrachte. Todesfälle in der Familie werden durch die Felderspitze des elften Feldes angezeigt (das elfte Feld befindet sich acht Felder hinter der Familie, die durch das vierte Feld bezeichnet wird). Anns Horoskop hat 0° Steinbock auf der Spitze des elften Feldes. Zur Zeit des Mordes und Selbstmordes befand sich die vorgerückte Felderspitze in Opposition zum Mond (der das Weibliche beherrscht).

Ann ließ sich 1945 von ihrem ersten Mann auf seinen Wunsch hin scheiden. Damals bildete die Sonne, Herrscher des siebten Feldes, und Pluto, der Planet der Spannungen, einen Quinkunxaspekt mit Uranus, Mit-Herrscher ihres Geburtsascendenten. Anns Mann heiratete noch fünfmal.

Am 4. November 1950 heiratete Ann wieder. Ihr zweiter Mann arbeitete als Vermessungsingenieur und entwarf Karten, in denen Wasserläufe aufgezeichnet wurden. Er war sehr intelligent, und sie kamen ausgezeichnet miteinander aus, aber er litt, wie sie es ausdrückte, an »düsteren Stimmungen«. Ihre zweite Ehe wird vom neunten Feld beherrscht, dessen Herrscher Mars in Zwillinge steht (beherrscht Schriftstücke und das Interesse an Wissen). Der Beruf von Anns zweitem Mann wird durch Venus in Löwe, im gleichen Zeichen wie der Wasser-Planet Neptun und Saturn (Verantwortung), angezeigt. Sein geistiges Feld ist das elfte Feld, d. h. das dritte vom neunten, mit 0° Steinbock auf der Felderspitze, beherrscht durch Saturn, den Planeten der Melancholie.

Am 20. April 1961 wurde Ann ein zweites Kind geboren – ein Junge, der, wie sein Vater, zu starken Stimmungsschwankungen neigte. Dies war ihre dritte Schwangerschaft; der Junge wird gleichfalls durch ihr neuntes Feld beherrscht.

Am 31. Oktober 1970 beging Anns Bruder Selbstmord. Sein geistiges Feld ist die Spitze des fünften Feldes mit einer kritischen Stellung von 0° Krebs; die Felderspitze für Todesfälle in der Familie war genau in Konjunktion mit Anns vorgerücktem Ascendenten, was auf eine persönliche Familientragödie hinweist. Anns elftes Feld ist zugleich das persönliche achte Feld (Wiedererneuerung und Tod) ihres Bruders. Die vorgerückte Spitze seines achten Feldes befand sich gleichfalls in Opposition zu Venus, Herrscher seines ersten Feldes (das Anns drittes Feld ist). Sein Geburtstag war der 19. September 1915.

Im Januar 1972 starb Anns erster Mann sehr plötzlich an einem Herzanfall. Sein Geburtstag war der 6. März 1921. Am 21. Oktober des folgenden Jahres starb ihr zweiter Mann ebenfalls sehr plötzlich an einem Herzanfall. Sein Geburtstag war der 8. März 1916. Dann starb Anns Mutter am 9. April 1973 an einem Herzanfall. Ihr Geburtstag war der 1. Juni 1884.

In allen drei Fällen befand sich die direktionale Spitze des elften Feldes in enger Opposition zu Saturn (Herrscher älterer Menschen), der Anns zwölftes Feld (Kummer) beherrscht. Da aber Saturn auch der Mit-Herrscher der Felderspitze des ersten Feldes ist und einen Sextilaspekt mit Mars (dem Planeten der Energie) bildet, kann man nach allen vernünftigen Maßstäben davon ausgehen, daß Ann ein außerordentlich hohes Alter erreichen wird. Verstärkt wird dieser Aspekt durch ♅ (Herrscher des 1. Feldes) im Trigon zu Sonne und Pluto.

Ich habe die Geburtsdaten der Menschen, die in Anns Leben eine Rolle spielten, für den Fall aufgeführt, daß Sie selber etwas üben wollen. Anns Horoskop ist hervorragend für Übungen geeignet.

Ein Vorschlag: Stellen Sie Partnervergleiche auf von Ann und ihren beiden Ehemännern. Eine gute Gelegenheit, das Kapitel 13 noch einmal durchzuarbeiten.

Die vielen Einzelheiten mögen Ihnen am Anfang verwirrend erscheinen. Sie beginnen daher eine Deutung am Anfang nur mit den wichtigsten Hauptfaktoren: Sonne, Mond und Ascendent. Die Sonne zeigt Ihnen die bekannten Grundstrukturen (die »Lebenslandschaft«), der Mond zeigt Ihnen die Seelenlandschaft und der Ascendent zeigt Ihnen, wie der Betreffende sich der Umwelt gegenüber verhält, es ist seine Maske, seine »persona« im Sinne von C. G. Jung. Es ist also hier nur sein Verhältnis zur Umwelt zu sehen – ob er energisch auftritt (etwa beim Widder-Ascendent) oder ob er zurückhaltend und unauffällig (etwa Fische-Asc.) der Umwelt gegenübertritt. Sie haben mit diesen drei Faktoren schon sehr Wesentliches erfaßt. Alle weiteren Faktoren geben dann über spezielle Dinge Auskunft, beispielsweise die Venus über die Einstellung zur Liebe, der Merkur über die intellektuellen Abläufe usw. Die Feinheiten der Deutung und Prognose lernen Sie am besten in Seminaren anhand vieler praktischer Beispiele. Sie finden darüber nähere Hinweise auf Seite 186. Stellen Sie auch die Horoskope Ihrer Bekannten und Verwandten; so lernen Sie am besten.

Name **Ann**	Geb.-Tag 28. Juni 1919	
Geb.-Ort USA	Geb.-Zeit 23 h 32 m SZ	Sternzeit h m s
Geogr. Länge 96° 24' West	Ortszeit h m	+/− Ortszeit h m s
Geogr. Breite 42° 30' Nord	Greenwich Weltzeit h m	+/− Korrekt. h m s
		Stzt. der Geb. h m s

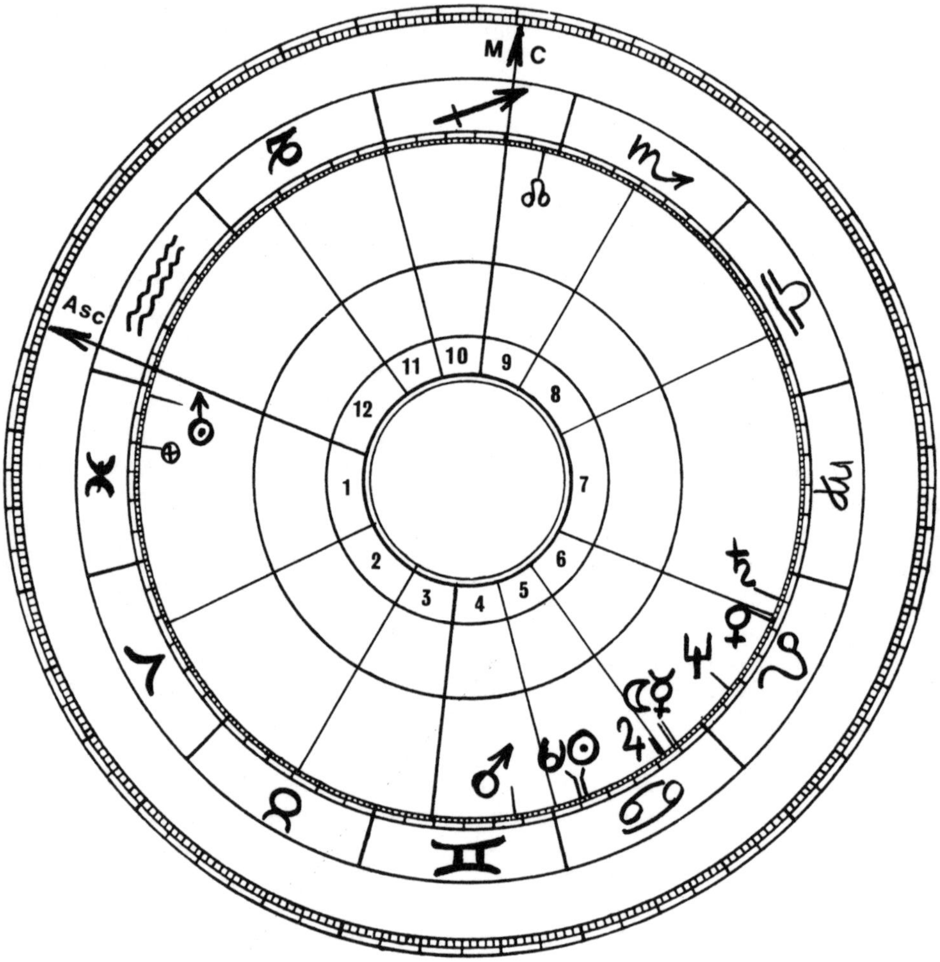

Planetenstände	Aspekte	Halbsummen
☉ 6° 21' ♋	☌♅ ⚼A	
☽ 24° 9' ♋	☌☿ ☌♃	
☿ 24° 57' ♋	☌☽ ☌♃	
♀ 21° 43' ♌	☌♄ ∠☉ ∠♅	
♂ 23° 32' ♊	△A ∠♆	
♃ 22° 22' ♋	☌☽ ☌☿	
♄ 24° 55' ♌	☌♀	
♅ 1° 30' ♓ R	□☊	
♆ 7° 50' ♌	∠♂ △M	
♇ 5° 41' ♋	☌☉ ∠♀ ⚼A	
☊ 2° 12' ♐	□♅	
° '		

Häuser			
MC 9° 30' ♐		Asc 22° 28' ♒	
XI 0° 9' ♑		II 11° 27' ♈	
XII 22° 3' ♑		III 15° 24' ♉	
Verteilung der Gestirne			
üb. d. Horizont ♄ ☊			
unt. d. Horizont ☉☽☿♀♂♃♅♆♇			
Osthälfte ♅			
Westhälfte ☉☽☿♀♂♃♄♆♇☊			
Feuer ♀♆♄☊M		Kard. ☉☽☿♃♇	
Erde –		Fest. A ♀♄♆	
Luft A ♂		Veränd. M ♂♅☊	
Wasser ☉☽☿♃♅♇			

BH 17,5 Ebertin-Verlag Aalen

Abbildung 37
Geburtshoroskop »Ann«

☌	⚺	∠	✱	Q	□	V	△	⚼	±	⚻	☍
♇-☉	☽s♂	♂s♆				♀A.M.C.	⛢A♇	☉-Asc.	☽A⛢	♃-Asc.	♀☍Asc.
	☿s♂	♀s♇					♆-MC.	♇-Asc.	☿A⛢	☽-Asc.	♄☍Asc.
	☽A♄	♀s☉					☉s⛢			☿-Asc.	
	☿s♄						♂-Asc.			☉-MC.	
	☉A♆										
	♆s♇										
♃-☽											
♃-☿											
☽-☿											
♆-♀											
♀-♄											

☌ — Konjunktion
⚺ — Halbsextil
⊥ — Halbquadrat
✱ — Sextil
Q — Quintil
□ — Quadrat
V — Tredecil

△ — Trigon
⚼ — Anderthalbquadrat
± — Biquintil
⚻ — Quinkunx
☍ — Opposition
S — Separationsaspekt
A — Applikationsaspekt

Abbildung 38
Geburtsaspekte zum Horoskop »Ann«

Geburtsstellung	Spiegelpunkt	Opposition zum Spiegelpunkt
Asc. 22°28′ ♒	7°32′ ♏	7°32′ ♉
⛢ 1°30′ ♓	28°30′ ♎	28°30′ ♈
♂ 23°32′ ♊	6°28′ ♋	6°28′ ♑
♇ 5°41′ ♋	24°19′ ♊	24°19′ ♐
☉ 6°21′ ♋	23°39′ ♊	23°39′ ♐
♃ 22°22′ ♋	7°38′ ♊	7°38′ ♐
☾ 24°09′ ♋	5°51′ ♊	5°51′ ♐
☿ 24°57′ ♋	5°03′ ♊	5°03′ ♐
♆ 7°50′ ♌	22°10′ ♉	22°10′ ♏
♀ 21°43′ ♌	8°17′ ♉	8°17′ ♏
♄ 24°25′ ♌	5°35′ ♉	5°35′ ♏
MC 9°30′ ♐	20°30′ ♑	20°30′ ♋

Abbildung 39
Stellung der Spiegelpunkte für Horoskop »Ann«

22
Die 90°-Scheibe und die Direktionen

Im Kapitel 19 haben Sie bereits gesehen, wie praktisch es ist, wenn man sich der 45°-Einteilung bei der Jahreskurve bedient. Das gleiche Prinzip wurde durch die Kombination des Grundhoroskopes (360°) mit der 90°-Scheibe erreicht. Kurz zur 90°-Scheibe: Stellen Sie sich wieder den 360°-Kreis vor und schneiden Sie ihn in vier Teile, die Sie aufeinander legen (Abb. 40). Diesen »1/4 Kuchen« ziehen Sie nun wieder auseinander wie einen Fächer zu einem vollen Kreis. Dann haben Sie eine 90°-Scheibe. In Abb. 41 haben wir sie abgebildet. Tragen Sie nun die Planeten des Horoskopes auf diesem Kreis ein. Ein paar Planeten haben wir zur Übung und zum Lernen eingezeichnet. Sie werden nach kurzer Übung feststellen, daß es ganz leicht ist. Hier wurde beispielsweise die Sonne bei 10° Krebs eingezeichnet. An genau der gleichen Stelle würde aber auch die Sonne eingezeichnet, wenn sie in 10° Steinbock, 10° Waage oder 10° Widder stehen würde.

Noch etwas ist in der Astrologie wichtig: die »Halbsumme«. Damit bezeichnet man die Tatsache, daß ein dritter Planet in der Mitte von zwei anderen Planeten steht. Hier zum Beispiel steht Jupiter (25° Schütze) in der Mitte von Sonne (10° Krebs) und Mars (10° Zwillinge). Sie können das auch rechnerisch prüfen. ☉ = 100, Mars = 70; 100 + 70 geteilt durch 2 = 85, d. h. 25 Zwilling. (Vergleichen Sie Abb. 40 u. 41.) Der Jupiter steht in Opposition dazu in 25° Schütze, denn die Mitte von zwei Planeten (hier Sonne und Mars) hat immer zwei Stellen, an denen der dritte Planet stehen kann. Man schreibt diesen Sachverhalt so: ☉/♂ = ♃. Hier kombinieren sich nun drei Planeteneinflüsse zusammen und geben dem Planeten eine individuelle Färbung. Steht beispielsweise der Merkur in der Halbsumme ♄/♆, so ergibt sich daraus, daß das Denken und Lernen (☿) nicht immer leicht fällt, daß sich pessimistische Gedanken breitmachen können usw. Dazu müssen Sie natürlich kombinieren, in welchem Zeichen der Merkur steht, welche Aspekte er noch zusätzlich erhält und zuletzt, in welchen Halbsummen er steht. Das Ganze nennt man dann den »kosmischen Zustand«.

Doch das nur am Rande. Wir interessieren uns jetzt für die Prognose. Wenn Sie auf einer Scheibe außen nochmals die Planeten des Grundhoroskopes eintragen, dann brauchen Sie nur die äußere Scheibe um den Sonnenbogen vorzuschieben und Sie erfassen damit die Winkelbeziehungen der vorgeschobenen Planeten zu den Radix-Planeten, außer den Trigonen, die Sie noch prüfen müssen.

Um das praktisch zu handhaben, markieren Sie sich 0° Widder mit einem waagerechten Strich bei beiden Kreisen; drehen Sie dann den äußeren Kreis im Uhrzeigersinn um so viele Grade vorwärts, wie der Sonnenbogen anzeigt. Dabei sehen Sie zwar nicht, ob es sich bei den Direktionen um ein Quadrat, eine Opposition oder eine Konjunktion handelt. Das können Sie aber leicht auf dem 360°-Kreis in der Mitte feststellen. Dafür ist die 90°-Scheibe sehr viel exakter, weil sie viermal so groß die Grade anzeigt. Wenn Sie nun zusätzlich aus der Ephemeride noch die laufenden Planeten eintragen, dann merken Sie, wie exakt der Kosmos arbeitet: Wir haben in Abb. 42 innen wieder das Horoskop von »Ann« eingezeichnet und den äußeren Ring um den Sonnenbogen von 49°3′ vorgeschoben und außerdem die laufenden Planeten vom 31. Okt. 1970 im dritten, äußeren Kreis eingetragen. An diesem Tag beging Anns Bruder Selbstmord, ein

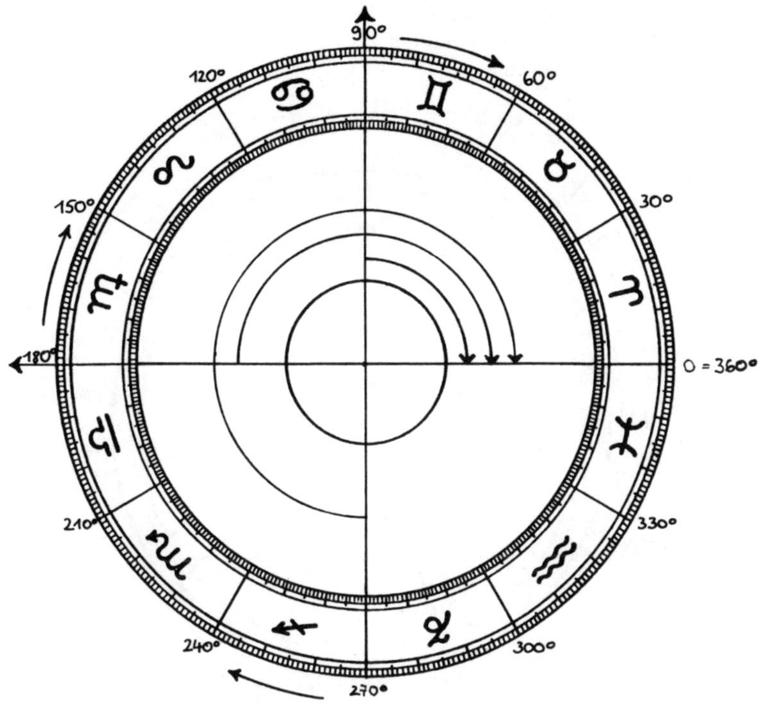

Abbildung 40
Entstehungsweise der 90°-Scheibe

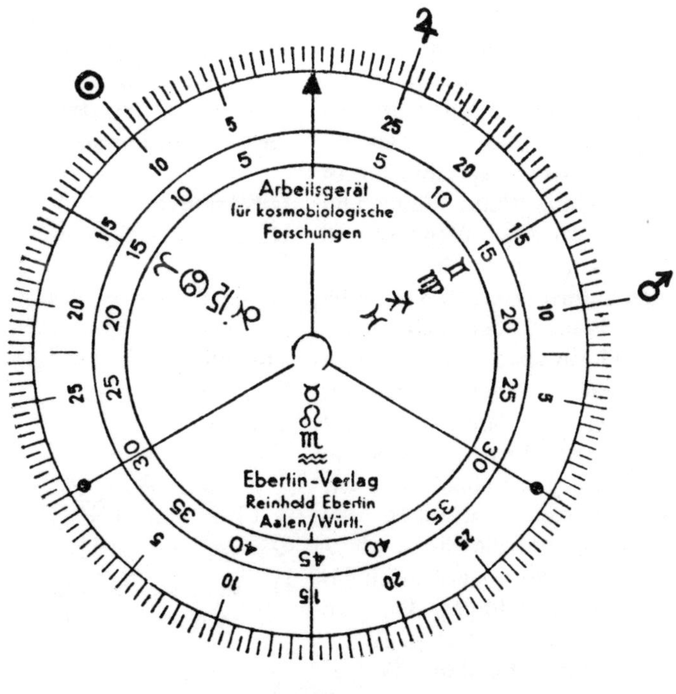

Abbildung 41
Die 90°-Rechenscheibe

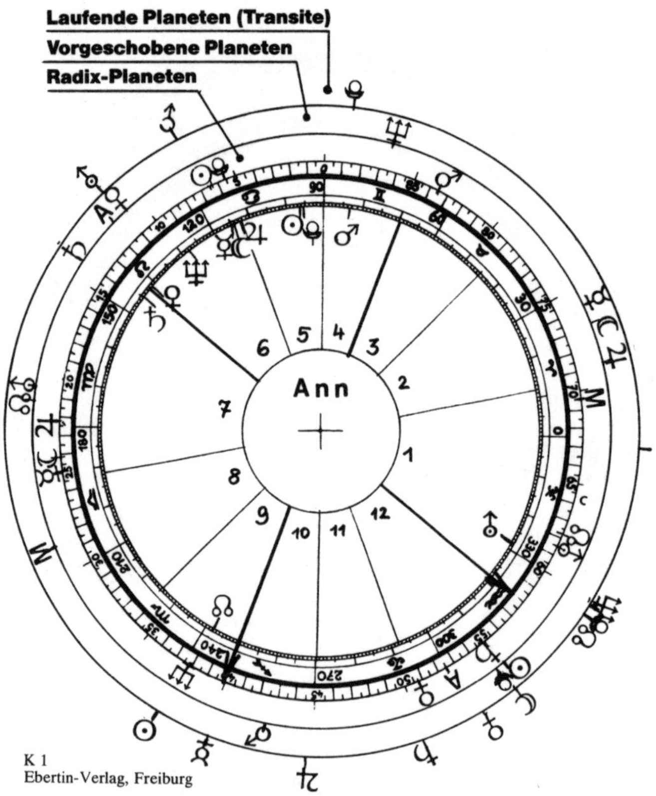

Abbildung 42
Das 360/90°-Formular mit den Gestirnständen zum Tod von Anns Bruder

Ereignis, das Ann sehr aufwühlte. Mit dem Tod des Bruders beginnt für die nächsten zwei Jahre eine Kette von Todesfällen; der erste und zweite Mann und die Mutter starben. Für Trennungen und Todesfälle ist der Saturn zuständig. Schauen wir uns also den Saturn an: Sie sehen im 90°-Kreis Sonne, Pluto, Venus und Ascendenten über den Saturn wandern. Wenn Sie nun die 360°-Scheibe ansehen, so erkennen Sie, daß die vorgeschobene Sonne den Saturn erreicht: Trennung von männlichen Personen, Trauer, aber auch ein geschwächter körperlicher Gesundheitszustand kann sich daraus ergeben. Der vorgeschobene Ascendent erreicht etwa 10°46′ Widder, und damit stehen die vorgeschobene Spitze des 7. Feldes sowie Venus und Saturn in etwa 10°–11° Waage. Dort aber finden wir den laufenden Uranus. Das nennt man einen »Ingress«, wenn ein laufender Planet die Stelle überschreitet, an der sich ein Direktionsplanet in einem Aspekt mit einem Radixpunkt befindet. Der am Himmel laufende Mars bildet ein Quadrat zu Sonne und Pluto, und er zeigt die damit verbundenen Aufregungen an. Der Direktionsaspekt Sonne Konjunktion Saturn wiederholt sich am Himmel: Der laufende Saturn bildet ein Halbquadrat mit Sonne und Pluto radix und zeigt damit auch Trennung und Trauer an. Und beim Eintreffen der Nachricht läuft der Mond über diese Direktionsstelle. Insgesamt waren also fällig:

Direktionen:

☉$_{v}$ ☌ ♄$_{r}$
♀$_{v}$ ∠ ♄$_{r}$
♇$_{v}$ ☌ ♄

Transite:

♄$_{t}$ ∠ ☉$_{r}$
♀$_{t}$ □ ♄$_{r}$
♄ ∠ ♇$_{r}$
♅ ∠ ♄$_{r}$ ☍ A$_{v}$
♂ □ ☉ ☿ □ ♆
☉ □ ♆ ☾ □ ♄

Die tiefgestellten kleinen Buchstaben bedeuten: v = vorgeschoben, r = Radix, t = transitierend.

Sie sehen, daß schon einiges zusammenkommen muß, bis sich ein solches Ereignis auslöst. Der Volksmund

sagt, eine Schwalbe macht noch keinen Sommer. Genau das trifft aber auch auf die Transite und Direktionen zu. Erst wenn sich sehr viele Hinweise ergeben, kann man mit größeren Auswirkungen rechnen. Seien Sie also im Anfang sehr vorsichtig in der Prognose, und beobachten und erforschen Sie vor allem die Ereignisse der Vergangenheit, dann werden Sie bald die nötige Übung bekommen.
Zu Anfang des Astrologie-Studiums werden Sie noch oft staunen, wenn Sie bei Erforschung der Ereignisse der Vergangenheit erkennen, mit welcher Präzision das Räderwerk des Kosmos arbeitet. Im Laufe der Jahre wird es Ihnen fast selbstverständlich erscheinen.
Hier seien noch einige typische Direktionen herausgegriffen, üben Sie damit Ihre praktischen Fähigkeiten: Als Venus etwa im dritten Lebensjahr von Ann den Saturn erreichte, erschoß sich die geliebte Tante, eine »Liebestrennung« für eine Dreijährige. Als Ann selbständig wurde, sich von daheim löste und einen Beruf ergriff, stand im 90°-Ring die Venus über dem MC, dem Berufspunkt. Im 360°-Kreis war es ein Quadrat, wie wir schon gesehen haben, ein Aspekt, der zu Handlungen drängt und die sicher nicht leichte Lösung aus dem Elternhaus ermöglichte. Bei der zweiten Heirat erreicht der vorgeschobene Jupiter die Venus: Liebesglück. Als der zweite Junge geboren wurde, erreichte Jupiter den Uranus.
Prüfen Sie auch hier die Ereignisse durch, Übung macht den Meister.

23

Vereinfachte Horoskop-Berechnung Geburten in Deutschland und Europa

Sie brauchen für eine Horoskop-Berechnung fünf Daten: 1. den Tag, 2. den Monat, 3. das Jahr, 4. den Ort, 5. die Geburtszeit. »Horos« heißt griechisch »die Stunde«, und mit dieser Stunde sollten Sie es so genau wie möglich nehmen, denn sie ist äußerst wichtig. Wenn Sie für andere Personen Horoskope ausrechnen, so fragen Sie lieber einmal zuviel nach der Stunde, auch, ob die Geburt vor- oder nachmittags erfolgte. Teilweise haben die Standesämter die Geburtsstunde registriert. Bei Anforderung der Geburtsurkunde muß man aber immer vermerken, daß man auch die Geburtsstunde eingetragen haben will.
Nehmen wir nun an, eine Geburt sei erfolgt am

13. Oktober 1970, 5h20m früh in Essen.

Als Zeit wird die MEZ angegeben. Wir haben überall auf der Welt Zeitzonen. Da die Erde 360 Längengrade hat, geteilt durch 24 Stunden, so ergibt das 15 Längengrade in einer Stunde. So fußen die jeweiligen Primär-Meridiane meist auf einem Grad, der durch 15 teilbar ist. Unsere Mitteleuropäische Zeit (MEZ) fußt auf dem 15. Längengrad, der durch Görlitz geht. Daneben gibt es noch eine Westeuropäische Zeit, die auch Greenwich-Zeit (GZ) genannt wird, da der 0°-Meridian durch Greenwich verläuft. Diese GZ nennt man übrigens auch Weltzeit, weil alle Zeitabweichungen sich nach dieser Zeit ausrichten. In Abb. 43 finden Sie die Primär-Meridiane und Zeitabweichungen von Greenwich.
Für das Horoskop interessiert uns aber nun noch die Ortszeit. Diese OZ weicht je nach Längengrad von der GZ und MEZ ab. (Es sei denn, Sie wären in Görlitz geboren, dann ist die MEZ auch gleichzeitig die OZ.) In den Büchern über Längen- und Breitengrade finden Sie auch einen Hinweis auf die Längengradunterschiede. In Abb. 44 ist eine Seite abgedruckt. Sie finden dort in der ersten Spalte die geographische Breite von Essen 51°27′25″N und in der zweiten Spalte die Lage: 7°00′38″ö. (ö heißt östlich von Greenwich – wie alle Orte in Deutschland.) In der zweiten Spalte finden Sie den schon ausgerechneten Zeitunterschied: 28′2″. Dieser Wert wird aus dem Längengrad errechnet (x 4) 4x7 = 28. Die Sekunden dürfen Sie vernachlässigen, bzw. Sie können aufrunden, wenn die Sekunden mehr als 30 betragen.
Wir haben jetzt also folgende Zeiten:

MEZ	5h20m
GZ	4h20m
OZ	4h48m

Beachten Sie nun bitte noch die Sommerzeit. In Deutschland war sie vor allem im 2. Weltkrieg gültig (wie auch heute noch in manchen Ländern). Genauere Hinweise finden Sie in dem Buch von H. Hausmann »Weltzeit-Tabelle« (s. Literatur-Verzeichnis). Angenommen, die Geburt wäre im Krieg um 5h20m Sommerzeit erfolgt, so würde die Rechnung wie folgt aussehen:

SZ	5h20m
MEZ	4h20m
GZ	3h20m
OZ	3h48m

Noch etwas am Rande: Wenn es um das Zeitmaß geht, dann schreiben Sie bitte immer »h m s«, wenn es um das Bogenmaß im Horoskop geht, dann schreibt man » ° ′ ″«. Sie wissen mit diesem feinen Unterschied immer genau, in welchem System gerechnet wird.

Doch zurück zu unserem Beispiel: Wir haben jetzt zwar die Ortszeit, die Länge und die Breite des Geburtsortes, nun benötigen wir natürlich noch die Gestirnstände des Geburtsjahres. Hier ist in Abb. 45 der Oktober abgedruckt, und zwar aus der »Deutschen Ephemeride« für 0 Uhr Weltzeit, also Mitternacht. (Es gibt auch deutsche Ephemeriden für 12 Uhr GZ.) Zwei Berechnungen sind nun notwendig:

1. Die Berechnung des kulminierenden Punktes (MC) sowie des Ascendenten
2. Die Berechnung der Planeten zur Geburtszeit.

Beginnen wir mit dem kulminierenden Punkt. In der Ephemeride finden Sie in der linken Spalte die Sternzeit (Sidereal Time). Die Sternzeit ist eine mathematisch gedachte Zeit, mit der sich die Gestirnstände für andere Raum-Zeit-Verhältnisse (etwa Weltraumflug) ermitteln lassen. (Es ist 0h0m Sternzeit, wenn 0°♈ zu Mitternacht in Greenwich kulminiert.) Die Sternzeit verschiebt sich täglich um 0h3m56s. Nach einem Jahr hat sich das zu 24 Stunden addiert. Die Sternzeit ist also die Uhr der Erdbahn um die Sonne. Die Formel zur Berechnung der Sternzeit der Geburt lautet nun:

Sternzeit
\+ Korrektur der Sternzeit
\+ Ortszeit
―――――――――
= Sternzeit der Geburt
= KP (kulminierender Punkt)

Wir rechnen in unserem Beispiel also jetzt:

Sternzeit der Geburt lt. Ephem.	1h24m34s
+ Korrektur (lt. Abb. 49) 5h	0m50s
20m	0m 4s
+ Ortszeit der Geburt	4h48m 0s
	5h72m88s
	= 5h73m28s
	= 6h13m28s

Wir brauchen nun eine Häusertabelle: In Abb. 46 ist eine Seite abgedruckt. Wir finden dort jeweils Angaben des KP. Der Wert, der am nächsten kommt, ist 6h13m05s. Wir schlagen praktisch unter dem nächstkleineren Wert nach. Theoretisch können Sie natürlich interpolieren, aber die Geburtszeit wird auch nicht mit Minuten- und Sekundengarantie geliefert (die Gelehrten streiten sich noch, ob Abnabelung, erster Schrei oder ein anderer Zeitpunkt nun das Horoskop in Gang setzt), deshalb hat das wenig Sinn. Übrigens schlägt man erfahrungsgemäß unter der kleineren Zeit nach, da die meisten Geburten ein paar Minuten vor der angegebenen Zeit erfolgt sind.

In der mittleren Spalte finden wir nun die Breitengrade. Da Essen auf 51°27′25″N.B. liegt, genügt es, wenn wir 51°30′ rechnen und jeweils die Hälfte zwischen den Werten 51° und 52° ausrechnen.

Beim Ascendenten ist also die Mitte von 2°20′ und 2°18′ = 2°19′ ♎. Das M.C. steht oben, und wir notieren es mit 3°00′ ♋. Die Häuserspitzen runden Sie als Praktiker auf volle Grade auf. Erst später, wenn Sie Ihre Geburtszeit anhand von Transiten kontrolliert und korrigiert haben, lohnt sich eine exakte Berechnung. Wenn Sie natürlich Spaß am Rechnen haben, dann sei es Ihnen nicht verwehrt.

Wir finden also folgende Werte:

M.C.	3°00′ ♋
Asc	2°19′ ♎
11.	5° ♌
12.	3° ♍
2.	1° ♏
3.	0° ♐

Nun müssen wir noch die Planetenstände berechnen. Diese Zwischenwerte werden nach GZ berechnet, also 4h20m. Die Berechnung der Zwischenwerte ist wichtig, denn der Mond bewegt sich bis zu 15° in 24 Stunden fort. Es gibt nun mehrere Methoden, wie man diese Zwischenwerte ausrechnen kann. Entscheiden Sie sich für die Methode, die Ihnen am meisten zusagt.

1. Zwischenwert-Berechnung (Planeten-Interpolation) nach dem Dreisatz:

Der ☾ steht am (s. Abb. 45)

13. Okt. 70, 0h	23°41′ ♓	
14. Okt. 70, 0h	8°32′ ♈	
Differenz	14°51′	(6°19′ von ♓ + 8°32′ von ♈)

Der Dreisatz lautet nun: In 24 Stunden bewegt sich der ☾ 14°51′, wieviel bewegt er sich in 4h20m (oder 4,333 Stunden, da 20/60 = 0,333). Sie können nun alles in Minuten umrechnen. Das ergibt:

14° x 60 = 840′
\+ 51′
―――――
891′

891′ in 24 Stunden, in 1 Stunde den 24. Teil ($\frac{891}{24}$), in 4,333 Stunden 4,333 mal soviel.

$$\text{Also} \quad \frac{891 \times 4{,}333}{24} = 160{,}86 = 161' = 2°41'$$

Diese 2°41′ ist also der Mond bis zur Geburtszeit um 4m 20m GZ gewandert, und dieser Wert muß nun zum Mitternachtsstand 23°41′ ♓ hinzugezählt werden:

23°41′ ♓
+ 2°41′

= 25°82′ = 26°22′ ♓.

Auf diese Weise werden nun Sonne und alle anderen Planeten ausgerechnet.

2. Berechnung mit Hilfstabellen

Wer nicht gern rechnet, findet in den Hilfstabellen eine wertvolle Unterstützung. Eine Musterseite aus »Hilfstabellen zur Berechnung der Gestirnstände« ist abgedruckt (Abb. 47). Wir rechnen wieder das gleiche Beispiel durch. Da der Tageslauf des Mondes mit 14°51′ nicht aufgeführt ist, nehmen wir den am nächsten liegenden Wert mit 14°50′ und probieren gleich aus, ob die Genauigkeit ausreicht. Wir rechnen:

4h = 2°28′20″
20m = 12′22″

4h20m = 2°40′42″
aufgerundet = 2°41′

Wir erhalten also das gleiche Ergebnis mit hinreichender Genauigkeit.

3. Berechnung mit dem Rechenschieber.

Wer Techniker und mit dem Rechenschieber vertraut ist, kann auch dieses Mittel zur Berechnung der Zwischenwerte benutzen.

4. Berechnung mit einem einfachen elektronischen Taschenrechner ohne Speicher.

Sie berechnen im Prinzip wie unter 1. Zunächst müssen Sie den konstanten Wert der Interpolation 4,333 : 24 = 0,1805 errechnen. Drei Stellen nach dem Komma sind dabei meist ausreichend, nur bei Sonne und Mond geben Sie besser 4 Zahlen nach dem Komma ein. Sie rechnen nun die Tagesbewegung des Mondes, 14°51′, am besten so: 14 x 60 + 51 = 891 oder in der Rechnersprache: 14x60 = 840 + 51 = 891 x 0.1805 = 160,83′, aufgerundet 161′. (2 Grad sind 120′) Ergebnis damit also 2°41′, die Sie wieder zum Mondstand addieren müssen.

5. Berechnung mit Taschenrechner mit Speicher

Sie haben die gleiche Rechnung wie unter 4., aber Sie können nun den Wert 0.1805 in den Speicher geben. Sie rufen dann mit der Speicher-Rückruf-Taste den Wert immer nur ab und brauchen ihn nicht neu einzugeben. Sonst verläuft die Berechnung genau wie im Beispiel 4.

6. Gestirnstands-Berechnungen mit Logarithmen

Die Gestirnstände können auch mit Logarithmen berechnet werden. Es gibt hierfür besonders geeignete Logarithmen: die Diurnal-Logarithmen. Ausführliche Rechenbeispiele finden Sie im nächsten Kapitel, bei denen eine Horoskopberechnung mit amerikanischem Geburtsort und die Gestirnstandsberechnung mit Logarithmen durchgeführt wird. Eine solche Logarithmentafel finden Sie in Abb. 51a + b.
Für welche der acht Methoden Sie sich auch entscheiden, bisher haben wir nur einen Gestirnstand (den Mond) für unser Beispielhoroskop ausgerechnet. Es müssen nun noch die anderen Werte errechnet werden. Sie haben hierzu die notwendige Ephemeride. In Abb. 48 haben wir alle anderen Werte für Sie schon errechnet und eingetragen. Wir raten Ihnen aber dringend, rechnen Sie selbst alle Werte aus und vergleichen Sie sie am Schluß mit den in Abb. 48 eingetragenen Werten. Füllen Sie nun das ganze Horoskop-Formular aus und fertigen Sie eine ganze Horoskopzeichnung an, wie wir es Ihnen in Abb. 37 gezeigt haben. Viel Spaß!

24
Wie berechne ich ein Horoskop bei einem Geburtsort in den USA?

Wenn Sie sich dazu entschließen, ein Horoskop für einen nordamerikanischen Geburtsort zu erstellen, so brauchen Sie auch hier bestimmte Hilfsmittel:

1. Eine Feldertabelle, die Breitengrade der USA enthält (22–56)
2. Ein Buch, das die Längen- und Breitengrade aller Orte in den Vereinigten Staaten enthält.
3. Ein Buch, das die Zeitverschiebungen in den USA angibt. (In den USA sind Sommerzeiten heute noch üblich.)
4. Eine Ephemeride für das Jahr, an dem Sie besonders interessiert sind.
5. Eine Tabelle mit proportionalen Logarithmen (Abb. 51a, 51b).
6. Ein leeres Horoskop-Formular (Im Anhang des Buches finden Sie mehrere zu Ihrem Gebrauch).

Lassen Sie uns nun mit der Arbeit beginnen. Erschrecken Sie nicht, es ist wirklich nicht so kompliziert, auch wenn Logarithmen auftauchen. Lassen Sie sich ruhig Zeit.

Geburtsdaten

Schreiben Sie auf einem Blatt Papier den Geburtsnamen des Betreffenden auf, ebenso Monat, Tag, Jahr, Uhrzeit und den Geburtsort (Staat und Stadt), so wie es in Abb. 52 abgebildet ist. Achten Sie genau darauf, daß Sie »vormittags/nachmittags« neben der Uhrzeit der Geburt ankreuzen (a.m. = vormittags, p.m. = nachmittags). Dies ist sehr wichtig.
In unserem Beispiel nehmen wir an, daß die Person A weiblich, am 7. November 1972, um 2:24h nachmittags (p.m.) in Los Angeles, Kalifornien, geboren wurde. Dies ist die erste Information, die aufgeschrieben wird. Beachten Sie bitte, ob es sich bei der Geburtsstunde um Sommerzeit handelte.
Schlagen Sie nun das Buch »Längen- und Breitengrade der Vereinigten Staaten« auf und übertragen Sie die nachstehenden Angaben: Los Angeles, Kalifornien: In der Spalte »Längengrad« setzen wir 118°W15′ ein.
Dies ist der Abstand in Graden und Minuten, um den Los Angeles westlich vom Greenwich-Observatorium liegt.
In der Spalte »Breitengrad« tragen wir 34°N03′ ein. Dies ist der Abstand in Graden und Minuten, um den Los Angeles nördlich vom Erdäquator liegt.
Die nächste Spalte gibt die L.M.T.-Werte an, d.h., die Zeitunterschiede zwischen der Local Mean Time* (Ortszeit) und der Standard Time (Zonenzeit). In diesem Fall beträgt der Unterschied 7 Minuten. Die letzte Spalte in diesem Buch gibt an, wie man die E.G.M.T. (Equivalent Greenwich Mean Time–Längengrad–Abweichung von Greenwich in Zeit) errechnet. In diesem Fall beträgt der genaue Abstand zwischen Los Angeles und Greenwich 7 Std., 53 Min., 00 Sek. (= 118°15′:15 = 7h53m).

* Wir haben im folgenden immer die englischen Fachausdrücke mit angegeben, damit Sie diese Begriffe kennen, wenn Sie in der amerikanischen Fachliteratur lesen.

Die Berechnung von Geburtsdaten, Felderspitzen und Deklinationen für das Horoskop-Beispiel

I. Geburtsdaten

A. weiblich
7. November, 1972 – 2:24 Normalzeit
Los Angeles, Kal.

Längengrad	Breitengrad	Ortszeit-Abweichung (L.M.T. Variation)	Längengrad-Abweichung in Zeit (E.G.M.T.)
118°W15′	34°N03′	+ 7m00s	+7h53m00s

Die einzelnen Schritte sind wie folgt:	Stunden	Minuten	Sekunden
1. Uhrzeit (nach 12:00 mittags) bei Geburt	02	24	00
2. Ortszeit-Abweichung (LMT-Variation)	+	7	00
Genaue Ortszeit =	02	31	00
3. Sternzeit-Korrektur	+		26
	02	31	26
Sternzeit (Sidereal Time)/Raphael's Ephemeride (Abb. 9)	+ 15	07	08
4. Sternzeit (Sidereal Time) am 7., da die Geburt nach 12:00 mittags erfolgte (Abb. 9 und 10)	17	38	34
5. Längengrad-Korrektur (Formel: Längengrade mit 2 multiplizieren, Ergebnis durch 3 teilen. Addieren Sie diese Zahl (in Sekunden) immer dann hinzu, wenn der Geburtsort westlich von Greenwich liegt; ziehen Sie diese Zahl immer ab, wenn der Geburtsort östlich von Greenwich liegt.)*	+	1	19
Endgültig errechnete Sternzeit der Geburt =	17h	39m	53s

II. Planeten-Interpolation.

	Stunden	Minuten	Sekunden
6. Genaue Ortszeit (True Local Time)	02	31	00
7. Längengrad-Abweichung in Zeit (E.G.M.T.)	+ 7	53	00
Greenwich-Zeit (G.M.T.) am 7.	9	84	00 oder 10h24m00s

(Denselben Wert erhalten Sie, wenn Sie zur Geburtszeit 2h24m, 8 Stunden Zonenzeit-Abweichung addieren = 10h24m/s. Abb. 42)
C.L. (Konst. Logarithmus) für 10 Std.24Min. = .3632 (für die Planetenkorrektur zwischen dem 7. und 8.)/s. Abb. 51a.

* Da Deutschland nur geringfügig vom Greenwich-Meridian abweicht, kann die Korrektur bei uns unterbleiben.

C.L. (Konst.Log.) .3632

☉ am 7. = 15°11′ ♏
☉ am 8. = 16°11′ ♏ = Differenz 60′ = 1°

7. 15°11′ ♏
\+ 49′ → 49′
16°00′ ♏ + 11′
60′ = 1° (Gesamtbewegung in 24 Stunden)
\+ 11′
8. 16°11′ ♏

1.3802 (Log. f. ☉-Tagesbewegung/1°)
\+ .3632 (Konst.log.)

1.7434 ergibt umgewandelt = 26′ (s. Abb. 51a)

am 7. = 15°11′ ♏
+26′

15°37′ ♏ = Stellung der ☉ für 10 Std.24 Min.

C.L. (Konst.Log.) .3632

☉ am 7. = 8°15′ ♎
☿ am 8. = 9°06′ ♎= Differenz 51′

7. 8°15′ ♎
\+ 45′ → 45′
9°00′ ♎+ 6′
\+ 6′ 51′ = (Gesamtbewegung in 24 Stunden)
8. 9°06′ ♎

1.4508 (Log. f. ☿-Tagesbewegung/51′)
\+ .3632 (Konst.Log.)

1.8140 ergibt umgewandelt = 22′

am 7. = 8°15′ ♎
\+ 22′

8°37′ ♎ = ☿-Stellung für 10 Std.24 Min.

C.L. (Konst.Log.) .3632

☾ am 7. = 0°50′ ♐
☾ am 8. = 12°39′ ♐ = Differenz 11°49′

7. 0°50′ ♐
\+ 10′ → 10′
1°00′ ♐ + 11°00′
\+ 11°00′ + 39′
12°00′ ♐ 11°49′ = (Gesamtbewegung in 24 Stunden)
\+ 39′
8. 12°39′ ♐

.3077 (Log. f. ☾-Tagesbewegung/11°49′)
\+ .3632 (Konst.Log.)
.6709 ergibt umgewandelt = 5°07′

☾ am 7. = 0°50′ ♐
\+ 5°07′

5°57′ ♐ ° Stellung für 10 Std. 24 Min.

III. Deklinationen

♇ – 13°N18′ ♅ – 7°S23′
♆ – 19°S27′ ♄ – 21°N22′

♃ – 23°S24′

C.L. (Konst.Log.) .3632

♂ am 7. = 8°S48′
♂ am 9. = 9°S18′ = Differenz 30′

30′ geteilt durch 2 Tage = 15′ pro Tag
1.9823 (Log.f. 15′)
\+ .3632 (Konst.Log.)
2.3455 ergibt umgewandelt = 7′

♂ am 7. = 8°S48′
\+ 7′
8°S55′ = ♂-Deklinationsstellung für 10 Std. 24 Min.

In der gleichen Weise werden die Deklinationen der anderen Planeten errechnet.

Die nachstehenden Informationen sind für diejenigen gedacht, die sich dafür interessieren, warum diese mathematischen Korrekturen vorgenommen werden müssen.

Die Erde teilt sich in vierundzwanzig Haupt-Meridiane auf (auch Primär-Meridiane oder Zeit-Meridiane genannt), von denen jeder 15° vom nächsten entfernt liegt. Das Observatorium von Greenwich in England ist als 0° festgesetzt worden (siehe Abb. 43). Überall auf der Welt sind die Uhren synchron zur Normalzeit auf diesem Primär-Meridian. Der deutliche Vorteil dieses Systems liegt in der Standardisierung von Zeit, aber es gewährleistet nicht genaue Ortszeit. Wenn ein Mensch nicht genau auf einem Primär-Meridian geboren wurde, so entspricht seine genaue Geburtszeit nicht der amtlichen Zeit. Die amtliche Zeit muß also in genaue Ortszeit umgewandelt werden.

Kehren wir zu unserem Beispiel zurück: In Los Angeles werden die Uhren nach dem 120. Primär-Meridian gestellt; da aber Los Angeles nur 118°N15′ liegt, befindet sich die Stadt tatsächlich 1°45′ östlich ihres Primär-Meridians oder 1°45′ östlich ihres genauen Zeitmittelpunktes. Die Sonne legt nun alle 4 Minuten 1° zurück; 15° mal 4 Minuten ist gleich 60 Minuten, oder 1 Stunde. (Verstehen Sie nun, warum die Primär-Meridiane um 15° oder 1 Stunde auseinander liegen?) Da es von Los Angeles zum nächsten Primär-Meridian noch 1°45′ sind und 1° 4 Zeitminuten bzw. 45′ 3 Zeitminuten entsprechen, beträgt die Zeitdifferenz zwischen genauer Ortszeit und der amtlichen Zeit in Los Angeles 7 Minuten. Die 7 Minuten werden zur amtlichen Zeit hinzuaddiert, da Los Angeles östlich seines genauen Zeitmittelpunktes liegt. (Liegt der Geburtsort westlich eines Primär-Meridians, so wird die Zeitdifferenz *abgezogen*.)

Schauen Sie sich nochmals die vorstehende Berechnung an. In Schritt 1 wird die Uhrzeit mit 2 Stunden 24 Minuten 00 Sekunden angegeben. Da im November 1972 keine Sommerzeit galt, wird diese Zeit mit St.T., also Standard Time, oder Normalzeit (= Zonenzeit), bezeichnet. Lassen Sie mich an dieser Stelle anmerken, daß wir mit einer Mittagszeit-Ephemeride arbeiten, in der jeder Tag zur Greenwich-Mittagszeit beginnt und am nächsten Tag zur Mittagszeit endet. In unserem Beispiel, am 7. November 1972, sind ab 12.00h Mittag 2 Stunden 24 Minuten und 00 Sekunden verstrichen.

Schritt 2 betraf die örtliche Zeit-Abweichung zur betreffenden Zonenzeit. In diesem Fall belief sich die Korrektur auf 7 Minuten, 00 Sekunden; diese Zeitabweichung wird zur Uhrzeit hinzuaddiert.

Schritt 3 ist die Sternzeit-Korrektur. Hier beginnen wir damit, auf Sternzeit hin zu korrigieren. Der Fortschritt der Sternzeit beträgt ca. 4 Minuten pro Tag. Sternzeit ist die genaueste Zeitmeßmethode; sie wird in jeder Himmelssternwarte angewendet. Eine »Sternzeit«-Uhr wird so gestellt, daß sie auf 0 Uhr, 0 Minuten und 0 Sekunden steht, wenn die Erde durch den Schnittpunkt der Ekliptik und des Erdäquators geht. Zu diesem Zeitpunkt steht 0° Widder auf dem Kulminationspunkt.

Die Primär-Meridiane

Meridian	Stunden östlich von Greenwich
180°	– 12 (Datumsgrenze)
165°	– 11
150°	– 10
135°	– 9
120°	– 8
105°	– 7
90°	– 6
75°	– 5
60°	– 4
45°	– 3
30°	– 2
15°	– 1
0°	Greenwich Observatorium, England
Meridian	**Stunden westlich von Greenwich**
15°	+ 1
30°	+ 2
45°	+ 3
60°	+ 4
75°	+ 5
90°	+ 6
105°	+ 7
120°	+ 8
135°	+ 9
150°	+ 10
165°	+ 11
180°	+ 12 (Datumsgrenze)

Abbildung 43
Die Primär-Meridiane

Da die Ephemeride nur eine Sternzeit pro Tag angibt – in der Mittagsephemeride (Abb. 9/10) für den Mittag – muß eine Korrektur immer dann vorgenommen werden, wenn die Geburtszeit nicht genau 12 Uhr mittags war.
In dem Fall, den wir als Beispiel genommen hatten, beträgt die Korrektur 26 Sekunden, die wir in der Abb. 49 abgelesen haben. Zwei Stunden machen eine Korrektur von 20 Sekunden, 31 Minuten eine von 6 Sekunden erforderlich. Die Sternzeit-Korrektur von 26 Sekunden wird zur Ortszeit (LMT) von 2 Stunden, 31 Minuten, 00 Sekunden (Schritt 1 plus 2, plus 3) hinzuaddiert.
Für Schritt 4 müssen wir uns der Ephemeride (Abb. 9/10) bedienen. Diese Seite der Ephemeride gibt für den 7. November eine Sternzeit (Sidereal-Time) von 15 Stunden, 07 Minuten, 08 Sekunden an. Wir addieren diese Sternzeit zu dem Ergebnis aus Schritt 3 und erhalten als Ergebnis 17 Stunden, 38 Minuten, 34 Sekunden.

ORT	Breite	Länge	ö. w.	Zeitunter.	SZK
Erlangen De	49°35'50"	11°00'20"	ö	0°44'01"	- 7
Erlau De	51 00 20	12 44 12	ö	0 50 57	- 8
Erlbach De	50 18 32	12 21 52	ö	0 49 27	- 8
Erlenbach i.d.Pfalz De	49 28 55	7 46 32	ö	0 31 06	- 5
Erlenbach i.Unterfr. De	49 48 16	9 08 30	ö	0 36 34	- 6
Ermoupolis Gr	37 26 55	24 56 58	ö	1 39 48	-16
Ersekujvar Ts	47 58 59	18 09 57	ö	1 12 40	-12
Esbjerg Dä	55 27 55	8 25 57	ö	0 33 44	- 6
Esch-Alz Lu	49 30 45	5 58 30	ö	0 23 54	- 4
Eschen Li	47 12 25	9 31 30	ö	0 38 06	- 6
Eschenbach De	49 46 35	11 50	ö	0 47 20	- 8
Eschwege De	51 11 07	10 03 36	ö	0 40 14	- 7
Eschweiler De	50 49 17	6 16 16	ö	0 25 05	- 4
Escorial Sp	40 35 50	4 07 55	w	0 16 32	+ 3
Esens De	53 38 55	7 37 24	ö	0 30 30	- 5
Eskilstuna Sn	59 21 58	16 29 55	ö	1 06 00	-11
Eslarn De	49 34 56	12 31 32	ö	0 50 06	- 8
Eslohe De	51 15 48	8 09 48	ö	0 32 39	- 5
Esna SR	59 02 15	25 45 45	ö	1 43 03	-17
Espalion Fr	44 31 18	2 45 41	ö	0 11 03	- 2
Espelkamp De	52 23 44	8 24 24	ö	0 34 18	- 6
Espozende Pl	41 32 36	8 45 15	w	0 35 01	- 6
Esse Fi	63 35	23 10 55	ö	1 32 44	-15
Essen,Bad i.Oldenburg De	52 19 16	7 51 08	ö	0 31 25	- 5
Essen/Ruhr De	51 27 25	7 00 38	ö	0 28 02	- 5
Esslingen De	48 44 20	9 18 40	ö	0 37 15	- 6
Este It	45 13 30	11 39 01	ö	0 46 36	- 8
Estenfeld De	49 49 52	10 00 40	ö	0 40 03	- 7
Estremoz Pn	38 50 00	7 37 57	w	0 30 32	+ 5
Esztergom U	47 47 57	18 45 00	ö	1 15 00	-12
Etampes Fr	48 26 08	2 09 48	ö	0 08 39	- 1
Etaples Fr	50 31 42	1 35 45	ö	0 06 23	- 1
Eton GB	51 29	0 36	w	0 02 24	+ 0
Etropol Bu	42 49 58	23 59 45	ö	1 35 59	-16
Ettal De	47 34	11 05	ö	0 44 20	- 7
Ettelbrück De	49 49 40	6 11 15	ö	0 20 45	- 3
Ettenheim De	48 15 20	7 48 40	ö	0 31 15	- 5
Ettlingen De	48 56 24	8 24 36	ö	0 33 38	- 6
Etzdorf De	51 00 20	11 57 20	ö	0 47 49	- 8
Etzenricht De	49 38 20	12 05 24	ö	0 48 22	- 8
Eugenienhof De	51 01 42	15 23 54	ö	1 01 36	-10
Eulo De	51 45 00	14 36 57	ö	0 58 28	-10
Eupatoria SR	45 11 44	33 22 09	ö	2 13 29	-22
Eupen Be	50 37 55	6 01 58	ö	0 24 08	- 4
Euren De	49 45 00	6 36 56	ö	0 26 29	- 4
Euskirchen De	50 39 48	6 47 08	ö	0 27 09	- 4
Eussenheim De	49 58 57	9 47 58	ö	0 39 12	- 6
Eutin De	54 08 22	10 37 17	ö	0 42 29	- 7
Eutingen De	48 58 36	8 46 44	ö	0 35 07	- 6
Eutzsch De	51 49 10	12 37 54	ö	0 50 32	- 8
Evaux Fr	46 10 37	2 29 08	ö	0 09 57	- 2

Abbildung 44

Eine Seite aus dem Buch: Grimm/Hoffmann »Die geographischen Positionen Europas«

Schritt 5 betrifft die Korrektur des Längengrades. Die Regel hierfür lautet: Längengrad mal 2, geteilt durch 3.

Der Längengrad von Los Angeles ist 118°W15'. Multiplizieren Sie 118 mit 2, was 236 ergibt. Teilen Sie diese Zahl durch 3, und Sie erhalten 78, Rest 2. Da der Rest größer ist als die Hälfte des Divisors, wird das Ergebnis auf 79 abgerundet. Diese Korrektur erfolgt *immer* in Sekunden; 79 Sekunden wären 1 Minute und 19 Sekunden. Die Längengrad-Korrektur wird zur Sternzeit hinzuaddiert: das Ergebnis ist 17 Stunden, 39 Minuten, 53 Sekunden – die endgültige genaue Sternzeit der Geburt.

Beachten Sie, daß wir die 15' in der Längengradzahl von 118°W15' wegließen. Ist eine Minutenzahl kleiner als 30, kann man sie fortlassen. Ist sie größer als 30, wird die Gradzahl um 1 erhöht. Beachten Sie ferner, daß die Längengrad-Korrektur *hinzuaddiert* wird, wenn der Geburtsort *westlich* von Greenwich liegt; sie wird aber *abgezogen,* wenn der Geburtsort *östlich* von Greenwich liegt. Nachdem wir Schritt 5 ausgeführt haben, können wir das Horoskop erstellen.

OKTOBER 1970

Day	Sidereal Time	☉ Long	☉ Decl.	☽ Long	☽ Lat	☽ Decl.
	H M S	° ′ ″	° ′	° ′	° ′	° ′
1	0 37 15	7 ♎ 24 4	2 S 56	11 ♎ 48	3 S 18	7 S 42
2	0 41 12	8 23 6	3 20	24 2	4 4	13 6
3	0 45 8	9 22 9	3 43	6 ♏ 27	4 39	18 4
4	0 49 5	10 21 15	4 6	19 3	5 2	22 20
5	0 53 1	11 20 23	4 29	1 ♐ 53	5 10	25 36
6	0 56 58	12 19 32	4 52	14 56	5 2	27 36
7	1 0 55	13 18 43	5 16	28 14	4 38	28 4
8	1 4 51	14 17 56	5 38	11 ♑ 48	3 59	26 53
9	1 8 48	15 17 10	6 1	25 39	3 4	24 2
10	1 12 44	16 16 27	6 24	9 ♒ 48	1 57	19 41
11	1 16 41	17 15 45	6 47	24 13	0 S 42	14 6
12	1 20 37	18 15 5	7 9	8 ♓ 53	0 N 37	7 40
13	1 24 34	19 14 27	7 32	23 41	1 55	0 S 45
14	1 28 30	20 13 51	7 54	8 ♈ 32	3 4	6 N 12
15	1 32 27	21 13 16	8 17	23 18	4 1	12 47
16	1 36 24	22 12 44	8 39	7 ♉ 51	4 41	18 33
17	1 40 20	23 12 14	9 1	22 4	5 2	23 9
18	1 44 17	24 11 46	9 23	5 ♊ 52	5 6	26 18
19	1 48 13	25 11 20	9 45	19 13	4 52	27 51
20	1 52 10	26 10 56	10 7	2 ♋ 8	4 23	27 49
21	1 56 6	27 10 35	10 28	14 40	3 43	26 20
22	2 0 3	28 10 16	10 50	26 53	2 53	23 37
23	2 3 59	29 9 59	11 11	8 ♌ 52	1 57	19 55
24	2 7 56	0 ♏ 9 44	11 32	20 42	0 N 56	15 29
25	2 11 52	1 9 32	11 53	2 ♍ 29	0 S 7	10 29
26	2 15 49	2 9 22	12 14	14 17	1 10	5 N 7
27	2 19 46	3 9 14	12 34	26 12	2 10	0 S 28
28	2 23 42	4 9 8	12 54	8 ♎ 16	3 5	6 6
29	2 27 39	5 9 5	13 15	20 32	3 52	11 36
30	2 31 35	6 9 3	13 34	3 ♏ 1	4 28	16 43
31	2 35 32	7 9 3	13 54	15 45	4 53	21 13

Day	♆ Lat	♆ Decl.	♅ Lat	♅ Decl.	♄ Lat	♄ Decl.	♃ Lat	♃ Decl.	♂ Lat
	° ′	° ′	° ′	° ′	° ′	° ′	° ′	° ′	° ′
1	1 N 39	18 S 18	0 N 40	2 S 59	2 S 28	15 N 53	0 N 57	13 S 18	1 N 9
4	1 39	18 19	0 40	3 4	2 29	15 50	0 56	13 30	1 9
7	1 38	18 20	0 40	3 8	2 29	15 48	0 56	13 42	1 8
10	1 38	18 21	0 40	3 12	2 30	15 45	0 56	13 54	1 8
13	1 38	18 22	0 40	3 17	2 30	15 42	0 55	14 7	1 8
16	1 38	18 24	0 40	3 21	2 30	15 38	0 55	14 19	1 8
19	1 38	18 25	0 40	3 26	2 31	15 35	0 55	14 31	1 7
22	1 38	18 27	0 40	3 30	2 31	15 31	0 55	14 43	1 7
25	1 38	18 28	0 40	3 34	2 31	15 28	0 54	14 55	1 6
28	1 38	18 29	0 40	3 39	2 31	15 24	0 54	15 7	1 6
31	1 38	18 31	0 40	3 43	2 31	15 20	0 54	15 19	1 6

OKTOBER 1970

Day	♆ Long	♅ Long	♄ Long	♃ Long	♂ Long	♀ Long	☿ Long	♇ Long
	° ′	° ′	° ′	° ′	° ′	° ′	° ′	° ′
1	28 ♏ 49	9 ♎ 4	22 ♉ 1	8 ♏ 3	17 ♍ 39	18 ♏ 43	19 ♍ 55	27 ♍ 36
2	28 51	9 8	21 ℞ 58	8 16	18 17	19 19	21 13	27 38
3	28 52	9 12	21 55	8 28	18 55	19 52	22 36	27 41
4	28 54	9 16	21 52	8 40	19 33	20 25	24 3	27 43
5	28 56	9 20	21 49	8 52	20 11	20 56	25 34	27 45
6	28 57	9 23	21 46	9 5	20 49	21 26	27 9	27 47
7	28 59	9 27	21 43	9 17	21 28	21 54	28 45	27 49
8	29 1	9 31	21 39	9 30	22 6	22 20	0 ♎ 24	27 52
9	29 3	9 34	21 36	9 42	22 44	22 45	2 5	27 54
10	29 4	9 38	21 33	9 55	23 22	23 8	3 47	27 56
11	29 6	9 42	21 29	10 8	24 0	23 29	5 30	27 58
12	29 8	9 46	21 25	10 20	24 38	23 48	7 14	28 0
13	29 10	9 50	21 22	10 33	25 16	24 6	8 58	28 2
14	29 12	9 53	21 18	10 46	25 54	24 21	10 42	28 5
15	29 14	9 57	21 14	10 58	26 32	24 34	12 26	28 7
16	29 15	10 1	21 10	11 11	27 10	24 46	14 11	28 9
17	29 17	10 4	21 6	11 24	27 48	24 56	15 55	28 11
18	29 19	10 8	21 2	11 37	28 26	25 3	17 39	28 13
19	29 21	10 12	20 58	11 50	29 4	25 9	19 22	28 15
20	29 23	10 16	20 54	12 2	29 42	25 12	21 5	28 17
21	29 25	10 19	20 50	12 15	0 ♎ 21	25 13	22 48	28 19
22	29 27	10 23	20 46	12 28	0 59	25 ℞ 11	24 30	28 21
23	29 29	10 27	20 41	12 41	1 37	25 7	26 12	28 23
24	29 31	10 30	20 37	12 54	2 15	25 0	27 53	28 25
25	29 33	10 34	20 33	13 7	2 53	24 51	29 34	28 27
26	29 35	10 37	20 28	13 20	3 31	24 39	1 ♏ 14	28 29
27	29 37	10 41	20 24	13 34	4 9	24 25	2 53	28 31
28	29 39	10 45	20 19	13 46	4 47	24 9	4 32	28 33
29	29 41	10 48	20 15	14 0	5 25	23 50	6 11	28 35
30	29 43	10 52	20 10	14 13	6 4	23 29	7 49	28 37
31	29 45	10 55	20 5	14 26	6 42	23 6	9 26	28 39

Day	♂ Decl.	♀ Lat	♀ Decl.	☿ Lat	☿ Decl.	♇ Lat	♇ Decl.	☊
	° ′	° ′	° ′	° ′	° ′	° ′	° ′	° ′
1	5 N 56	5 S 27	22 S 38	1 N 29	5 N 22	15 N 25	15 N 4	0 ♓ 50
4	5 11	5 43	23 22	1 48	4 0	15 25	15 1	0 40
7	4 26	5 58	24 0	1 56	2 16	15 26	14 59	0 31
10	3 41	6 11	24 32	1 55	0 N 16	15 26	14 57	0 21
13	2 55	6 22	24 58	1 49	1 S 53	15 27	14 55	0 12
16	2 10	6 30	25 17	1 38	4 5	15 28	14 53	0 2
19	1 24	6 36	25 28	1 23	6 18	15 28	14 51	29 ♒ 53
22	0 N 38	6 37	25 29	1 6	8 28	15 29	14 50	29 43
25	0 S 8	6 34	25 20	0 48	10 35	15 30	14 48	29 33
28	0 54	6 25	25 0	0 28	12 36	15 31	14 47	29 24
31	1 39	6 10	24 29	0 8	14 31	15 32	14 46	29 14

Abbildung 45
Eine Seite aus der »Deutschen Ephemeride«, Oktober 1970

6 H 00M 00s		90° 00' 00" M 0° ♋				6 H 04M 22s		91° 05' 24" M 1° ♋		
XI	XII	A	II	III	N	XI	XII	A	II	III
♌	♍	♎	♎	♏	LAT	♌	♍	♎	♎	♏
1 42	0 47	0°00	29 13	28 18	45°	2 32	1 37	0°50	30 02	29 08
1 48	0 51	0 00	29 09	28 12	46°	2 38	1 40	0 49	29 58	29 02
1 54	0 55	0 00	29 05	28 06	47°	2 43	1 43	0 49	29 53	28 55
2 00	0 58	0 00	29 02	28 00	48°	2 49	1 46	0 48	29 49	28 49
2 06	1 02	0 00	28 58	27 54	49°	2 54	1 49	0 48	29 45	28 42
2 12	1 06	0 00	28 54	27 48	50°	3 00	1 52	0 47	29 41	28 36
2 18	1 09	0 00	28 51	27 42	51°	3 06	1 55	0 46	29 37	28 29
2 24	1 12	0 00	28 48	27 36	52°	3 11	1 58	0 46	29 34	28 23
2 30	1 15	0 00	28 45	27 30	53°	3 16	2 00	0 45	29 30	28 16
2 36	1 18	0 00	28 42	27 24	54°	3 22	2 02	0 44	29 26	28 09
2 42	1 20	0 00	28 40	27 18	55°	3 27	2 04	0 44	29 23	28 03
2 47	1 22	0 00	28 38	27 13	56°	3 31	2 05	0 43	29 21	27 57
♌	♍	♎	♎	♏		♌	♍	♎	♎	♏

6 H 08M 43s		92° 10' 48" M 2° ♋				6 H 13M 05s		93° 16' 10" M 3° ♋		
XI	XII	A	II	III	N	XI	XII	A	II	III
♌	♍	♎	♏	♏	LAT	♌	♍	♎	♏	♐
3 23	2 26	1°39	0 51	29 58	45°	4 13	3 16	2°29	1 39	0 47
3 28	2 29	1 39	0 46	29 51	46°	4 18	3 18	2 28	1 34	0 40
3 33	2 32	1 38	0 41	29 44	47°	4 23	3 20	2 26	1 29	0 33
3 38	2 34	1 36	0 37	29 37	48°	4 27	3 22	2 25	1 24	0 25
3 43	2 37	1 35	0 32	29 30	49°	4 32	3 24	2 23	1 19	0 18
3 48	2 39	1 34	0 27	29 23	50°	4 37	3 26	2 21	1 13	0 10
3 53	2 41	1 33	0 23	29 16	51°	4 41	3 28	2 20	1 08	0 02
3 58	2 43	1 32	0 19	29 09	52°	4 45	3 29	2 18	1 03	29♏55
4 03	2 45	1 31	0 14	29 01	53°	4 50	3 30	2 16	0 58	29 47
4 08	2 47	1 29	0 10	28 54	54°	4 54	3 31	2 14	0 54	29 39
4 12	2 48	1 28	0 07	28 47	55°	4 58	3 32	2 12	0 50	29 31
4 16	2 48	1 27	0 04	28 41	56°	5 01	3 32	2 10	0 46	29 24
♌	♍	♎	♏	♏		♌	♍	♎	♏	♏

6 H 17M 26s		94° 21' 32" M 4° ♋				6 H 21M 47s		95° 26' 51" M 5° ♋		
XI	XII	A	II	III	N	XI	XII	A	II	III
♌	♍	♎	♏	♐	LAT	♌	♍	♎	♏	♐
5 04	4 06	3°19	2 28	1 37	45°	5 55	4 56	4°08	3 16	2 26
5 08	4 07	3 17	2 22	1 29	46°	5 59	4 57	4 06	3 10	2 18
5 13	4 09	3 15	2 17	1 21	47°	6 03	4 58	4 03	3 04	2 09
5 17	4 11	3 13	2 11	1 13	48°	6 07	4 59	4 01	2 58	2 01
5 21	4 12	3 10	2 05	1 05	49°	6 11	5 00	3 58	2 51	1 52
5 25	4 13	3 08	1 59	0 57	50°	6 14	5 01	3 55	2 45	1 44
5 29	4 14	3 06	1 54	0 49	51°	6 17	5 01	3 52	2 39	1 35
5 33	4 15	3 03	1 48	0 41	52°	6 21	5 02	3 49	2 33	1 26
5 37	4 16	3 01	1 42	0 32	53°	6 24	5 02	3 46	2 26	1 17
5 41	4 16	2 59	1 37	0 23	54°	6 28	5 01	3 43	2 21	1 07
5 44	4 16	2 56	1 32	0 15	55°	6 30	5 00	3 40	2 15	0 58
5 46	4 16	2 54	1 28	0 07	56°	6 32	5 00	3 37	2 09	0 49
♌	♍	♎	♏	♐		♌	♍	♎	♏	♐

Abbildung 46
Eine Seite aus dem Buch: W.A. Koch und E. Schäck »Häusertabellen des Geburtsortes«

A= Ascendent
M= MC

Tabelle zur Berechnung der Mondbewegung

☽	14°45'	14°50'	14°55'	15°00'	15°05'	15°10'
	3'04,375"	3'05,416"	3'06,458"	3'07,500"	3'08,542"	3'09,583"
5 Min.	3'04"	3'05"	3'07"	3'08"	3'09"	3'10"
10 Min.	6 09	6 11	6 13	6 15	6 17	6 19
15 Min.	9 13	9 16	9 19	9 23	9 26	9 29
20 Min.	12 18	12 22	12 26	12 30	12 34	12 38
25 Min.	15 22	15 27	15 32	15 38	15 43	15 48
30 Min.	18 26	18 33	18 39	18 45	18 51	18 58
35 Min.	21 31	21 38	21 45	21 53	22 00	22 07
40 Min.	24 35	24 43	24 52	25 00	25 08	25 17
45 Min.	27 39	27 49	27 58	28 08	28 17	28 26
50 Min.	30 44	30 54	31 05	31 15	31 25	21 36
55 Min.	33 48	34 00	34 11	34 23	34 34	34 45
	36'52,5"	37'05,0"	37'17,5"	37'30,0"	37'42,5"	37'55,0"
1 Std.	36'53"	37'05"	37'18"	37'30"	37'43"	37'55"
2 Std.	1°13'45"	1°14'10"	1°14'35"	1°15'00"	1°15'25"	1°15'50"
3 Std.	1 50 38	1 51 15	1 51 53	1 52 30	1 53 08	1 53 45
4 Std.	2 27 30	2 28 20	2 29 10	2 30 00	2 30 50	2 31 40
5 Std.	3 04 23	3 05 25	3 06 28	3 07 30	3 08 33	3 09 35
6 Std.	3 41 15	3 42 30	3 43 45	3 45 00	3 46 15	3 47 30
7 Std.	4 18 08	4 19 35	4 21 03	4 22 30	4 23 58	4 25 25
8 Std.	4 55 00	4 56 40	4 58 20	5 00 00	5 01 40	5 03 20
9 Std.	5 31 53	5 33 45	5 35 38	5 37 30	5 39 23	5 41 15
10 Std.	6 08 45	6 10 50	6 12 55	6 15 00	6 17 05	6 19 10
10 Std.	6 45 38	6 47 55	6 50 13	6 52 30	6 54 48	6 57 05
12 Std.	7 22 30	7 25 00	7 27 30	7 30 00	7 32 30	7 35 00
13 Std.	7 59 23	8 02 05	8 04 48	8 07 30	8 10 13	8 12 55
14 Std.	8 36 15	8 39 10	8 42 05	8 45 00	8 47 55	8 50 50
15 Std.	9 13 08	9 16 15	9 19 23	9 22 30	9 25 38	9 28 45
16 Std.	9 50 00	9 53 20	9 56 40	10 00 00	10 03 20	10 06 40
17 Std.	10 26 53	10 30 25	10 33 58	10 37 30	10 41 03	10 44 35
18 Std.	11 03 45	11 07 30	11 11 15	11 15 00	11 18 45	11 22 30
19 Std.	11 40 38	11 44 35	11 48 33	11 52 30	11 56 28	12 00 25
20 Std.	12 17 30	12 21 40	12 25 50	12 30 00	12 34 10	12 38 20
21 Std.	12 54 23	12 58 45	13 03 08	13 07 30	13 11 53	13 16 15
22 Std.	13 31 15	13 35 50	13 40 25	13 45 00	13 49 35	13 54 10
23 Std.	14 08 08	14 12 55	14 17 43	14 22 30	14 27 18	14 32 05
24 Std.	14 45 00	14 50 00	14 55 00	15 00 00	15 05 00	15 10 00

Abbildung 47
Eine Seite aus dem Buch: R. Ebertin »Hilfstabellen zur Berechnung der Gestirnstände«

Name Beispielhoroskop I	Geb.-Tag 13. Okt. 1970	
Geb.-Ort ESSEN	Geb.-Zeit 5 h 20 m	Sternzeit 1 h 24 m 34 s
Geogr. Länge 7° 00' 38" ö L	Ortszeit 4 h 48 m	+/− Ortszeit 4 h 48 m s
		+/− Korrekt. 0 h 0 m 54 s
Geogr. Breite 51° 27' 25" N	Greenwich Weltzeit 4 h 20 m	Stzt. der Geb. 6 h 13 m 28 s

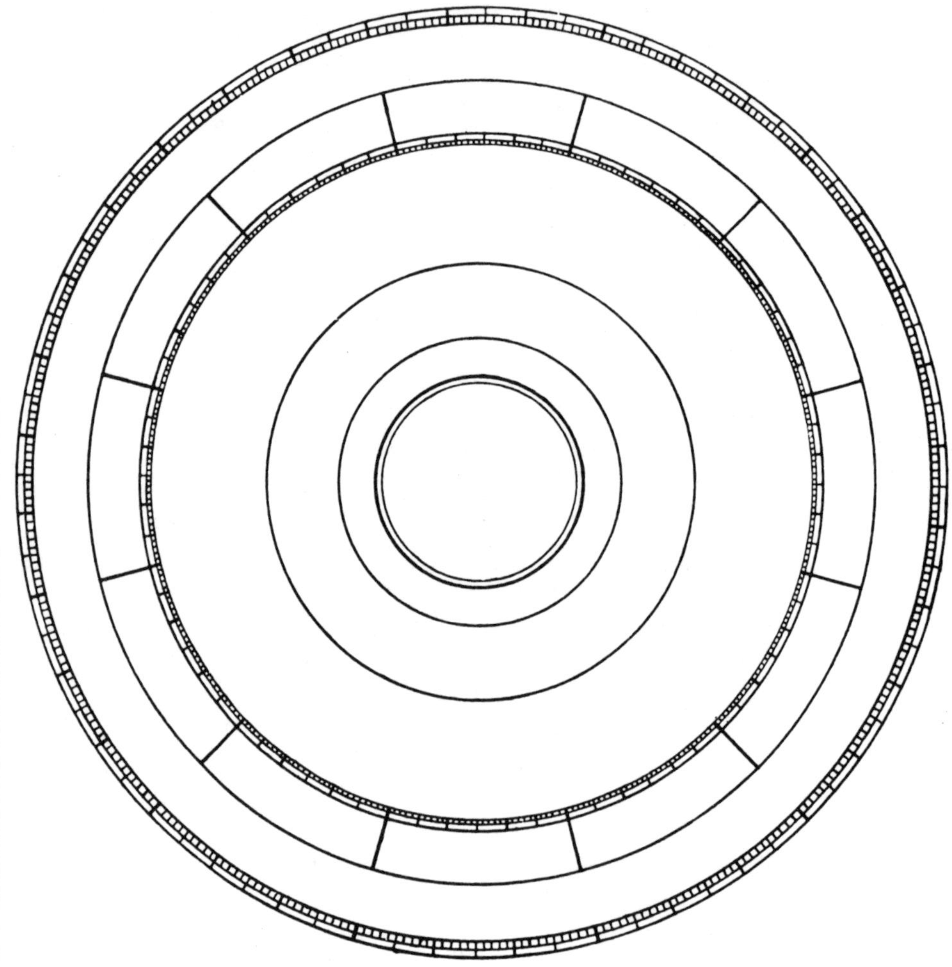

Planetenstände	Aspekte	Halbsummen
☉ 19° 25' 10" ♎		
☾ 26° 22' ♓		
☿ 9° 17' ♎		
♀ 24° 9' ♏		
♂ 25° 23' ♍		
♃ 10° 35' ♏		
♄ 21° 21' ♉ R		
♅ 9° 51' ♎		
♆ 29° 10' ♏		
♇ 28° 3' ♍		
☊ 0° 12' ♓		
° '		

Häuser			
MC	3° 00 ♋	Asc	2° 19 ♎
XI	5° ♌	II	1° ♏
XII	3° ♍	III	0° ♐

Verteilung der Gestirne	
üb. d. Horizont	
unt. d. Horizont	
Osthälfte	
Westhälfte	
Feuer	Kard.
Erde	Fest.
Luft	Veränd.
Wasser	

BH 17,5 Ebertin-Verlag Aalen

Abbildung 48
Beispielhoroskop für eine Geburt in Deutschland

Sternzeit-Korrektur

Korrekturen für	H	M	S
1 Stunde	00	00	10
2 Stunden	00	00	20
3 Stunden	00	00	30
4 Stunden	00	00	40
5 Stunden	00	00	50
6 Stunden	00	01	00
7 Stunden	00	01	10
8 Stunden	00	01	20
9 Stunden	00	01	30
10 Stunden	00	01	40
11 Stunden	00	01	50
12 Stunden	00	02	00
13 Stunden	00	02	10
14 Stunden	00	02	20
15 Stunden	00	02	30
16 Stunden	00	02	40
17 Stunden	00	02	50
18 Stunden	00	03	00
19 Stunden	00	03	10
20 Stunden	00	03	20
21 Stunden	00	03	30
22 Stunden	00	03	40
23 Stunden	00	03	50
24 Stunden	00	04	00
1– 6 Minuten	00	00	01
7–12 Minuten	00	00	02
13–18 Minuten	00	00	03
19–24 Minuten	00	00	04
25–30 Minuten	00	00	05
31–36 Minuten	00	00	06
37–42 Minuten	00	00	07
43–48 Minuten	00	00	08
49–54 Minuten	00	00	09
55–60 Minuten	00	00	10

Abbildung 49
Sternzeit-Korrektur

Anmerkung: Eine Sternzeit-Korrektur kann für einen beliebigen Tag nie größer als 4 Minuten sein.

Die Felderspitzen

Das zehnte Feld
Sehen Sie sich nun Abb. 50 an. In der Tabelle ist die Sternzeit, die unserer endgültigen Zahl am nächsten kommt, 17 Stunden, 38 Minuten, 13 Sekunden (Spalte 2), und neben ihr ist Schütze 25° angezeigt. Die an dieser Stelle angegebene Zahl gehört *immer* auf die Felderspitze des zehnten Feldes. Wir beginnen mit Schütze auf der Felderspitze des zehnten Feldes und setzen dann die Felderspitzen und ihre Gradzahlen nacheinander um das Horoskop herum ein. Wir benutzen Abb. 50, um sie zu ermitteln.

Das elfte Feld
Unter »Lat.« (Breitengrad – linke Hälfte der Seite) werden Sie den Breitengrad von Los Angeles, 34°N, feststellen. Lesen Sie diese Zeile quer weiter, und fangen Sie mit der Spalte für die Felderspitze des elften Feldes an. Wenn Sie jetzt in dieser Spalte nach oben schauen, so stellen Sie direkt darüber die beherrschende Gradzahl fest: 17,9; sie ist in Dezimalzahlen angegeben. So ergibt sich für 34°N der Wert 17,7. Die Zahl hinter dem Komma wird mit 6 multipliziert, damit wir Minuten erhalten. Dieses Ergebnis lautet 17°42′ (dies ist eine vereinfachte Methode, um 7/10 von 1° oder 60′ auszurechnen). In Abb. 50 erscheint das Zeichen Steinbock unter dem elften Feld (s. Abb. 52 in der 17°42′ unter Steinbock eingetragen ist).

Das zwölfte Feld
Wenn Sie in Abb. 50 die Felderspitze des zwölften Feldes suchen, werden Sie 14,4° feststellen. Die Vier wird wieder mit 6 multipliziert; hierdurch erhalten wir Wassermann 14°24′ (s. Abb. 52). Wassermann finden wir unter der Felderspitze des zwölften Feldes ganz oben in der Spalte.
In der gleichen Weise bestimmen Sie die anderen Felderspitzen.

Das Eintragen der Felder im Horoskop
In Abb. 52 sind die Felder eingetragen und durch Linien voneinander getrennt worden. Die Linie zehntes/viertes Feld ist besonders dick eingetragen; sie geht oben über das Rad hinaus und ist mit »M.C.« bezeichnet worden: *medium coeli* oder Himmelsmitte. Die Linie erstes/siebtes Feld ist ebenfalls besonders stark und geht links über das Horoskop hinaus. Sie ist mit »A« (= Ascendent) bezeichnet. Diese starken Linien erleichtern das Auffinden der Eck-Felder.
Beachten Sie, daß die Spitzen des neunten und zehnten Feldes beide vom Zeichen Schütze beherrscht werden. Zwischen den Felderspitzen des dritten und vierten Feldes, die beide von Zwillinge beherrscht werden, wurde eine Linie gezogen. Dies geschah, um zu vermeiden, daß dasselbe Zeichen von Ihnen zweimal gezählt wird, wenn Sie mit den Aspekten arbeiten. Eine solche Linie könnten Sie auch zwischen den Felderspitzen des 9. und 10. Feldes ziehen.
In Abb. 52 können Sie erkennen, daß die gesamten 30° des Zeichens Widder zwischen der ersten Felderspitze, Fische 21°38′, und der zweiten Felderspitze, Stier 2°24′, liegen. Man nennt eine solche Lage eine Einschließung; sie tritt in bestimmten Breitengraden zu bestimmten Tageszeiten auf. Wenn Geburtsplaneten in eingeschlossenen Zeichen angetroffen werden, sind sie oft nicht so wirksam. In Abb. 52 ist das Zeichen Widder im ersten Feld eingeschlossen. Da die Felderspitze des ersten Feldes vom Zeichen Fische beherrscht wird, beherrschen die Planeten, die Herrscher dieses Zeichens sind – Neptun und Jupiter –, das gesamte Feld, das an der Felderspitze des zweiten Feldes, Stier 2°24′, endet. So können Sie also sehen, wie verschiedene Zeichen, je nach Geburtszeit und Breitengrad, an den verschiedenen Felderspitzen erscheinen können.
Die Schritte 1, 2, 3, 4 und 5 werden *immer* dazu verwendet, das Horoskop zu erstellen.

TABLE OF HOUSES*

TABLE OF HOUSES FOR LATITUDES 22° TO 56°.

50	UPPER MERIDIAN, CUSP OF 10th H.																													
	SID. T. (H. M. S.) 17 33 51, ARC 263° 27′.8, ♐ 24°					17 38 13, 264° 33′.1, ♐ 25°					17 42 34, 265° 38′.5, ♐ 26°					17 46 55, 266° 43′.8, ♐ 27°					17 51 17, 267° 49′.2, ♐ 28°					17 55 38, 268° 54′.6, ♐ 29°				
H.	11	12	1	2	3	11	12	1	2	3	11	12	1	2	3	11	12	1	2	3	11	12	1	2	3	11	12	1	2	3
Lat.	♑	♒	♓	♈	♉	♑	♒	♓	♈	♉	♑	♒	♓	♉	♊	♑	♒	♓	♉	♊	♑	♒	♓	♉	♊	♑	♒	♓	♉	♊
°	°	°	° ′	°	°	°	°	° ′	°	°	°	°	° ′	°	°	°	°	° ′	°	°	°	°	° ′	°	°	°	°	° ′	°	°
22	18.8	16.6	21 23	28.5	28.5	19.8	17.8	22 49	29.8	29.6	20.8	19.0	24 15	1.0	0.7	21.9	20.2	25 41	2.3	1.7	22.9	21.5	27 7	3.6	2.8	24.0	22.7	28 33	4.8	3.9
23	6	3	21 17	7	6	6	5	22 44	9	7	7	18.8	24 11	2	8	7	0	25 38	5	9	8	2	27 5	8	3.0	23.8	5	28 33	5.0	4.0
24	4	1	21 11	9	8	5	3	22 39	♉ 0.1	9	5	5	24 7	4	1.0	6	19.8	25 35	7	2.0	6	0	27 3	4.0	1	7	2	28 32	2	2
25	3	15.8	21 5	29.1	9	3	0	22 34	3	♊	4	3	24 3	6	1	4	5	25 32	9	2	5	20.7	27 1	2	3	5	0	28 31	5	3
26	1	5	20 59	3	29.1	2	16.8	22 29	5	0.2	2	0	23 59	8	3	3	3	25 29	3.1	3	22.3	5	26 59	4	4	4	21.8	28 29	7	5
27	17.9	3	20 53	5	3	0	5	22 24	7	3	0	17.8	23 55	2.1	4	1	0	25 26	4	5	2	2	26 57	6	3.6	2	5	28 28	9	7
28	8	0	20 46	7	4	18.8	2	22 18	1.0	5	19.9	5	23 50	3	1.6	20.9	18.7	25 22	6	7	0	0	26 55	9	7	0	3	28 27	6.2	8
29	6	14.7	20 39	9	6	7	15.9	22 12	2	7	7	2	23 45	5	7	8	5	25 19	8	8	21.8	19.7	26 52	5.1	9	22.9	0	28 26	4	5.0
30	4	4	20 31	♉ 0.1	7	5	6	22 6	4	8	5	16.9	23 40	7	9	6	2	25 15	4.1	3.0	6	4	26 50	4	4.1	7	20.7	28 25	7	1
31	2	1	20 24	3	9	3	3	21 59	6	1.0	3	6	23 35	3.0	2.1	4	17.9	25 11	3	2	5	2	26 47	6	3	5	5	28 23	9	3
32	1	13.8	20 16	5	♊ 0.1	1	0	21 52	9	2	2	3	23 29	2	3	2	6	25 7	5	3	3	18.9	26 44	9	4	4	2	28 22	7.2	5
33	16.9	4	20 7	8	3	17.9	14.7	21 45	2.1	4	0	0	23 23	5	4	0	3	25 2	8	5	1	6	26 41	6.1	6	2	19.9	28 21	5	7
34	7	1	19 58	1.0	5	7	4	21 38	4	5	18.8	15.6	23 17	7	6	19.8	16.9	24 58	5.1	7	20.9	2	26 38	4	8	0	6	28 19	8	9
35	5	12.7	19 48	3	7	5	0	21 30	7	7	6	3	23 11	4.0	8	6	6	24 53	4	9	7	17.9	26 35	7	5.0	21.8	2	28 18	8.1	6.1
36	3	3	19 38	6	9	3	13.6	21 21	3.0	9	4	14.9	23 4	3	3.0	4	2	24 48	7	4.1	5	5	26 32	7.1	2	6	18.9	28 16	4	3
37	0	11.9	19 27	9	1.1	1	2	21 12	3	2.1	1	5	22 57	7	2	2	15.9	24 43	6.0	3	3	2	26 28	4	4	3	5	28 14	8	5
38	15.8	5	19 16	2.2	3	16.9	12.8	21 2	6	4	17.9	1	22 49	5.0	5	0	5	24 37	4	5	1	16.8	26 24	8	6	1	1	28 12	9.1	7
39	6	1	19 4	5	5	6	4	20 52	9	6	7	13.7	22 41	4	7	18.8	1	24 31	7	8	19.8	4	26 20	8.1	9	20.9	17.7	28 10	5	9
40	3	10.7	18 51	8	7	4	0	20 41	4.3	8	4	3	22 33	7	9	5	14.6	24 24	7.1	5.0	6	0	26 16	5	6.1	6	3	28 8	9	7.2
41	1	2	18 37	3.2	2.0	1	11.5	20 30	7	3.1	2	12.8	22 23	6.1	4.2	3	2	24 17	5	2	3	15.5	26 11	9	3	4	16.9	28 6	10.3	4
42	14.8	9.7	18 22	6	2	15.9	0	20 17	5.1	3	16.9	4	22 13	5	4	0	13.7	24 10	8.0	5	1	1	26 6	9.4	6	2	4	28 3	8	7
43	6	2	18 6	4.0	5	6	10.5	20 4	5	6	7	11.9	22 2	7.0	7	17.7	2	24 1	4	8	18.8	14.6	26 1	8	9	19.9	0	28 0	11.2	8.0
44	3	8.6	17 49	5	7	3	9.9	19 49	6.0	8	4	3	21 51	4	9	5	12.7	23 52	9	6.0	5	1	25 55	10.3	7.1	6	15.5	27 57	7	2
45	0	0	17 30	9	3.0	0	4	19 33	4	4.1	1	10.8	21 38	9	5.2	2	1	23 43	9.4	3	2	13.5	25 48	8	4	3	14.9	27 54	12.2	5
46	13.7	7.4	17 9	5.3	3	14.7	8.8	19 16	8	4	15.8	2	21 24	8.3	5	16.9	11.6	23 32	9	6	17.9	12.9	25 41	11.3	7	0	4	27 51	7	8
47	3	6.8	16 47	7	6	4	2	18 57	7.3	7	5	9.6	21 9	8	8	5	0	23 21	10.4	9	6	3	25 34	8	8.0	18.7	13.9	27 47	13.2	9.1
48	0	1	16 22	6.2	9	1	7.5	18 37	8	5.0	1	8.9	20 52	9.3	6.1	2	10.4	23 8	9	7.2	3	11.7	25 25	12.4	3	3	3	27 42	8	4
49	12.7	5.4	15 55	7	4.3	13.7	6.8	18 13	8.3	3	14.8	2	20 33	9	4	15.8	9.7	22 54	11.5	5	16.9	1	25 16	13.0	6	0	12.6	27 38	14.4	7
50	3	4.7	15 24	7.3	6	3	1	17 48	9	7	4	7.5	20 12	10.5	8	5	0	22 38	12.1	9	6	10.4	25 5	6	9.0	17.6	11.9	27 33	15.1	10.1
51	11.9	3.9	14 50	9	5.0	0	5.3	17 19	9.5	6.1	0	6.7	19 49	11.2	7.2	1	8.2	22 21	8	8.3	2	9.6	24 53	14.3	4	2	2	27 27	8	5
52	5	0	14 12	8.6	4	12.6	4.4	16 46	10.2	5	13.6	5.9	19 23	9	6	14.7	7.4	22 1	13.5	7	15.8	8.8	24 40	15.1	8	16.8	10.4	27 20	16.6	9
53	1	2.1	13 28	9.4	8	1	3.5	16 9	11.0	9	2	0	18 52	12.7	8.0	2	6.5	21 38	14.3	9.1	3	7.9	24 25	9	10.2	4	9.5	27 12	17.5	11.3
54	10.6	1.1	12 37	10.2	6.2	11.6	2.5	15 26	9	7.4	12.7	4.0	18 18	13.6	5	13.7	5.5	21 12	15.2	6	14.8	6.9	24 7	16.8	7	15.9	8.5	27 3	18.4	8
55	0	0.0	11 38	11.1	7	1	1.4	14 36	12.8	9	2	2.9	17 37	14.5	9.0	2	4.4	20 41	16.1	10.1	3	5.9	23 46	17.8	11.2	4	7.4	26 53	19.4	12.3
56	9.5	♑ 28.8	10 30	12.1	7.2	10.5	0.2	13 38	13.8	8.5	11.6	1.7	16 49	15.5	6	12.7	3.2	20 4	17.1	7	13.7	4.7	23 21	18.9	8	14.8	6.2	26 40	20.5	9

Dalton's Table of Houses: Spherical Basis of Astrology, Macoy Publishing & Masonic Supply Company. Reproduced with permission of the publishers.

Abbildung 50
Feldertabelle für Breitengrade zwischen 22° und 56°

Die Stellung der Planeten

Als nächstes muß die *genaue* Stellung der Planeten zum Geburtszeitpunkt am Geburtsort eingetragen werden. Sehen Sie sich noch einmal das Rechenbeispiel auf Seite 146 an. Beachten Sie, daß in Schritt 6 die genaue Ortszeit nochmals aufgeführt wird – 2 Stunden, 31 Minuten, 00 Sekunden. Hierzu addiert man die EGMT (Äquivalente Greenwich Weltmittelzeit) von 7 Stunden, 53 Minuten, 00 Sekunden, die man in dem Buch fand, das die Angaben für Längen- und Breitengrade enthielt. Wir erhalten so ein Ergebnis von 9 Stunden, 84 Minuten, 00 Sekunden – oder 10 Stunden, 24 Minuten, 00 Sekunden. Dieses Endergebnis wird mit GMT (GZ) bezeichnet (Schritt 7).

Bemerkung:
1 Tag kann nicht mehr als 24 Stunden haben.
1 Stunde kann nicht mehr als 60 Minuten haben.
1 Minute kann nicht mehr als 60 Sekunden haben.
1 astrologisches Zeichen kann nicht mehr als 30° haben.
1° kann nicht mehr als 60′ haben.

Schauen Sie sich als nächstes Abb. 51, »Proportionale Logarithmen«, an. In der obersten Zeile, von links nach rechts, stehen die Zahlen 0 bis 23, die sowohl für Stunden- und Grad-Deutung verwendet werden. In den äußeren senkrechten Spalten (auf beiden Seiten) stehen die Zahlen, die für Minuten-Deutung verwendet werden. Unser Beispiel lautet 10 Stunden, 24 Minuten, 00 Sekunden. Der Logarithmus für 10 Stunden und 24 Minuten ist .3632. Diese Zahl ist als C.L.-Zahl (Konst.Log.) eingesetzt. Mit Hilfe dieser Zahl wird die Stellung jedes Planeten im Horoskop korrigiert.

Die Sonne
Der Längengrad für die Sonne am 7. November 1972 ist mit 15°11′ Skorpion angegeben. (Der tatsächliche Längengrad ist 15°10′52″ Skorpion – den wir aus der Abb. 9/10 erhalten – aber diese Zahl wurde aufgerundet.) Am nächsten Tag, am 8. November, wird der Längengrad der Sonne mit 16°11′ Skorpion ausgewiesen. (Wiederum wurde die tatsächliche Zahl – aus der Ephemeride abgelesen – gleich 16°11′08″, abgerundet.) Dies zeigt an, daß die Bewegung der Sonne in einer 24-Stunden-Periode genau gleich 60′ oder 1° war. An diesem als Beispiel herangezogenen Fall kann man den Unterschied leicht erkennen. Man muß sich jedoch daran gewöhnen, von einem geringeren Grad und Minutenwert *nach vorne* auf einen höheren Grad und Minutenwert hin zu rechnen, so daß man Fehler vermeidet. Wenn Sie 49′ zu den 15°11′ Skorpion addieren, so erhalten Sie als Ergebnis eine glatte Zahl: 16°. Da unsere nächstgrößere Zahl für die Sonne 16°11′ lautet, wurden die 11′ zu den 49′ hinzuaddiert, und ergaben so eine Gesamtbewegung von 60′ oder 1° für eine 24-Stunden-Periode.
Den Logarithmus für die gesamte Bewegung der Sonne in 24 Stunden finden wir in Abb. 51 unter 1° – 1.3802. Zu dieser Zahl addieren wir den C.L. (Konst.Log.) für die Bewegung der Sonne in 10 Stunden und 24 Minuten – .3632. So erhalten wir 1,7434, einen Wert, den wir umwandeln müssen. In der senkrechten 0° Spalte der Abb. 51 finden wir diese Zahl neben 26′. Diese 26′ werden zur Stellung der Sonne am 7. hinzuaddiert. Das Ergebnis zeigt uns, daß die Sonne zur Geburtszeit des Nativen in 15°37′ Skorpion stand; wir tragen dies in das Geburtshoroskop (Abb. 52) ein.

Der Mond
Lassen Sie uns nun den Mond berechnen. Der Längengrad des Mondes am 7. ist 0°50′ Schütze und am 8. 12°39′ Schütze; hieraus ergibt sich eine Gesamtdifferenz zwischen den beiden Tagen von 11°49′. Schauen Sie sich die Berechnungsmethode an. Denken Sie daran, daß Sie immer hinzuaddieren müssen, um keinen Fehler zu begehen. Werden 10′ zu den 0° 50′ Schütze hinzuaddiert, so ist das Ergebnis ein gerader Wert von 1° Schütze. Werden weitere 11° hinzuaddiert, so ist das Ergebnis ein gerader Wert von 12° Schütze. Werden weitere 39′ hinzuaddiert, so ist das Ergebnis 12° Schütze 39′ – dies ist die Stellung des Mondes am 8. Diese Rechnung zeigt, daß die gesamte Bewegung in 24 Stunden gleich 11°49′ war. Wenn wir die Proportional-Logarithmen-Tabelle für die Umwandlung der Zahl benutzen, so wird die Umwandlungszahl .3077 dort gefunden, wo die 11 Stunden (oder Grad)-Spalte die 49′-Spalte schneidet. Addieren Sie, wie gewöhnlich, den C.L. (Konst.Log.) von .3632 hinzu; das Ergebnis ist .6709. Die Zahl, die in der Tabelle diesem Wert am nächsten kommt, ist .6712. Das ergibt 5°07′ – dies ist die gesamte Bewegung des Mondes in 10 Stunden, 24 Minuten. Die 5°07′ werden zur Stellung des Mondes am 7. hinzuaddiert; als Ergebnis erhalten wir 5°57′ Schütze als die Stellung des Mondes; dies wird in das Horoskop eingesetzt.

Pluto
Die Längengrade von Pluto werden nun auf einer gesonderten Seite der Ephemeriden für das ganze Jahr angegeben; der Längengrad wird etwa zwei-, dreimal pro Monat aufgeführt, da sich der Planet sehr langsam bewegt. In Abb. 53 wird der Längengrad von Pluto am 6. November mit 3°25′ Waage und zehn Tage später, am 16. November, mit 3° 42′ Waage angegeben – dies ergibt eine 10-Tage-Differenz von 17′. Dies zeigt, daß Pluto circa 1′ bis 2′ pro Tag zurücklegt. Wir suchen die Stellung von Pluto am 7.; wir fügen also 1′ zur Stellung vom 6. hinzu, und erhalten 3° Waage 26′. Dies wird in das Horoskop eingetragen.

Deklination

Pluto
Wir beginnen mit Pluto, um die Deklination der Planeten zu ermitteln.
Da Pluto sich so langsam bewegt, haben wir die Deklinationsstellung vom 6. November (gemäß Abbildung 53) – 13°N18′ – in unserem Rechenbeispiel eingetragen.

Neptun, Uranus, Saturn und Jupiter
Neptun, Uranus, Saturn und Jupiter bewegen sich gleichfalls sehr langsam. Neptun wird in Abbildung 9 für den 7. November 1972 mit 19°S27′, Uranus mit 7°S23′, Saturn mit 21°N22′ und Jupiter mit 23°S24′ angegeben.
Beachten Sie bitte, daß die Deklinationen in Intervallen von 2 Tagen angegeben werden.

Mars
Für Mars ist eine Korrektur erforderlich. Die Berechnung ist derjenigen für die Planeten sehr ähnlich. Denken Sie daran, daß der C.L. (Konst.Log.) gleich .3632 ist. Schauen Sie Abb. 9/10 an. Am 7. ist Mars 8°S48′ und am 9., zwei Tage später, 9°S18′, woraus sich eine Differenz von 30′ für zwei Tage ergibt. Da wir die Bewegung für einen Tag kennen müssen, dividieren wir 30′ durch 2; dies ergibt 15′ für einen Tag. Dies wird in den Logarithmus 1.9823 umgewandelt, zu dem der C.L. (Konst. Log.) hinzuaddiert wird. Das Ergebnis wird wieder umgewandelt und die nächste Zahl, 7′, zur Stellung von Mars am 7. hinzuaddiert. Die Stellung von Mars ist nun 8°S55′.
Benutzen Sie dieselbe Methode für Venus, Merkur, die Sonne und den Mond.

Fertigstellung des Horoskops

Beachten Sie, daß in Abbildung 52 der nördliche Knoten des Mondes im elften Feld erscheint und der Glückspunkt im ersten Feld. In den Kapiteln 14 und 15 wurde besprochen, wie man ihre Stellungen berechnet.
Nun müssen nur noch die Verteilung in den Eckfeldern usw. und die rückläufigen Planeten aufgeschrieben werden, um das Horoskop fertigzustellen. Das zehnte Feld, ein Eckfeld, zeigt Jupiter an. Das siebte Feld, ein weiteres Eckfeld, zeigt Pluto, Venus, Uranus und Mars an. In den Mittelfeldern gibt es nur einen Planeten – die Sonne. Die fallenden Felder zeigen Saturn im dritten Feld und Merkur, den Mond und Neptun im neunten Feld. Saturn ist der einzige rückläufige Planet. Wir schreiben sie in der linken Textspalte oberhalb der Abbildung 52 auf.
Auf der unteren rechten Seite der Abbildung 52 werden die Planeten aufgeschrieben, wie sie in kardinalen, festen und veränderlichen Zeichen und im Feuer-, Erd-, Luft- oder Wasser-Element erscheinen.

Proportionale Logarithmen

Minuten	STUNDEN UND GRADE												Minuten
	0	1	2	3	4	5	6	7	8	9	10	11	
0	3.1584	1.3802	1.0792	9031	7781	6812	6021	5351	4771	4260	3802	3388	0
1	3.1584	1.3730	1.0756	9007	7763	6798	6009	5341	4762	4252	3795	3382	1
2	2.8573	1.3660	1.0720	8983	7745	6784	5997	5330	4753	4244	3788	3375	2
3	2.6812	1.3590	1.0685	8959	7728	6769	5985	5320	4744	4236	3780	3368	3
4	2.5563	1.3522	1.0649	8935	7710	6755	5973	5310	4735	4228	3773	3362	4
5	2.4594	1.3454	1.0614	8912	7692	6741	5961	5300	4726	4220	3766	3355	5
6	2.3802	1.3388	1.0580	8888	7674	6726	5949	5289	4717	4212	3759	3349	6
7	2.3133	1.3323	1.0546	8865	7657	6712	5937	5279	4708	4204	3752	3342	7
8	2.2553	1.3258	1.0511	8842	7639	6698	5925	5269	4699	4196	3745	3336	8
9	2.2041	1.3195	1.0478	8819	7622	6684	5913	5259	4690	4188	3738	3329	9
10	2.1584	1.3133	1.0444	8796	7604	6670	5902	5249	4682	4180	3730	3323	10
11	2.1170	1.3071	1.0411	8773	7587	6656	5890	5239	4673	4172	3723	3316	11
12	2.0792	1.3010	1.0378	8751	7570	6642	5878	5229	4664	4164	3716	3310	12
13	2.0444	1.2950	1.0345	8728	7552	6628	5866	5219	4655	4156	3709	3303	13
14	2.0122	1.2891	1.0313	8706	7535	6614	5855	5209	4646	4149	3702	3297	14
15	1.9823	1.2833	1.0280	8683	7518	6600	5843	5199	4638	4141	3695	3291	15
16	1.9542	1.2775	1.0248	8661	7501	6587	5832	5189	4629	4133	3688	3284	16
17	1.9279	1.2719	1.0216	8639	7484	6573	5820	5179	4620	4125	3681	3278	17
18	1.9031	1.2663	1.0185	8617	7467	6559	5809	5169	4611	4117	3674	3271	18
19	1.8796	1.2607	1.0153	8595	7451	6546	5797	5159	4603	4109	3667	3265	19
20	1.8573	1.2553	1.0122	8573	7434	6532	5786	5149	4594	4102	3660	3258	20
21	1.8361	1.2499	1.0091	8552	7417	6519	5774	5139	4585	4094	3653	3252	21
22	1.8159	1.2445	1.0061	8530	7401	6505	5763	5129	4577	4086	3646	3246	22
23	1.7966	1.2393	1.0030	8509	7384	6492	5752	5120	4568	4079	3639	3239	23
24	1.7781	1.2341	1.0000	8487	7368	6478	5740	5110	4559	4071	3632	3233	24
25	1.7604	1.2289	0.9970	8466	7351	6465	5729	5100	4551	4063	3625	3227	25
26	1.7434	1.2239	0.9940	8445	7335	6451	5718	5090	4542	4055	3618	3220	26
27	1.7270	1.2188	0.9910	8424	7318	6438	5706	5081	4534	4048	3611	3214	27
28	1.7112	1.2139	0.9881	8403	7302	6425	5692	5071	4525	4040	3604	3208	28
29	1.6969	1.2090	0.9852	8382	7286	6412	5684	5061	4516	4032	3597	3201	29
30	1.6812	1.2041	0.9823	8361	7270	6398	5673	5051	4508	4025	3590	3195	30
31	1.6670	1.1993	0.9794	8341	7254	6385	5662	5042	4499	4017	3583	3189	31
32	1.6532	1.1946	0.9765	8321	7238	6372	5651	5032	4491	4010	3577	3183	32
33	1.6398	1.1899	0.9737	8300	7222	6359	5640	5023	4482	4002	3570	3176	33
34	1.6269	1.1852	0.9708	8279	7206	6346	5629	5013	4474	3995	3563	3170	34
35	1.6143	1.1806	0.9680	8259	7190	6333	5618	5003	4466	3987	3556	3164	35
36	1.6021	1.1761	0.9652	8239	7174	6320	5607	4994	4457	3979	3549	3157	36
37	1.5902	1.1716	0.9625	8219	7159	6307	5596	4984	4449	3972	3542	3151	37
38	1.5786	1.1671	0.9597	8199	7143	6294	5585	4975	4440	3964	3535	3145	38
39	1.5673	1.1627	0.9570	8179	7128	6282	5574	4965	4432	3957	3529	3139	39
40	1.5563	1.1584	0.9542	8159	7112	6269	5563	4956	4424	3949	3522	3133	40
41	1.5456	1.1540	0.9515	8140	7097	6256	5552	4947	4415	3942	3515	3126	41
42	1.5351	1.1498	0.9488	8120	7081	6243	5541	4937	4407	3934	3508	3120	42
43	1.5249	1.1455	0.9462	8101	7066	6231	5531	4928	4399	3927	3501	3114	43
44	1.5149	1.1413	0.9435	8081	7050	6218	5520	4918	4390	3919	3495	3108	44
45	1.5051	1.1372	0.9409	8062	7035	6205	5509	4909	4382	3912	3488	3102	45
46	1.4956	1.1331	0.9383	8043	7020	6193	5498	4900	4374	3905	3481	3096	46
47	1.4863	1.1290	0.9356	8023	7005	6180	5488	4890	4365	3897	3475	3089	47
48	1.4771	1.1249	0.9330	8004	6990	6168	5477	4881	4357	3890	3468	3083	48
49	1.4682	1.1209	0.9305	7985	6975	6155	5466	4872	4349	3882	3461	3077	49
50	1.4594	1.1170	0.9279	7966	6960	6143	5456	4863	4341	3875	3455	3071	50
51	1.4508	1.1130	0.9254	7947	6945	6131	5445	4853	4333	3868	3448	3065	51
52	1.4424	1.1091	0.9228	7929	6930	6118	5435	4844	4324	3860	3441	3059	52
53	1.4341	1.1053	0.9203	7910	6915	6106	5424	4835	4316	3853	3435	3053	53
54	1.4260	1.1015	0.9178	7891	6900	6094	5414	4826	4308	3846	3428	3047	54
55	1.4180	1.0977	0.9153	7873	6885	6081	5403	4817	4300	3838	3421	3041	55
56	1.4102	1.0939	0.9128	7854	6871	6069	5393	4808	4292	3831	3415	3035	56
57	1.4025	1.0902	0.9104	7836	6856	6057	5382	4799	4284	3824	3408	3028	57
58	1.3949	1.0865	0.9079	7818	6841	6045	5372	4789	4276	3817	3401	3022	58
59	1.3875	1.0828	0.9055	7800	6827	6033	5361	4780	4268	3809	3395	3016	59

Abbildung 51

STUNDEN UND GRADE

Minuten	12	13	14	15	16	17	18	19	20	21	22	23	Minuten
0	3010	2663	2341	2041	1761	1498	1249	1015	0792	0580	0378	0185	0
1	3004	2657	2336	2036	1756	1493	1245	1011	0788	0577	0375	0182	1
2	2998	2652	2330	2032	1752	1489	1241	1007	0785	0573	0337	0179	2
3	2992	2646	2325	2027	1747	1485	1237	1003	0781	0570	0368	0175	3
4	2986	2641	2320	2022	1743	1481	1234	0999	0777	0566	0364	0172	4
5	2980	2635	2315	2017	1738	1476	1229	0996	0774	0563	0361	0169	5
6	2974	2629	2310	2012	1734	1472	1225	0992	0770	0559	0358	0166	6
7	2968	2624	2305	2008	1729	1468	1221	0988	0766	0556	0355	0163	7
8	2962	2618	2300	2003	1725	1464	1217	0984	0763	0552	0352	0160	8
9	2956	2613	2295	1998	1720	1460	1213	0980	0759	0549	0348	0157	9
10	2950	2607	2289	1993	1716	1455	1209	0977	0756	0546	0345	0153	10
11	2945	2602	2284	1989	1711	1451	1205	0973	0752	0542	0342	0150	11
12	2938	2596	2279	1984	1707	1447	1201	0969	0749	0539	0339	0147	12
13	2933	2591	2274	1979	1702	1443	1197	0965	0745	0535	0335	0144	13
14	2927	2585	2269	1974	1698	1438	1193	0962	0742	0532	0332	0141	14
15	2921	2580	2264	1969	1694	1434	1189	0958	0738	0529	0329	0138	15
16	2915	2575	2259	1965	1689	1430	1185	0954	0734	0525	0326	0135	16
17	2909	2569	2254	1960	1685	1426	1182	0950	0731	0522	0322	0132	17
18	2903	2564	2249	1955	1680	1422	1178	0947	0727	0518	0319	0129	18
19	2897	2558	2244	1950	1676	1417	1174	0943	0724	0515	0316	0125	19
20	2891	2553	2239	1946	1671	1413	1170	0939	0720	0511	0313	0122	20
21	2885	2547	2234	1941	1667	1409	1166	0935	0717	0508	0309	0119	21
22	2880	2542	2229	1936	1663	1405	1162	0932	0713	0505	0306	0116	22
23	2874	2536	2223	1932	1658	1401	1158	0928	0709	0501	0303	0113	23
24	2868	2531	2218	1927	1654	1397	1154	0924	0706	0498	0300	0110	24
25	2862	2526	2213	1922	1649	1393	1150	0920	0702	0495	0296	0107	25
26	2856	2520	2208	1917	1645	1388	1146	0917	0699	0491	0292	0104	26
27	2850	2515	2203	1913	1640	1384	1142	0913	0695	0488	0290	0101	27
28	2845	2509	2198	1908	1636	1380	1138	0909	0692	0485	0287	0098	28
29	2839	2504	2193	1903	1632	1376	1134	0905	0688	0481	0283	0094	29
30	2833	2499	2188	1899	1627	1372	1130	0902	0685	0478	0280	0091	30
31	2827	2493	2183	1894	1623	1368	1126	0898	0681	0474	0277	0088	31
32	2821	2488	2178	1890	1619	1363	1123	0894	0678	0471	0274	0085	32
33	2816	2483	2173	1885	1614	1359	1118	0891	0674	0468	0271	0082	33
34	2810	2477	2168	1880	1610	1355	1115	0887	0670	0464	0267	0079	34
35	2804	2472	2164	1875	1605	1351	1111	0883	0667	0461	0264	0076	35
36	2798	2467	2159	1871	1601	1347	1107	0880	0664	0458	0261	0073	36
37	2793	2461	2154	1866	1597	1343	1103	0876	0660	0454	0258	0070	37
38	2787	2456	2149	1862	1592	1339	1099	0872	0656	0451	0255	0067	38
39	2781	2451	2144	1857	1588	1335	1095	0868	0653	0448	0251	0064	39
40	2775	2445	2139	1852	1584	1331	1092	0865	0649	0444	0248	0061	40
41	2770	2440	2134	1848	1579	1327	1088	0861	0646	0441	0245	0058	41
42	2764	2435	2129	1843	1575	1322	1084	0857	0642	0437	0242	0055	42
43	2758	2430	2124	1838	1571	1318	1080	0854	0639	0434	0239	0052	43
44	2753	2424	2119	1834	1566	1314	1076	0850	0635	0431	0235	0048	44
45	2747	2419	2114	1829	1562	1310	1072	0846	0632	0428	0232	0045	45
46	2741	2414	2109	1825	1558	1306	1068	0843	0629	0424	0229	0042	46
47	2736	2409	2104	1820	1553	1302	1064	0839	0625	0421	0226	0039	47
48	2730	2403	2099	1816	1549	1298	1061	0835	0621	0418	0223	0036	48
49	2724	2398	2095	1811	1545	1294	1057	0832	0618	0414	0220	0033	49
50	2719	2393	2090	1806	1540	1290	1053	0828	0614	0411	0216	0030	50
51	2713	2388	2085	1802	1536	1286	1049	0824	0611	0408	0213	0027	51
52	2707	2382	2080	1797	1532	1282	1045	0821	0608	0404	0210	0024	52
53	2702	2377	2075	1793	1528	1278	1041	0817	0604	0401	0207	0021	53
54	2696	2372	2070	1788	1523	1274	1037	0814	0601	0398	0204	0018	54
55	2691	2367	2065	1784	1519	1270	1034	0810	0597	0394	0201	0015	55
56	2685	2362	2061	1779	1515	1266	1030	0806	0594	0391	0197	0012	56
57	2679	2356	2056	1774	1510	1261	1026	0803	0590	0388	0194	0009	57
58	2674	2351	2051	1770	1506	1257	1022	0799	0587	0384	0191	0006	58
59	2668	2346	2046	1765	1502	1253	1018	0795	0583	0381	0188	0003	59

NAME A, FEMALE PHONE — 118°W15'

ADDRESS — 34°N03'

CITY STATE ZIP — +7ᵐ00ˢ

BIRTH MONTH NOV. DAY 7 YEAR 1972 TIME 2:24 ST.T. AM/PM (PM circled) — +7ᴴ53ᵐ00ˢ

BIRTH PLACE LOS ANGELES, CA.

ANG. ♃ ☋ ♀ ♅ ♂

SUCC. ☉

CAD. ♄ ☿ ☽ ♆

℞ ♄

C.L. 3632 (7th)

☽ 11°49'

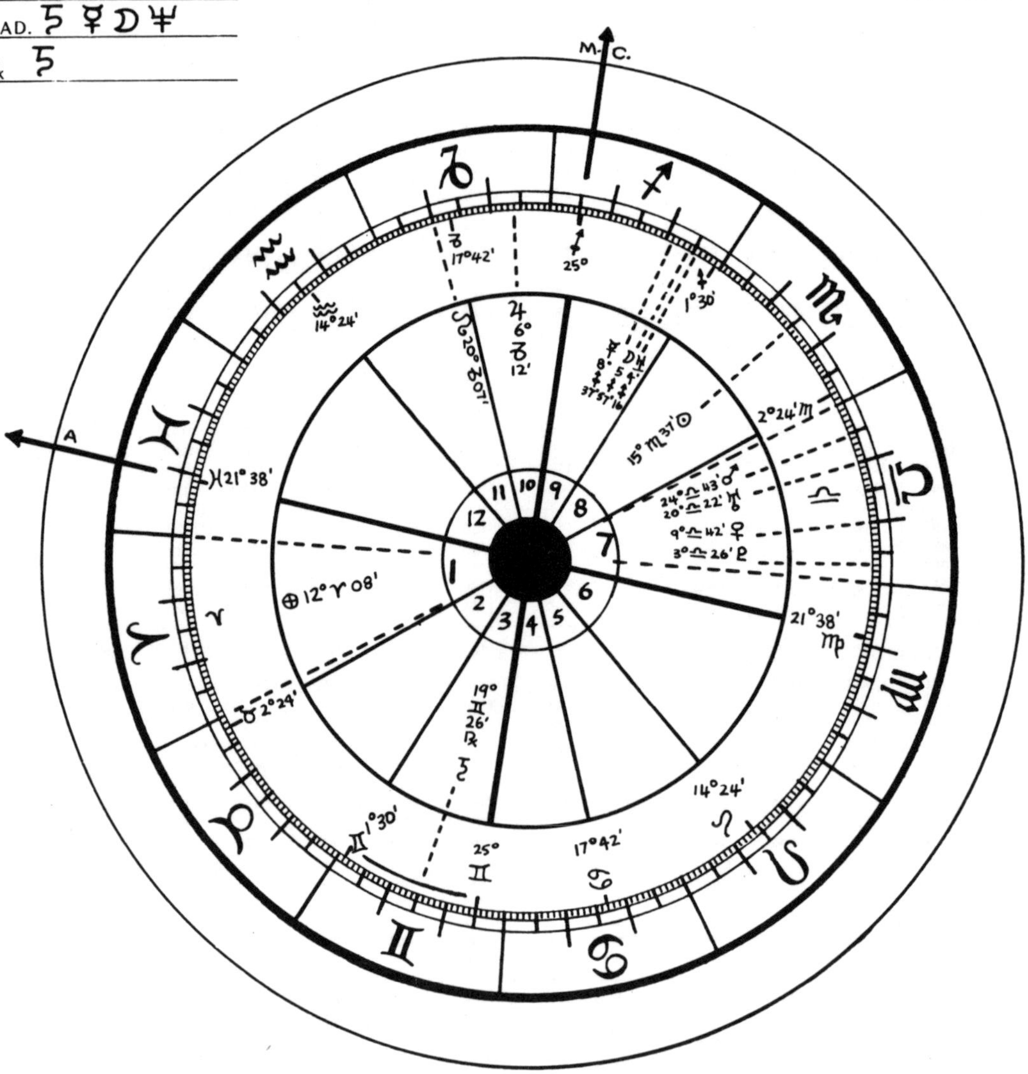

	KARDINAL	FEST	VERÄNDERLICH
FEUER			
ERDE	♃		☿ ☽ ♆
LUFT	☋ ♀ ♅ ♂		♄
WASSER		☉	

Abbildung 52
Fertiges Muster eines Geburtshoroskops

Date	Long.	Lat.	Dec.	Date	Long.	Lat.	Dec.	Date	Long.	Lat.	Dec.
	° ′	° ′	° ′		° ′	° ′	° ′		° ′	° ′	° ′
Jan. 1	2≏ 3	16N 16	14N 5	May 10	29♍33	16N 37	15N 23	Sept. 17	1≏37	15N 50	13N 52
11	2℞ 2	16 21	14 10	20	29 25	16 33	15 22	27	2 0	15 51	13 43
21	1 58	16 27	14 17	30	29 20	16 28	15 20	Oct. 7	2 23	15 52	13 35
31	1 51	16 32	14 24	June 9	29D 19	16 23	15 17	17	2 45	15 54	13 28
Feb. 10	1 41	16 36	14 32	19	29 20	16 18	15 12	27	3 6	15 56	13 22
20	1 28	16 40	14 40	29	29 25	16 14	15 5	Nov. 6	3 25	15 59	13 18
Mar. 1	1 14	16 43	14 49	July 9	29 33	16 9	14 58	16	3 42	16 3	13 15
11	0 58	16 45	14 57	19	29 45	16 5	14 49	26	3 57	16 8	13 13
21	0 42	16 46	15 4	29	29♍58	16 1	14 40	Dec. 6	4 9	16 13	13 13
31	0 26	16 46	15 10	Aug. 8	0≏15	15 57	14 31	16	4 18	16 19	13 14
Apr. 10	0≏10	16 45	15 16	18	0 33	15 55	14 21	26	4 24	16 24	13 18
20	29♍56	16 43	15 20	28	0 53	15 52	14 11	Jan. 1	4≏25	16N 28	13N 20
30	29♍43	16N 40	15N 22	Sept. 7	1≏15	15N 51	14N 1				

Abbildung 53
Die Stellung von Pluto ♇ im Jahre 1972

Das Errechnen eines Geburtshoroskopes für einen Geburtsort mit südlicher Breite

Wie Sie wissen, ist auf der Südhalbkugel der Erde Winter, wenn bei uns Sommer ist. Der Tierkreis »kippt« also, wenn Sie nach Süden fahren und den Äquator in südlicher Richtung überschreiten.
Nehmen wir als Beispiel hierfür eine Geburt an, die wie im ersten Beispiel um 2h24m p.m. am 7. Nov. 1972 erfolgt wäre, auf dem gleichen Längengrad von 118°15′, jedoch mit einer *südlichen* Breite von 34°3′. (Sie werden dort kein Land finden; nehmen wir daher an, daß die Geburt auf einem Schiff stattfand. Solche Fälle gibt es. Dann muß man später, so gut es geht, die Breite und Länge bestimmen.)
Die Berechnung wäre zunächst die gleiche, wobei wir von der Voraussetzung ausgehen, daß im Süden die gleiche Zonenzeit herrscht wie im Norden. Meist ist das der Fall.
Eines steht bei unserer Berechnung schon fest: Das M.C. muß immer das gleiche sein, nämlich 25° Schütze. Alle Menschen, die zur gleichen Ortszeit auf dem gleichen Längengrad geboren sind, haben das gleiche M.C., jedoch sehr verschiedene Ascendentengrade. Wir rechnen also wie im vorigen Beispiel und erhalten am Ende der Berechnung 17h39m53s.
Der erste Schritt bei einer südlichen Geburt lautet nun: 12 Stunden dazuzählen (oder abziehen, wenn die Zahl größer als 12 ist). In unserem Fall würden wir von 17h39m53s 12 Stunden abziehen und erhalten 5h39m53s.
Für diesen Wert sehen Sie nun in den Häusertabellen nach und finden für die Spitze des 10. Feldes (= M.C.) einen Wert von 25° Zwilling. Diesem Wert müssen Sie nun 6 Zeichen hinzuzählen, um die Oppositionsstelle zu erhalten, das ist in diesem Fall 25° Schütze. Diesen Wert tragen Sie nun in das Horoskop ein und haben damit die Spitze des 10. Feldes (= M.C.). So verfahren Sie mit allen anderen Häusern. Sie lesen beispielsweise den Ascendentengrad ab und finden dort Jungfrau. Sie nehmen nun den Oppositionspunkt in Fische und tragen in dem gefundenen Grad unter Fische den Ascendenten ein. So gehen Sie bei jeder Häuserspitze vor: aus der Tabelle ablesen und den Oppositionspunkt in das Horoskop eintragen.
Als nächstes lesen Sie nun in der Tabelle unter »2. Feld« den Wert ab; nehmen wir an, es sei 10° Waage, dann tragen Sie im Horoskop unter »2. Feld« 10° Widder ein. Sie sehen, es ist wirklich nicht schwer.
Bei Geburten im Ausland werden Sie ab und zu den Begriff hören, die Geburt sei um ... Uhr vormittags *Ortszeit* erfolgt. Lassen Sie sich dadurch nicht irritieren. Gemeint ist damit immer die Zonenzeit. Im Sprachgebrauch wird statt Zonenzeit oft der Begriff Ortszeit verwendet.
Eventuell müssen Sie bei Ihren Berechnungen auch die Sommerzeit berücksichtigen. Beispielsweise galt in den Kriegsjahren Sommerzeit. Wenn Sie also ein Horoskop für den 6. August 1941 aufstellen, müssen Sie immer von Sommerzeit ausgehen. Es ist zwecklos, bei dem Nativen nachzufragen, welche Zeit gemeint sei, Sommerzeit oder MEZ. Der Laie merkt sich solche Dinge kaum, und nach dem Tag der Zeit-Umstellung geht das Leben seinen gewohnten Gang.

25
Die Berechnung der Direktionen

Direktionen verwendet man, wenn man den Eintritt künftiger Ereignisse berechnen will. Eine bewährte Direktionsart wird »Sonnenbogen« genannt; er weist auf Tendenzen in einem bestimmten Jahr hin. Eine andere Art heißt »Mondbogen«; er weist auf den Monat, in dem ein bestimmtes Ereignis eintritt. Ein Geburtshoroskop ähnelt stark dem Zifferblatt einer Uhr, auf dem die Zahlen fest aufgedruckt sind: die Sonnenbogendirektion entspricht dem Stundenzeiger; die im Transit befindlichen Planeten, die durch die Himmel ziehen, entsprechen dem dahineilenden Minutenzeiger, der laufende Ascendent ist der Sekundenzeiger.

Die Sonnenbogen-Direktion

Wir berechnen eine Sonnenbogen-Direktion für das zehnte Lebensjahr, wobei wir uns des Horoskops in der Abbildung 54 bedienen. Die Regel für Direktionen lautet, daß jedem Tag in der Ephemeride (Abb. 9) ein Lebensjahr entspricht. Wenn wir annehmen, daß das Geburtsdatum der 7. November 1972 ist, die Sonne am Tage der Geburt (wie in der Ephemeride unter 7. angegeben) bei 15°10′ Skorpion steht, und wenn wir dann zehn Tage weiterzählen (was zehn Jahren entspricht), erreichen wir dementsprechend den siebzehnten Tag, mit der Sonne in 25°14′ Skorpion. Der Unterschied in Graden zwischen diesen beiden Daten beträgt 10°04′; dies bezeichnet man als den Sonnenbogen. Denken Sie daran, daß sich die Sonne um etwa 1° pro Jahr bewegt; für jeden zusätzlichen Monat fügt man 5′ hinzu. Der Sonnenbogen repräsentiert das zehnte Lebensjahr. Sehen Sie sich die folgenden Berechnungen an. Wenn Sie diesen Bogen zum Geburtsascendenten von 21°38′ Fische hinzuaddieren, wäre der Ascendent für das zehnte Lebensjahr 1°42′ Widder. Die Geburtsstellung von Saturn ist 19°26′ Zwillinge. Hat man den Bogen von 10°04′ hinzuaddiert, wäre Saturns Stellung für das zehnte Lebensjahr 29°30′ Zwillinge. Die Direktionen für alle übrigen Planeten werden in der gleichen Weise hergestellt. Die Direktionen für Sensitiv-Punkte und Mondknoten können ebenso hergestellt werden. Alle bedeutenderen Direktionen sind in Abb. 54 aufgeführt.

Vergleichen Sie nun die Stellung der auf diese Weise vorgerückten Planeten mit den Radix-Planeten. Das Verhältnis zwischen vorgeschobenen Planeten und Geburts-Planeten weist auf künftige Tendenzen. Benutzen Sie für die Deutung die gleiche Art von Aspekten, die in den Kapiteln 4, 5 und 6 erklärt wurden. In Kapitel 18 werden die sich aus Direktionen und Transiten ergebenden Stellungen der Planeten in den verschiedenen Feldern des Horoskops besprochen. In Kapitel 21, das die vollständige Deutung eines Horoskops enthält, werden die Direktionen gedeutet, um so die zeitliche Bestimmung aktueller Ereignisse nachzuweisen.

Die Mondbogen-Direktion

Verwenden Sie die Stellung des Mondes für den Mondbogen. In dem Fall, den wir als Beispiel verwendet haben, war der Mond am siebten bei 0°50′ Schütze; zehn Tage später, am siebzehnten, stand er bei 6°42′ Widder. Die Differenz beträgt 4 Zeichen 05°52′. Die Zahl auf dem Mondbogen repräsentiert den 7. November 1982, also zehn Jahre später. Um die Stellung des Mondes für zehn Jahre *und einen Monat* zu finden, müßten Sie die Differenz in der Bewegung des Monds zwischen dem 17. und 18. Tag ermitteln; diese Differenz beträgt 14°38′. Da 1° gleich 60′ ist, müssen 14° gleich 840′ sein – plus 38′, wodurch wir ein Ergebnis von 878′ erhalten. Teilt man dies durch 12 Monate, so bekommt man 73′, oder 1°13′ pro Monat für den Mond. Wenn Sie also wissen wollen, wo sich der Mond nach einem Zeitraum *von zehn Jahren und einem Monat* befindet, muß 1°13′ zum Bogen des Monds für das zehnte Jahr hinzuaddiert werden – wodurch gezeigt wird, daß der Bogen des Monds 4 Zeichen 07°05′ wäre. Für jeden zusätzlichen Monat müßten weitere 1°13′ hinzugefügt werden. Von einem Tag zum anderen bewegt sich der Mond um 11°48′ bis 15°19′. Monddirektionen, d. h. solche, die Monate bestimmen, berechnet man für Geburtsplaneten und Geburtsfelderspitzen.

Nach den mit Sonnenbogen vorgerückten Planetenstellungen sind die Monddirektionen nur Hinweise auf kommende Ereignisse eines gegebenen Jahres, oder sie bilden den Hintergrund für sie. Die nach dem Mondbogen vorgerückte Stellung eines Planeten grenzt den Zeitpunkt näher ein; denken Sie aber daran, daß keiner dieser Aspekte ohne die Transite aktiviert werden kann. Transite sind die laufenden Planetenstellungen, die in einer Ephemeride angegeben werden; sie sind die auslösenden Faktoren für den Eintritt eines Ereignisses.

Der Mond ist unter den zehn Planeten der schnellste. Er braucht etwas weniger als einen Monat, um durch alle zwölf Zeichen zu wandern.

Anmerkung des Verlages: In Deutschland rechnet man nur selten nach dem Mondbogen (Minor Arc), in den USA ist er geläufig. In Deutschland wird meist nur der »Sekundärmond« bei Sekundärdirektion mit zur Deutung herangezogen. Er ist mit dem ☾ des Mondbogens identisch. Die in Deutschland übliche Methode ist die Methode der Sonnenbogendirektionen nach Ebertin (in Kombination mit den laufenden Planeten), die vor allem dem Anfänger zu empfehlen ist, da er damit schnell die Deutungszusammenhänge erfaßt. Sie wurde in Kapitel 22 erläutert.

Die Sonnenbogen-Direktion für das zehnte Jahr

Sonne am 7. (Tag der Geburt) —— 15°10′ ♏

= Differenz von 10°04′

Sonne am 17. (repräsentiert 10 Jahre) —— 25°14′ ♏

Der Sonnenbogen beträgt 10°04′. Alle Planeten und insbesondere der Ascendent und die Himmelsmitte rücken um diesen Wert vor.

Beispiel:

21°38′ ♓ (Geburts-Asc.)
+ 10°04′ (Sonnenbogen)
1°42′ ♈ = Stellung, die sich nach dem Sonnenbogen ergibt.
Ascendent für das 10. Jahr – 7. Nov., 1982.

Beispiel:

19°26′ ♊ (Geburts-Saturn)
+ 10°04′ (Sonnenbogen)
29°30′ ♊ = Stellung, die sich nach dem Sonnenbogen ergibt.
Saturn für das 10. Jahr – 7. Nov., 1982

Die Mondbogen-Direktion für das zehnte Jahr

☾ am 7. (Geburtstag) — 0°50′ ♐

= Differenz 4 Zeichen 05°52′

☾ am 17. (entspricht dem 10. Jahr) — 6°42′ ♈

(Mondbogen)

Der Mondbogen (☾) beträgt 4 Zeichen 05°52′. Alle Planeten sowie insbesondere der Ascendent und die Himmelsmittenfelderspitze rücken um diesen Wert vor.

Beispiel: Ascendent (21°38′ ♓)
Plus 4 Zeichen = 21°38′ ♋
+ 5°52′

27°30′ ♋ = Stellung, die sich aus der Progression ergibt.

Ascendent für das 10. Jahr – 7. Nov., 1982.

Gesamt-Bewegung des Mondes zwischen:
17. Tag = 6°42′ ♈
= Differenz 14°38′
18. Tag = 21°20′ ♈

14 × 60′ = 840′
+ 38′

878′ geteilt durch 12 Monate
= 73′ = 1°13′ pro Monat.

Für das 10. Jahr – 7. Nov., 1982 — 4ᶻ05°52′
+ 1 Monat— 1°13′
Mondbogen für 10 Jahre und 1 Monat — = 4ᶻ07°05′

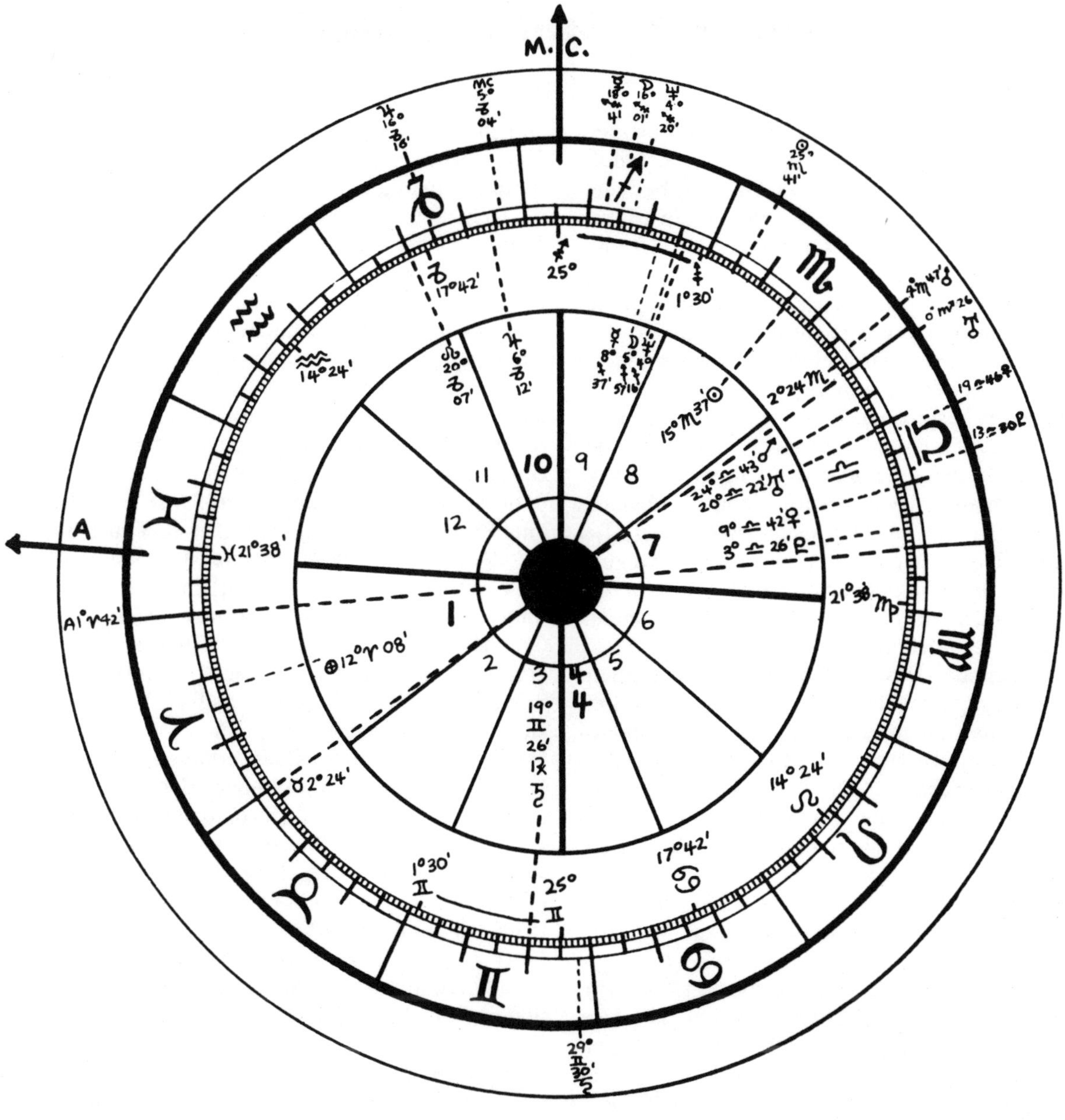

Abbildung 54
Sonnenbogen-Direktionen im äußeren Ring

Die Sekundär-Direktionen

Wie Sie schon bei den ersten beiden Direktionsarten gesehen haben, ist der »Schlüssel« für eine Direktionsart entscheidend; dieser »Schlüssel« bedeutet Umwandlung von Bogen in Zeit. Direktionen können jedoch nur auslösen, was im Grundhoroskop (Radix) als Tendenz angezeigt ist.
Der Direktionsschlüssel für die Direktionen lautet »Jeder Tag nach der Geburt gilt für ein Jahr des Lebens«. Bei den Sekundärdirektionen werden jedoch alle Gestirne in den Ephemeriden abgelesen.
Bei den zuerst besprochenen Sonnenbogen-Direktionen wurde also für das 10. Lebensjahr der Sonnenbogen berechnet, den die Sonne in 10 Tagen zurückgelegt hatte. Um diesen Bogen wurden nun *alle* Planeten vorgeschoben (oder, wie man auch sagt, dirigiert). Bei den Mond-Direktionen wurde die Mondbewegung benutzt, um den Mondbogen zu berechnen. Um diesen Mondbogen wurden wiederum *alle* Planeten gleichmäßig vorgeschoben.
Bei den Sekundär-Direktionen stimmt der Sonnenstand nach einem beliebigen Zeitraum mit den Sonnenbogen-Direktionen überein. Bei den Mondbogen-Direktionen stimmt der Mondstand mit dem Mondstand der Sekundär-Direktionen überein. In allen Planetenständen unterscheidet sich aber die Sekundär-Direktion von den anderen Direktionsarten. Die Planetenstände werden bei den Sekundär-Direktionen aus der Ephemeride abgelesen. Die langsamen Planeten verändern sich dabei oft kaum, ab Mars ändert sich aber der Planetenstand sehr schnell.
Sehen wir uns wieder die Ephemeride an (Abb. 45). Nehmen wir der Einfachheit halber an, jemand sei am 1. Oktober 1970, nachts um 1.00 h MEZ geboren. Die Greenwichzeit (GZ) wäre dann 0.00 h. Somit könnten wir die Ephemeridenstände aus der Tabelle sofort abschreiben als Radix-Stände. Der Uranus radix wäre hier also 9°4′ ♎. Um die Einflüsse für das 13. Lebensjahr zu untersuchen, würden wir die Planetenstände am 13. Oktober ansehen und untersuchen, ob sie Winkel zu Radix-Planeten bilden. Wir sehen beispielsweise, daß sich der Merkur von seinem Radixstand in 19°55′ ♍ fortbewegt hat und nach 13 Tagen (= 13 Jahren) in 8°58′ ♎ steht. Er ist damit 6 Bogenminuten vom Uranus entfernt und wird ihn bald überschreiten.
Wir haben hier die Sekundär-Direktion Merkur Konjunktion Uranus vorliegen. In richtiger Schreibweise ☿$_{sek}$ ☌ ♅$_{r}$. Würde nun Uranus im Radix im 9. Felde stehen, so wäre hier beispielsweise eine Reise möglich. Eine gewisse Nervosität wäre u. U. auch zu spüren, die natürlich bei einem 13jährigen nicht so deutlich ins Gewicht fiele wie bei einem Streßgeplagten mit 52 Jahren. Es hat aber keinen Zweck, etwa genau nachzurechnen, in welchem Monat und an welchem Tag dieser Aspekt exakt wird, und von daher das Ereignis bestimmen zu wollen. Man müßte dann zusätzlich die Ephemeriden des betreffenden Jahres (hier 13 Jahre nach der Geburt, also 1983) ansehen, um zu suchen, ob sich noch ähnliche Konstellationen finden. Würde in dieser Zeit etwa auch noch der Jupiter über den Ascendenten gehen (ein hervorragender Reisetermin!), dann könnte man schon mit größerer Sicherheit auf eine Reise tippen. Am besten ist es aber auch hier, Sie wenden die schon beschriebene Methode von Kapitel 22 an. Wenn Sie sich ausführlicher mit den äußerst interessanten Sekundärdirektionen befassen wollen, dann lohnt es sich, das Buch von Ebertin »Lebensdiagramme« zu studieren, das sich ausführlich mit den Sekundärdirektionen befaßt und auch Anleitungen zur graphischen Gestaltung gibt.
Mit den Sekundärdirektionen erhalten Sie oft Hinweise, die Ihnen manches im Leben leichter verständlich machen. Es kommt nämlich vor, daß manche Planeten – vor allem Jupiter, Saturn, aber teilweise auch die schnellen Planeten – tagelang (d. h. also jahrelang, oft jahrzehntelang) in einem Grad stehen. Dann können sich positive oder auch spannungsreiche Aspekte über Jahre hinweg bilden und so das Schicksal entsprechend gestalten. Sehen Sie noch einmal die Ephemeride in Abb. 45 an. Sie sehen dort, daß die Venus bis 25°13′ ♏ vorwärts läuft und dann rückläufig wird. Nehmen wir an, jemand, der am 20. Sept. 1970 geboren ist, hat ein MC von 24°41′ ♏. Hier steht sekundärdirektional die Venus am MC, dem Berufspunkt. Da auch hier der Orbis, wie bei den Transiten, von 1/2 Grad vor bis 1/2 Grad nach der exakten Konjunktion reicht, würde das bedeuten, daß der Umkreis der Wirkung sich bei 24°41′ ♏ radix von 24°11′ bis 25°11′ erstreckte. Das hieße in diesem Fall, daß diese Direktion etwa vom 13. Okt. bis 28. Okt. fällig ist. Mit anderen Worten, etwa vom 23. Lebensjahr bis zum 38. Lebensjahr wäre Venus Konjunktion Berufspunkt. Können Sie sich vorstellen, was das bedeuten würde? Sie erleben es im Leben immer wieder, daß manche über lange Zeit hinweg das Glück gepachtet zu haben scheinen und ihnen alle beruflichen Pläne

gelingen, und dann erleben Sie, wie es auf einmal plötzlich abreißt. Es kann natürlich ebenso passieren, daß der Saturn in den Sekundär-Direktionen rückläufig wird und auf dem Ascendenten »stehenbleibt«. Dann gibt es eine schwierige Phase im Umgang mit der Umwelt, eine Zeit, die viele Einschränkungen mit sich bringt. Auch hier sind die Lebensumstände mit einzubeziehen.

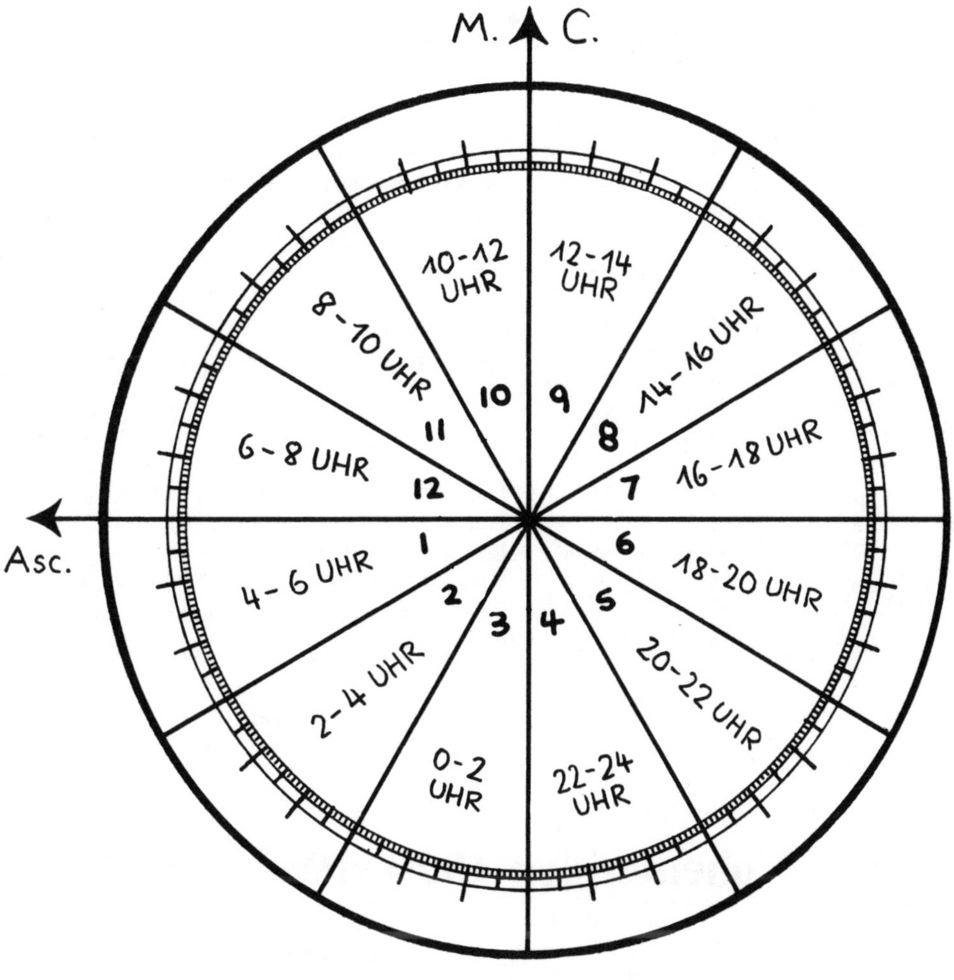

Abbildung 55
Die Geburtszeit bestimmt, in welchem Feld die Sonne steht

Die obige Abbildung soll Ihnen helfen, die Ascendentenberechnung zu kontrollieren. Sie ersehen aus dieser Darstellung ungefähr, wo die Sonne stehen muß. Dadurch, daß ein Teil der Ephemeriden für 12 Uhr und für 0 Uhr im Handel ist, kommen leicht Verwechslungen vor. Ist jemand nachts um 2 Uhr geboren, so kann die Sonne nicht im 9. Feld stehen, denn da kann sie nur nachmittags stehen. Sie haben wahrscheinlich Mittags- mit Mitternachtsephemeriden verwechselt.
Ebenso hängt es von der Jahreszeit ab, wo die Sonne in Ascendentennähe steht. Im Hochsommer steht die Sonne um 7 Uhr schon im 12. Feld, im Winter dagegen um 7 Uhr noch im 1. Feld.

Längen- und Breitengrade europäischer Orte

Ort	Geographische Position: Geogr. Breite °	'		Länge von Greenwich °	'	H	M	S
Aachen	+50	47	ö.	6	4	0	24	16
Amsterdam (NL)	+52	22	ö.	4	55	0	19	40
Antwerpen (Belgien)	+51	12	ö.	4	25	0	17	40
Athen (Griechenld.)	+37	58	ö.	23	43	1	34	52
Augsburg	+48	22	ö.	10	54	0	43	36
Belgrad (Jugoslaw.)	+44	48	ö.	20	29	1	21	56
Berlin	+52	30	ö.	13	30	0	54	00
Bern (Schweiz)	+46	57	ö.	7	26	0	29	44
Bonn	+50	44	ö.	7	6	0	28	24
Bremen	+53	4	ö.	8	49	0	35	16
Brüssel (Belg.)	+50	50	ö.	4	20	0	17	20
Budapest (Ungarn)	+47	29	ö.	19	3	1	16	12
Bukarest (Rumänien)	+44	25	ö.	26	7	1	44	28
Dublin (Irland)	+53	23	w.	6	20	0	25	20
Düsseldorf	+51	13	ö.	6	47	0	27	8
Edinburgh (Schottld.)	+55	57	w.	3	11	0	12	44
Essen	+51	27	ö.	7	00	0	28	00
Frankfurt/Main	+50	7	ö.	8	41	0	34	44
Frankfurt/Oder	+52	21	ö.	14	33	0	58	12
Freiburg/Brsg.	+47	59	ö.	7	51	0	31	24
Hamburg	+53	33	ö.	9	59	0	39	56
Hannover	+52	22	ö.	9	44	0	38	56
Heidelberg	+49	24	ö.	8	42	0	34	48
Helsingfors (Finnland)	+60	10	ö.	24	57	1	39	48
Kopenhagen (Dän.)	+55	42	ö.	12	36	0	50	24
Lissabon (Portugal)	+38	42	w.	9	8	0	36	32
London (Großbrit.)	+51	30	w.	0	6	0	00	24
Lyon (Frankreich)	+45	41	ö.	4	49	0	19	16
Madrid (Spanien)	+40	24	w.	3	41	0	14	44
Mailand (Italien)	+45	28	ö.	9	11	0	36	44
Marseille (Frankr.)	+43	18	ö.	5	23	0	21	32
Moskau (UdSSR)	+55	45	ö.	37	34	2	30	16
München	+48	8	ö.	11	36	0	46	24
Neapel (Italien)	+40	51	ö.	14	9	0	56	36
Oslo (Norwegen)	+59	55	ö.	10	44	0	42	56
Palermo (Italien)	+38	6	ö.	13	20	0	53	20
Paris (Frankreich)	+48	51	ö.	2	20	0	09	20
Prag (CSR)	+50	5	ö.	14	25	0	57	40
Rejkjavik (Island)	+64	8	w.	21	55	1	27	40
Rom (Italien)	+41	54	ö.	12	28	0	49	52
Sofia (Bulgarien)	+42	42	ö.	23	20	1	33	20
Stockholm (Schwed.)	+59	20	ö.	18	3	1	12	12
Stuttgart	+48	46	ö.	9	10	0	36	40
Warschau (Polen)	+52	13	ö.	21	2	1	24	08
Wien (Österr.)	+48	14	ö.	16	30	1	06	00

Ephemeriden 1920–1982

1920	♇	♆	♅	♄	♃
1. 1.	6°36′ ♋	10°57′ ♌	29° 0′ ♒	11°36′ ♍	16°58′ ♌
1. 4.	5°40′	8°50′	3°51′ ♓	5°52′	8° 7′
1. 7.	7°17′	10° 5′	5°30′	7°20′	18° 5′
1. 10.	8°50′	13°11′	2°24′	17°56′	7°29′ ♍
1921					
1. 1.	7°46′ ♋	13°12′ ♌	2°50′ ♓	24°48′ ♍	18°54′ ♍
1. 4.	6°47′	11° 4′	7°36′	19°54′	10°42′
1. 7.	8°24′	12°13′	9°31′	19°24′	13°19′
1. 10.	9°59′	15°20′	6°30′	29°15′	1°12′ ♎
1922					
1. 1.	8°57′ ♋	15°28′ ♌	6°38′ ♓	7°23′ ♎	17°17′ ♎
1. 4.	7°54′	13°19′	11°21′	3°43′	14°24′
1. 7.	9°32′	14°21′	13°32′	1°28′	9°54′
1. 10.	11° 9′	17°29′	10°36′	10°17′	24°32′

1923	♇	♆	♅	♄	♃
1. 1.	10° 7′ ♋	17°43′ ♌	10°27′ ♓	19°25′ ♎	13°18′ ♏
1. 4.	9° 4′	15°33′	15° 5′	17°15′	17°51′
1. 7.	10°40′	16°29′	17°32′	13°32′	9° 7′
1. 10.	12°19′	19°38′	14°43′	21° 7′	18°30′
1924					
1. 1.	11°18′ ♋	19°59′ ♌	14°61′ ♓	0°56′ ♏	8°30′ ♐
1. 4.	10°14′	17°47′	18°52′	0°21′	19°52′
1. 7.	11°48′	18°38′	21°30′	25°37′ ♎	12° 1′
1. 10.	13°29′	21°48′	18°47′	1°55′ ♏	14°26′
1925					
1. 1.	12°30′ ♋	22°13′ ♌	18°07′ ♓	12° 7′ ♏	3°16′ ♑
1. 4.	11°25′	20° 1′	22°36′	13° 8′	20°13′
1. 7.	12°58′	20°46′	25°28′	7°43′	18°45′
1. 10.	14°41′	23°55′	22°55′	12°29′	13°28′
1926					
1. 1.	13°43′ ♋	24°27′ ♌	21°58′ ♓	22°51′ ♏	28°58′ ♑
1. 4.	12°36′	22°16′	26°19′	25°30′	19° 9′ ♒
1. 7.	14° 6′	22°54′	29°26′	19°50′	26°48′
1. 10.	15°53′	26° 3′	27° 3′	22°59′	17°35′
1927					
1. 1.	14°56′ ♋	26°42′ ♌	25°50′ ♓	3°19′ ♐	26°24′ ♒
1. 4.	13°47′	24°30′	0° 3′ ♈	7°30′	17°16′ ♓
1. 7.	15°18′	25° 1′	3°23′	1°59′	2°40′ ♈
1. 10.	17° 5′	28°11′	1°11′	3°30′	27°19′ ♓
1928					
1. 1.	16°10′ ♋	28°56′ ♌	29°43′ ♓	13°34′ ♐	26°36′ ♓
1. 4.	14°59′	26°44′	3°50′ ♈	19° 7′	15°19′ ♈
1. 7.	16°30′	27°11′	7°21′	14° 6′	5° 5′ ♉
1. 10.	18°18′	0°20′ ♍	5°18′	14° 8′	8°45′
1929					
1. 1.	17°25′ ♋	1° 9′ ♍	3°38′ ♈	23°46′ ♐	0°30′ ♉
1. 4.	16°11′	28°58′ ♌	7°35′	0°28′ ♑	13°16′
1. 7.	17°40′	29°19′	11°17′	26°18′ ♐	4°12′ ♊
1. 10.	19°32′	2°27′ ♍	9°27′	24°48′	16°23′
1930					
1. 1.	18°40′ ♋	3°24′ ♍	7°33′ ♈	3°47′ ♑	7°50′ ♊
1. 4.	17°25′	1°13′	11°19′	11°33′	11°48′
1. 7.	18°52′	1°27′	15°13′	8°33′	1° 3′ ♋
1. 10.	20°47′	4°34′	13°37′	5°38′	18°18′
1931					
1. 1.	19°56′ ♋	5°38′ ♍	11°29′ ♈	13°43′ ♑	16°14′ ♋
1. 4.	18°40′	3°29′	15° 2′	22°25′	11°25′
1. 7.	20° 5′	3°34′	19° 7′	20°52′	26°25′
1. 10.	22° 3′	6°40′	17°49′	16°43′	15°47′ ♌
1932					
1. 1.	21°13′ ♋	7°52′ ♍	15°27′ ♈	23°45′ ♑	21°50′ ♌
1. 4.	19°56′	5°44′	18°51′	3°15′ ♒	12°42′
1. 7.	21°19′	5°44′	23° 4′	3° 6′	21°47′
1. 10.	23°20′	8°49′	21°57′	28° 7′ ♑	10°53′ ♍

1933	☊	♆	♅	♄	♃
1. 1.	22°31′ ♋	10° 5′ ♍	19°27′ ♈	4°3′ ♒	23°11′ ♍
1. 4.	21°13′	7°59′	22°37′	13°56′	15°33′
1. 7.	22°34′	7°53′	26°59′	15°26′	16°59′
1. 10.	24°38′	10°57′	26° 8′	9°54′	4°29′ ♎
1934					
1. 1.	23°50′ ♋	12°18′ ♍	23°28′ ♈	14°23′ ♒	21° 6′ ♎
1. 4.	22°31′	10°14′	26°24′	24°37′	19°19′
1. 7.	23°50′	10° 2′	0°54′ ♉	27°47′	13°53′
1. 10.	25°56′	13° 3′	0°21′	22° 3′	27°50′
1935					
1. 1.	25°10′ ♋	14°31′ ♍	27°30′ ♈	25° 0′ ♒	16°51′ ♏
1. 4.	23°50′	12°29′	0°12′ ♉	5°19′ ♓	22°34′
1. 7.	25° 7′	12°11′	4°49′	10° 9′	13°36′
1. 10.	27°15′	15°10′	4°33′	4°41′	21°58′
1936					
1. 1.	26°31′ ♋	16°45′ ♍	1°35′ ♉	5°56′ ♓	11°39′ ♐
1. 4.	25°10′	14°43′	4° 5′	16°15′	24°17′
1. 7.	26°26′	14°21′	8°47′	22°32′	17° 5′
1. 10.	28°35′	17°18′	8°45′	17°42′	18°16′
1937					
1. 1.	27°53′ ♋	18°57′ ♍	5°42′ ♉	17°21′ ♓	6°46′ ♑
1. 4.	26°31′	16°58′	7°56′	27°10′	24°21′
1. 7.	27°45′	16°29′	12°43′	4°55′ ♈	24°12′
1. 10.	29°56′	19°24′	12°59′	1°15′	17°56′
1938					
1. 1.	29°16′ ♋	21° 8′ ♍	9°51′ ♉	29° 9′ ♓	2°38′ ♒
1. 4.	27°53′	19°13′	11°48′	8°18′ ♈	23° 7′
1. 7.	29° 6′	18°38′	16°40′	17°17′	2° 6′ ♓
1. 10.	1°19′ ♌	21°30′	17°15′	15°11′	22°56′ ♒
1939					
1. 1.	0°40′ ♌	23°20′ ♍	14° 2′ ♉	11°30′ ♈	0°25′ ♓
1. 4.	29°15′ ♋	21°28′	15°42′	19°38′	21° 8′
1. 7.	0°26′ ♌	20°47′	20°37′	29°39′	7°28′ ♈
1. 10.	2°41′	23°35′	21°31′	29°25′	3°19′
1940					
1. 1.	2° 5′ ♌	25°31′ ♍	18°16′ ♉	24°26′ ♈	1° 9′ ♈
1. 4.	0°38′	23°41′	19°42′	1°23′ ♉	19°12′
1. 7.	1°47′	22°56′	24°38′	12° 4′	9°23′ ♉
1. 10.	4° 4′	25°43′	25°47′	13°45′	14°32′
1941					
1. 1.	3°32′ ♌	27°42′ ♍	22°31′ ♉	7°58′ ♉	5°40′ ♉
1. 4.	2° 2′	25°56′	23°39′	13°18′	17°15′
1. 7.	3° 9′	25° 5′	28°37′	24°24′	8° 6′ ♊
1. 10.	5°29′	27°48′	0° 5′ ♊	28°11′	21°18′
1942					
1. 1.	5° 1′ ♌	29°53′ ♍	26°50′ ♉	22° 6′ ♉	13°25′ ♊
1. 4.	3°28′	28°11′	27°40′	25°32′	15°56′
1. 7.	4°32′	27°14′	2°37′ ♊	6°43′ ♊	4°41′ ♋
1. 10.	6°56′	29°54′	4°24′	12°29′	22°26′

	☊	♆	♅	♄	♃
1943					
1. 1.	6°32′ ♌	2° 4′ ♎	1°10′ ♊	6°46′ ♊	21°34′ ♋
1. 4.	4°56′	0°25′	1°43′	8° 7′	15°48′
1. 7.	5°58′	29°23′ ♍	6°38′	19° 0′	0° 1′ ♌
1. 10.	8°23′	2° 0′ ♎	8°44′	26°33′	19°28′
1944					
1. 1.	8° 5′ ♌	4°15′ ♎	5°34′ ♊	21°52′ ♊	26°31′ ♌
1. 4.	6°26′	2°40′	5°49′	21° 9′	17°16′
1. 7.	7°26′	1°34′	10°41′	1°23′ ♋	25°10′
1. 10.	9°52′	4° 8′	13° 5′	10°18′	14°17′ ♍
1945					
1. 1.	9°40′ ♌	6°26′ ♎	9°58′ ♊	7° 3′ ♋	27°18′ ♍
1. 4.	7°58′	4°54′	9°56′	4°27′	20°16′
1. 7.	8°55′	3°43′	14°47′	13°38′	20°39′
1. 10.	11°23′	6°13′	17°26′	23°41′	7°46′ ♎
1946					
1. 1.	11°16′ ♌	8°36′ ♎	14°26′ ♊	22°21′ ♋	24°48′ ♎
1. 4.	9°32′	7°10′	14° 5′	18° 4′	24° 0′
1. 7.	10°24′	5°53′	18°50′	25°48′	17°50′
1. 10.	12°54′	8°20′	21°47′	6°37′ ♌	1° 9′ ♏
1947					
1. 1.	12°53′ ♌	10°47′ ♎	18°57′ ♊	7°23′ ♌	20°21′ ♏
1. 4.	11° 5′	9°25′	18°17′	1°58′	27° 6′
1. 7.	11°54′	8° 4′	22°56′	7°58′	18° 2′
1. 10.	14°28′	10°25′	26°11′	19° 8′	25°30′
1948					
1. 1.	14°31′ ♌	12°56′ ♎	23°30′ ♊	21°59′ ♌	15° 8′ ♐
1. 4.	12°42′	11°38′	22°32′	16° 0′	28°37′
1. 7.	13°28′	10°14′	27° 6′	20°13′	22° 7′
1. 10.	16° 2′	12°32′	0°34′ ♋	1°22′ ♍	22°12′
1949					
1. 1.	16° 8′ ♌	15° 7′ ♎	28° 3′ ♊	5°59′ ♍	10°23′ ♑
1. 4.	14°19′	13°54′	26°50′	0° 7′	28°32′
1. 7.	15° 1′	12°24′	1°15′ ♋	2°18′	29°39′
1. 10.	17°38′	14°38′	4°59′	13° 7′	22°35′
1950					
1. 1.	17°49′ ♌	17°16′ ♎	2°41′ ♋	19°26′ ♍	6°30′ ♒
1. 4.	15°58′	16° 8′	1° 9′	14°12′	27°12′
1. 7.	16°37′	14°35′	5°24′	14°23′	7°26′
1. 10.	19°18′	16°43′	9°23′	24°32′	28°30′
1951					
1. 1.	19°30′ ♌	19°26′ ♎	7°22′ ♋	2°15′ ♎	4°42′ ♓
1. 4.	17°38′	18°23′	5°32′	28° 6′ ♍	25°13′
1. 7.	18°16′	16°46′	9°36′	26°27′	12°19′ ♈
1. 10.	20°57′	18°51′	13°50′	5°41′ ♎	9°26′
1952					
1. 1.	21°13′ ♌	21°33′ ♎	12° 3′ ♋	14°28′ ♎	5°57′ ♈
1. 4.	19°20′	20°36′	9°59′	11°39′	23°19′
1. 7.	19°53′	18°56′	13°53′	8°32′	13°45′ ♉
1. 10.	22°42′	20°56′	18°16′	16°41′	20°14′

	☊	♆	♅	♄	♃
1953					
1. 1.	22°55′ ♌	23°42′ ♎	16°45′ ♋	26°14′ ♎	11° 0′ ♉
1. 4.	21°00′	22°50′	14°28′	24°58′	21°24′
1. 7.	21°32′	21° 6′	18° 9′	20°35′	12° 7′ ♊
1. 10.	24°22′	23° 1′	22°48′	27°26′	26° 9′
1954					
1. 1.	24°38′ ♌	25°48′ ♎	21°31′ ♋	7°29′ ♏	19° 1′ ♊
1. 4.	22°43′	25° 5′	19° 1′	7°53′	20°12′
1. 7.	23°11′	23°18′	22°25′	2°40′	8°27′ ♋
1. 10.	26° 3′	25° 7′	27°13′	8° 1′	26°34′
1955					
1. 1.	26°27′ ♌	28° 0′ ♎	26°20′ ♋	18°20′ ♏	26°50′ ♋
1. 4.	24°31′	27°19′	23°36′	20°24′	20°15′
1. 7.	24°55′	25°28′	26°44′	14°46′	3°39′ ♌
1. 10.	27°48′	27°13′	1°41′ ♌	18°32′	23°10′
1956					
1. 1.	28°16′ ♌	0° 9′ ♏	1° 9′ ♌	28°53′ ♏	1°11′ ♍
1. 4.	26°19′	29°32′ ♎	28°14′ ♋	2°30′ ♐	21°55′ ♌
1. 7.	26°41′	27°40′	1° 9′ ♌	26°50′ ♏	28°48′
1. 10.	29°34′	29°19′	6°12′	29° 7′	17°44′ ♍
1957					
1. 1.	0°11′ ♍	2°18′ ♏	5°57′ ♌	9°18′ ♐	1°26′ ♎
1. 4.	28°13′ ♌	1°47′	2°55′	14°15′	25° 5′ ♍
1. 7.	28°32′	29°52′ ♎	5°31′	9° 1′	24°27′
1. 10.	1°25′ ♍	1°26′ ♏	10°40′	9°38′	11° 8′ ♎
1958					
1. 1.	2° 6′ ♍	4°26′ ♏	10°48′ ♌	19°26′ ♐	28°35′ ♎
1. 4.	0° 8′	4° 1′	7°38′	25°42′	28°49′
1. 7.	0°22′	2° 4′	9°54′	21°11′	21°58′
1. 10.	3°16′	3°32′	15° 9′	20°14′	4°36′ ♏
1959					
1. 1.	4°00′ ♍	6°34′ ♏	15°40′ ♌	29°29′ ♐	23°59′ ♏
1. 4.	2° 1′	6°15′	12°23′	6°51′ ♑	1°43′ ♐
1. 7.	2°11′	4°16′	14°19′	3°24′	22°41′ ♏
1. 10.	5° 7′	5°38′	19°39′	1° 1′	29°12′
1960					
1. 1.	6° 1′ ♍	8°43′ ♏	20°32′ ♌	9°28′ ♑	18°45′ ♐
1. 4.	4° 2′	8°28′	17°10′	17°51′	3° 3′ ♑
1. 7.	4° 7′	6°27′	18°50′	15°35′	27°22′ ♐
1. 10.	7° 3′	7°45′	24°11′	12° 1′	26°21′
1961					
1. 1.	8° 0′ ♍	10°51′ ♏	25°23′ ♌	19°35′ ♑	14° 5′ ♑
1. 4.	6° 2′	10°43′	22° 1′	28°40′	2°46′ ♒
1. 7.	6° 1′	8°39′	23°18′	27°52′	5°11′
1. 10.	8°51′	9°50′	28°40′	23°15′	27°24′ ♑
1962					
1. 1.	10° 1′ ♍	12°57′ ♏	0°15′ ♍	29°41′ ♑	10°28′ ♒
1. 4.	8° 3′	12°56′	26°53′ ♌	9°22′ ♒	1°18′ ♓
1. 7.	7°57′	10°51′	27°48′	10°11′	12°41′
1. 10.	10°48′	11°56′	3° 9′ ♍	4°49′	4° 8′

	♇	♆	♅	♄	♃
1963					
1. 1.	12° 5′ ♍	15° 5′ ♏	5° 5′ ♍	9°56′ ♒	9° 0′ ♓
1. 4.	10° 8′	15°10′	1°47′	20° 2′	29°15′
1. 7.	9°57′	13° 3′	2°20′	22°31′	17° 2′ ♈
1. 10.	12°48′	14° 2′	7°38′	16°48′	15°27′
1964					
1. 1.	14°10′ ♍	17°11′ ♏	9°58′ ♍	20°25′ ♒	10°44′ ♈
1. 4.	12°13′	17°22′	6°41′	0°49′ ♓	27°19′
1. 7.	11°59′	15°15′	6°56′	4°50′	17°58′ ♉
1. 10.	14°50′	16°10′	12°10′	29°11′ ♒	25°42′
1965					
1. 1.	16°17′ ♍	19°20′ ♏	14°47′ ♍	1°18′ ♓	16°16′ ♉
1. 4.	14°22′	19°36′	11°38′	11°35′	25°27′
1. 7.	14° 2′	17°27′	11°31′	17°13′	15°57′ ♊
1. 10.	16°52′	18°16′	16°39′	12° 4′	0°44′ ♋
1966					
1. 1.	18°26′ ♍	21°26′ ♏	19°37′ ♍	12°26′ ♓	24°26′ ♊
1. 4.	16°33′	21°49′	16°37′	22°27′	24°21′
1. 7.	16° 7′	19°40′	16° 8′	29°36′	12° 4′ ♋
1. 10.	18°57′	20°22′	21° 8′	25°24′	0°30′ ♌
1967					
1. 1.	20°38′ ♍	23°32′ ♏	24°26′ ♍	24° 1′ ♓	1°56′ ♌
1. 4.	18°46′	24° 2′	21°36′	3°29′ ♈	24°36′ ♋
1. 7.	18°14′	21°53′	20°46′	11°58′	7°11′ ♌
1. 10.	21° 4′	22°28′	25°37′	9°10′	26°43′
1968					
1. 1.	22°51′ ♍	25°38′ ♏	29°13′ ♍	6° 7′ ♈	5°42′ ♍
1. 4.	21° 1′	26°14′	26°34′	14°51′	26°31′ ♌
1. 7.	20°25′	24° 4′	25°27′	24°24′	2°22′ ♍
1. 10.	23°14′	24°36′	0° 9′ ♎	23°12′	21° 7′
1969					
1. 1.	25° 6′ ♍	27°47′ ♏	3°59′ ♎	18°48′ ♈	5°27′ ♎
1. 4.	23°19′	28°27′	1°34′	26°20′	29°52′ ♍
1. 7.	22°37′	26°18′	0° 7′	6°46′ ♉	28°14′
1. 10.	25°24′	26°42′	4°37′	7°34′	14°29′ ♎
1970					
1. 1.	27°23′ ♍	29°53′ ♏	8°43′ ♎	2° 4′ ♉	2°20′ ♍
1. 4.	25°39′	0°40′ ♐	6°35′	8° 7′	3°36′
1. 7.	24°51′	28°32′ ♏	4°48′	19° 7′	26° 9′ ♎
1. 10.	27°36′	28°49′	9° 4′	22° 1′	8° 3′ ♏
1971					
1. 1.	29°42′ ♍	2°00′ ♐	13°25′ ♎	15°57′ ♉	27°35′ ♏
1. 4.	28° 2′	2°53′	11°34′	20°13′	6°21′ ♐
1. 7.	27° 8′	0°45′	9°31′	1°26′ ♊	27°27′ ♏
1. 10.	29°51′	0°57′	13°31′	6°24′	2°55′ ♐
1972					
1. 1.	2° 3′ ♎	4° 6′ ♐	18° 5′ ♎	0°25′ ♊	22°21′ ♐
1. 4.	0°25′	5° 5′	16°30′	2°46′	7°26′ ♑
1. 7.	29°26′ ♍	2°58′	14°14′	13°51′	2°40′
1. 10.	2° 9′ ♎	3° 6′	18° 1′	20°36′	0°32′

1973	♇	♆	♅	♄	♃
1. 1.	4°25′ ♎	6°14′ ♐	22°45′ ♎	15°18′ ♊	17°49′ ♑
1. 4.	2°51′	7°18′	21°28′	15°34′	6°56′ ♒
1. 7.	1°46′	5°12′	18°57′	26° 8′	10°39′
1. 10.	4°25′	5°13′	22°26′	4°31′ ♋	2°18′
1974					
1. 1.	6°49′ ♎	8°20′ ♐	27°20′ ♎	0°32′ ♋	14°25′ ♒
1. 4.	5°19′	9°31′	26°23′	28°44′ ♊	5°20′ ♓
1. 7.	4° 8′	7°26′	23°40′	8°24′ ♋	17°48′
1. 10.	6°44′	7°20′	26°51′	18° 3′	9°48′
1975					
1. 1.	9°13′ ♎	10°26′ ♐	1°53′ ♏	15°52′ ♋	13°19′ ♓
1. 4.	7°49′	11°43′	1°17′	12°14′	3°13′ ♈
1. 7.	6°32′	9°40′	28°22′ ♎	20°37′	21°36′
1. 10.	9° 4′	9°28′	1°14′ ♏	1°11′ ♌	21°20′
1976					
1. 1.	11°39′ ♎	12°32′ ♐	6°23′ ♏	1° 4′ ♌	15°32′ ♈
1. 4.	10°19′	13°54′	6° 6′	26° 3′ ♋	1°17′ ♉
1. 7.	8°58′	11°53′	3° 5′	2°56′ ♌	22° 6′
1. 10.	11°27′	11°36′	5°40′	13°59′	1° 0′ ♊
1977					
1. 1.	14° 7′ ♎	14°39′ ♐	10°53′ ♏	15°50′ ♌	21°32′ ♉
1. 4.	12°52′	16° 6′	10°56′	10° 3′	29°29′
1. 7.	11°25′	14° 7′	7°47′	15° 5′	19°46′ ♊
1. 10.	13°50′	13°44′	10° 2′	26°17′	5°15′ ♋
1978					
1. 1.	16°36′ ♎	16°45′ ♐	15°19′ ♏	0°10′ ♍	29°52′ ♊
1. 4.	15°27′	18°17′	15°43′	24°11′ ♌	28°34′
1. 7.	13°55′	16°21′	12°30′	27°13′	15°42′ ♋
1. 10.	16°14′	15°52′	14°23′	8°13′ ♍	4°26′ ♌
1979					
1. 1.	19° 5′ ♎	18°50′ ♐	19°42′ ♏	13°53′ ♍	7°00′ ♌
1. 4.	18° 3′	20°29′	20°28′	8°19′	29° 4′ ♋
1. 7.	16°26′	18°35′	17°11′	9°20′	10°46′ ♌
1. 10.	18°40′	18° 0′	18°44′	19°47′	0°18′ ♍
1980					
1. 1.	21°36′ ♎	20°55′ ♐	24° 3′ ♏	26°59′ ♍	10°12′ ♍
1. 4.	20°39′	22°40′	25° 8′	22°16′	1°14′
1. 7.	18°58′	20°48′	21°51′	21°29′	6° 3′
1. 10.	21° 9′	20° 9′	23° 6′	1°11′ ♎	24°33′
1981					
1. 1.	24° 9′ ♎	23° 4′ ♐	28°25′ ♏	9°30′ ♎	9°30′ ♎
1. 4.	23°17′	24°51′	29°48′	6° 3′	4°45′
1. 7.	21°32′	23° 3′	26°32′	3°34′	2° 8′
1. 10.	23°37′	22°18′	27°26′	12°12′	17°54′
1982					
1. 1.	26°41′ ♎	25° 9′ ♐	2°42′ ♐	21°27′ ♎	6° 5′ ♏
1. 4.	25°57′	27° 3′	4°25′	19°32′	8°25′
1. 7.	24° 7′	25°17′	1°12′	15°38′	0°27′
1. 10.	26° 5′	24°27′	1°44′	23° 9′	11°35′

Name	Geb.-Tag				
Geb.-Ort	Geb.-Zeit h m	Sternzeit	h	m	s
Geogr. Länge	Ortszeit h m	+/− Ortszeit	h	m	s
		+/− Korrekt.	h	m	s
Geogr. Breite	Greenwich Weltzeit h m	Stzt. der Geb.	h	m	s

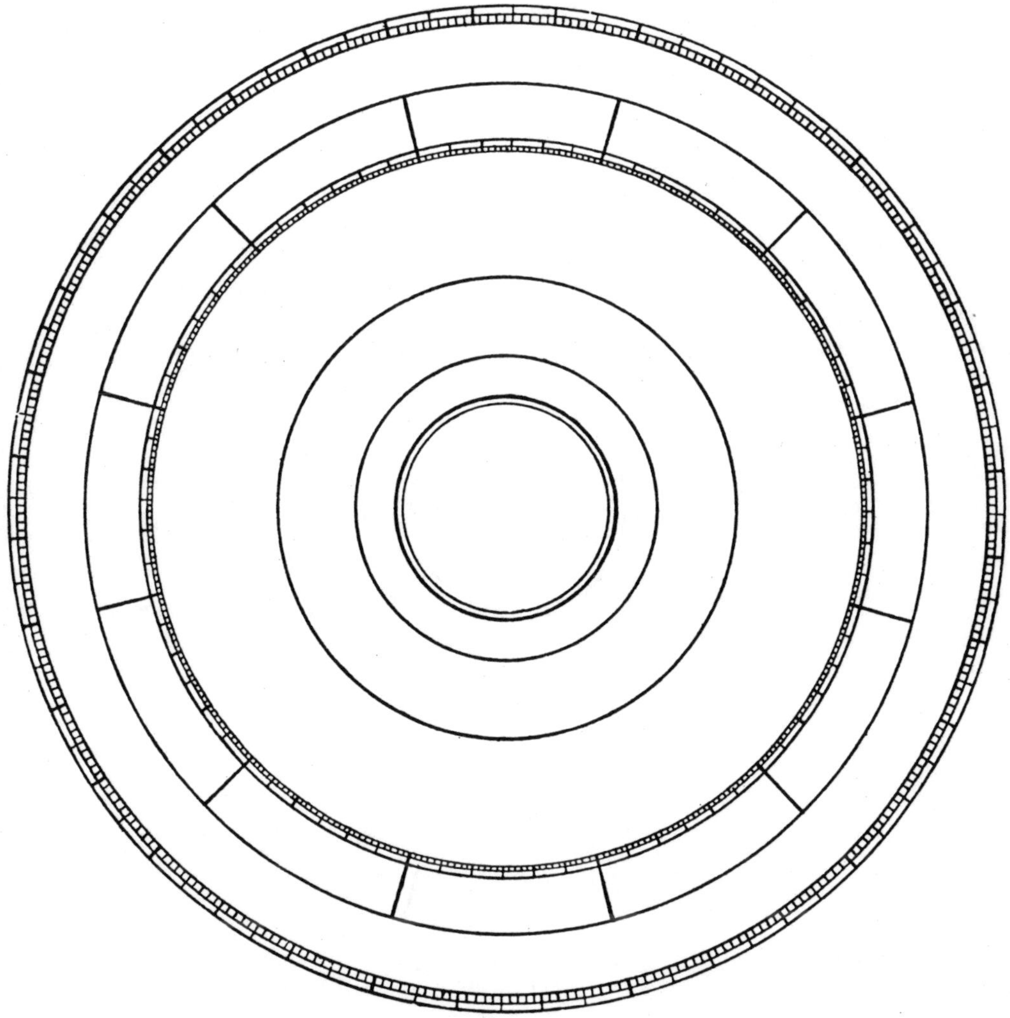

Planetenstände			Aspekte	Halbsummen
☉	0	'		
☾	0	'		
☿	0	'		
♀	0	'		
♂	0	'		
♃	0	'		
♄	0	'		
♅	0	'		
♆	0	'		
♇	0	'		
☊	0	'		
	0	'		

Häuser	
MC	Asc
XI	II
XII	III
Verteilung der Gestirne	
üb. d. Horizont	
unt. d. Horizont	
Osthälfte	
Westhälfte	
Feuer	Kard.
Erde	Fest.
Luft	Veränd.
Wasser	

BH 17,5 Ebertin-Verlag Aalen

Name	Geb.-Tag				
Geb.-Ort	Geb.-Zeit h m	Sternzeit	h	m	s
		+/− Ortszeit	h	m	s
Geogr. Länge	Ortszeit h m	+/− Korrekt.	h	m	s
Geogr. Breite	Greenwich Weltzeit h m	Stzt. der Geb.	h	m	s

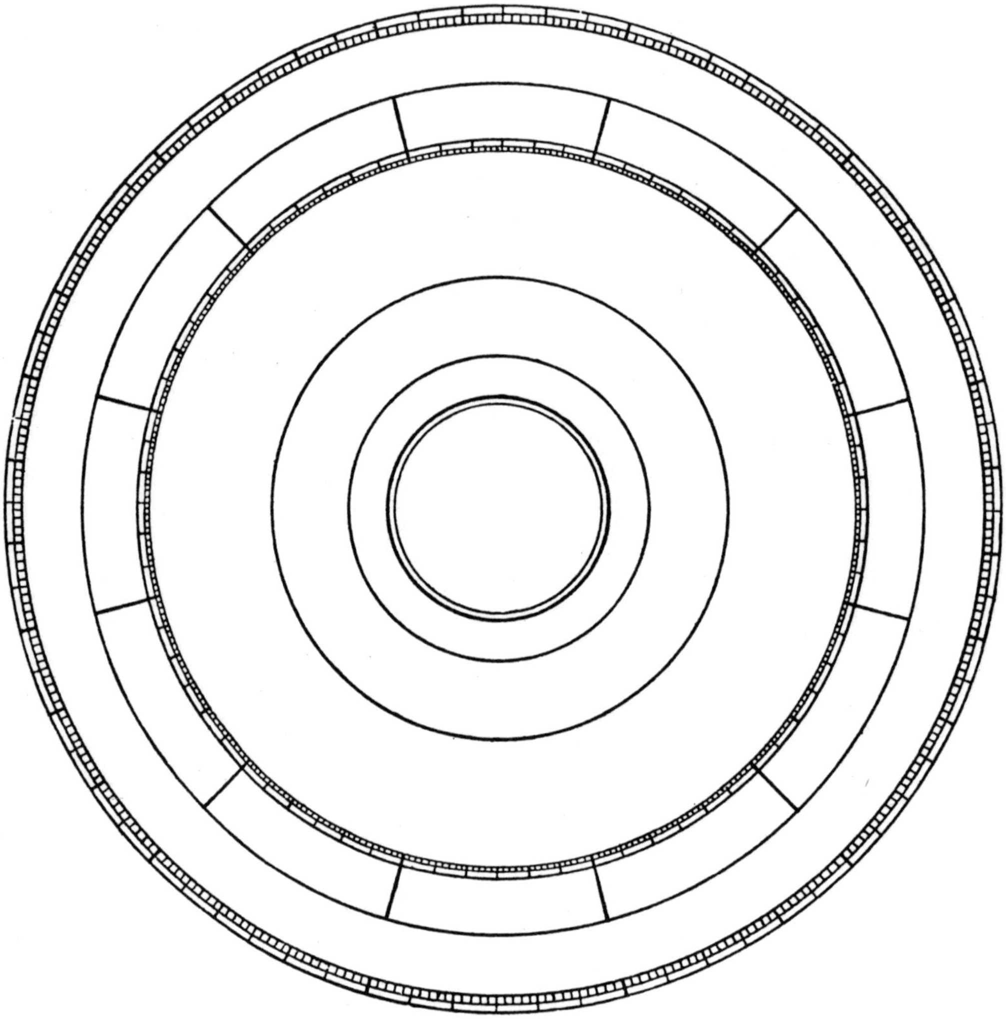

Planetenstände		Aspekte	Halbsummen	Häuser	
☉	0 '			MC	Asc
☾	0 '			XI	II
☿	0 '			XII	III
♀	0 '			Verteilung der Gestirne	
♂	0 '			üb. d. Horizont	
♃	0 '			unt. d. Horizont	
♄	0 '			Osthälfte	
♅	0 '			Westhälfte	
♆	0 '			Feuer	Kard.
♇	0 '			Erde	Fest.
☊	0 '			Luft	Veränd.
	0 '			Wasser	

BH 17,5 Ebertin-Verlag Aalen

Name	Geb.-Tag	
Geb.-Ort	Geb.-Zeit h m	Sternzeit h m s
Geogr. Länge	Ortszeit h m	+/− Ortszeit h m s +/− Korrekt. h m s
Geogr. Breite	Greenwich Weltzeit h m	Stzt. der Geb. h m s

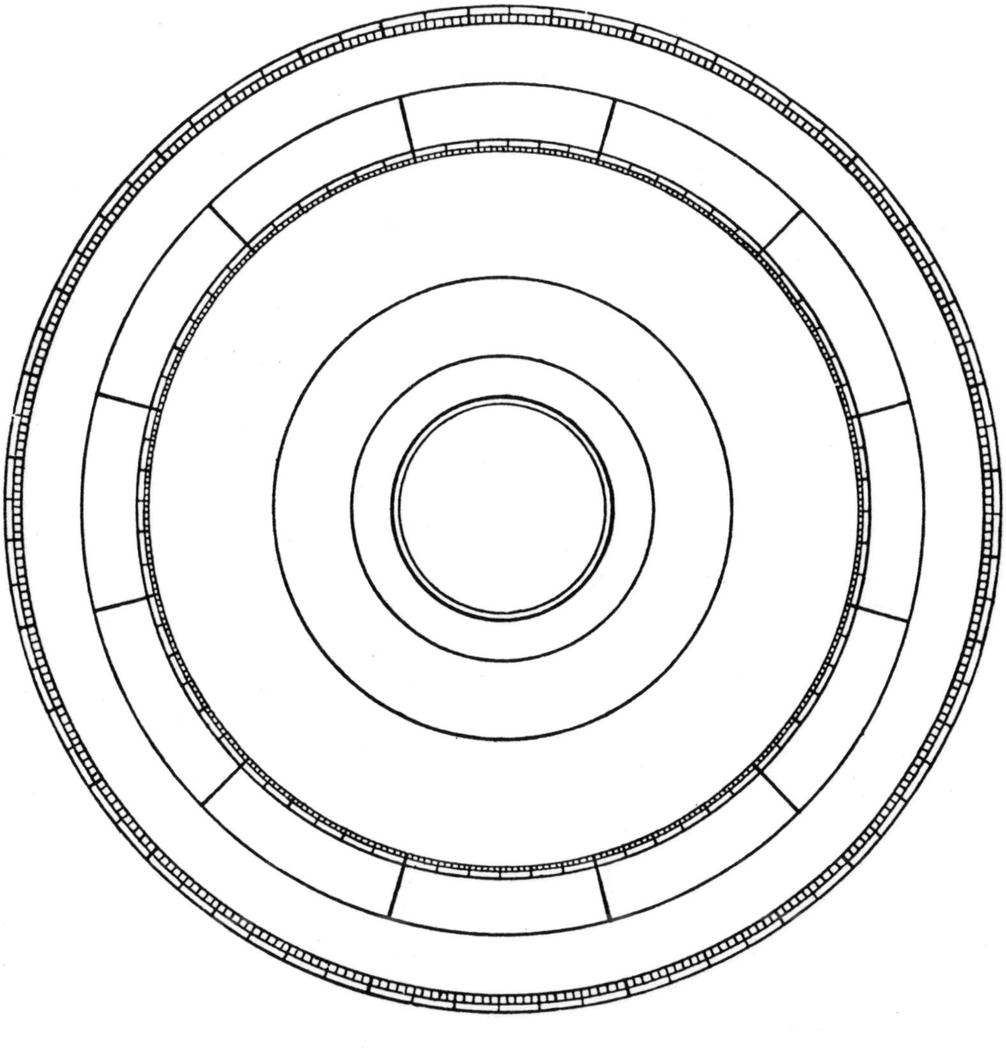

	Planetenstände	Aspekte	Halbsummen	Häuser	
☉	0 '			MC	Asc
☾	0 '			XI	II
☿	0 '			XII	III
♀	0 '			Verteilung der Gestirne	
♂	0 '			üb. d. Horizont	
♃	0 '			unt. d. Horizont	
♄	0 '			Osthälfte	
♅	0 '			Westhälfte	
♆	0 '			Feuer	Kard.
♇	0 '			Erde	Fest.
☊	0 '			Luft	Veränd.
	0 '			Wasser	

BH 17,5 Ebertin-Verlag Aalen

Name	Geb.-Tag	
Geb.-Ort	Geb.-Zeit h m	Sternzeit h m s
		+/– Ortszeit h m s
Geogr. Länge	Ortszeit h m	+/– Korrekt. h m s
Geogr. Breite	Greenwich Weltzeit h m	Stzt. der Geb. h m s

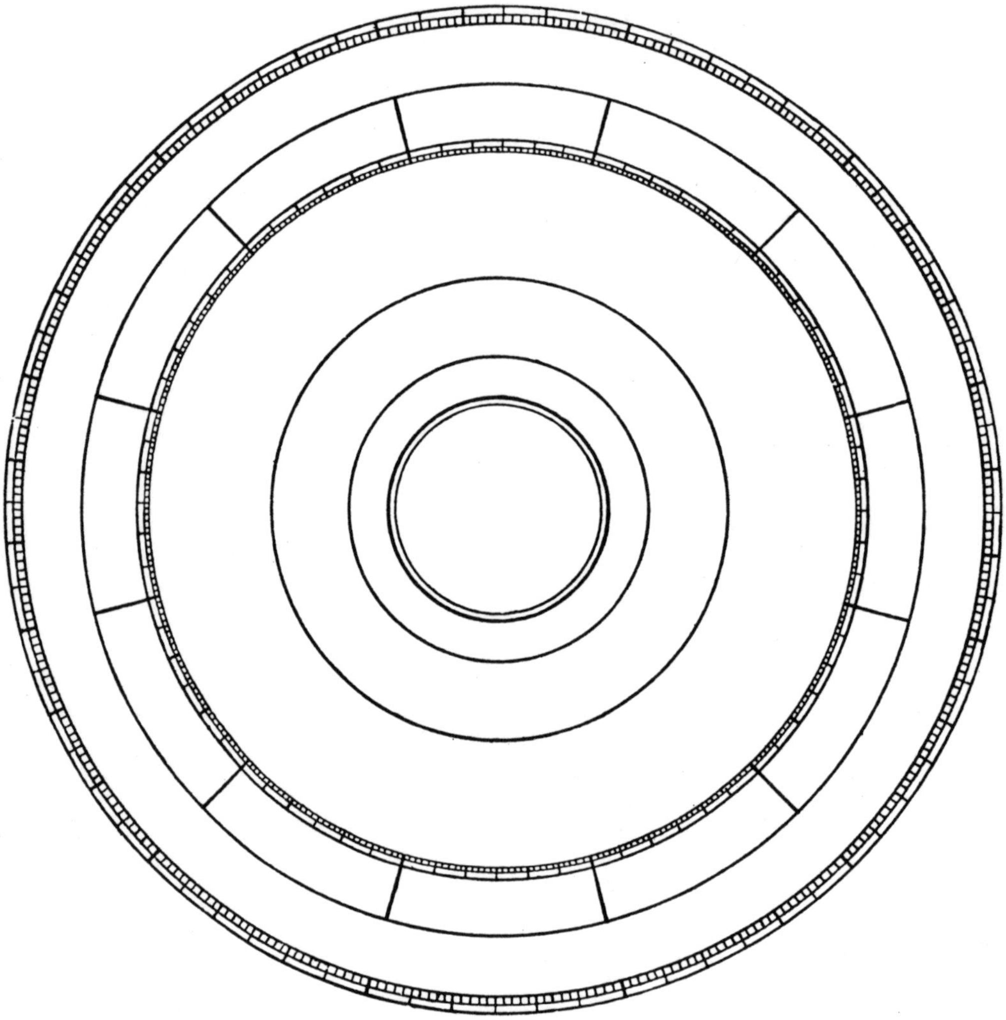

	Planetenstände	Aspekte	Halbsummen	Häuser	
☉	0 '			MC	Asc
☾	0 '			XI	II
☿	0 '			XII	III
♀	0 '			Verteilung der Gestirne	
♂	0 '			üb. d. Horizont	
♃	0 '			unt. d. Horizont	
♄	0 '			Osthälfte	
♅	0 '			Westhälfte	
♆	0 '			Feuer	Kard.
♇	0 '			Erde	Fest.
☊	0 '			Luft	Veränd.
	0 '			Wasser	

BH 17,5 Ebertin-Verlag Aalen

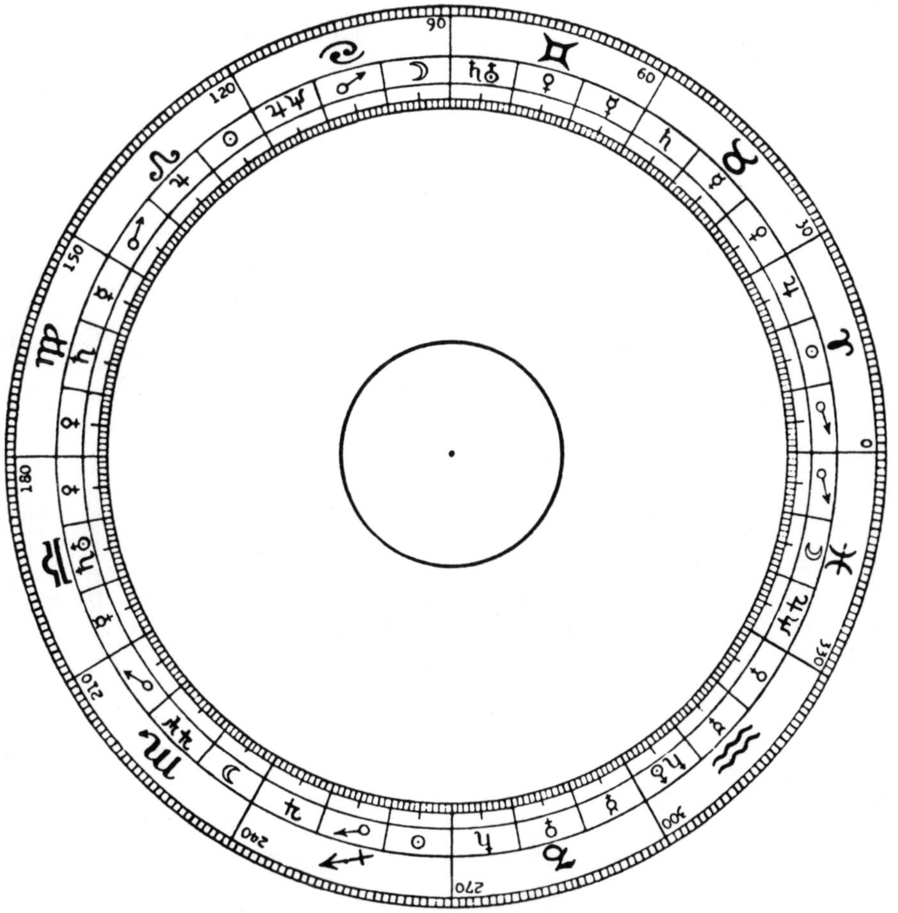

0
30
60
90
120
150
180
210
240
270
300
330

	♈	♉	♊	♋	♌	♍	♎	♏	♐	♑	♒	♓

	♈	♉	♊	♋	♌	♍	♎	♏	♐	♑	♒	♓

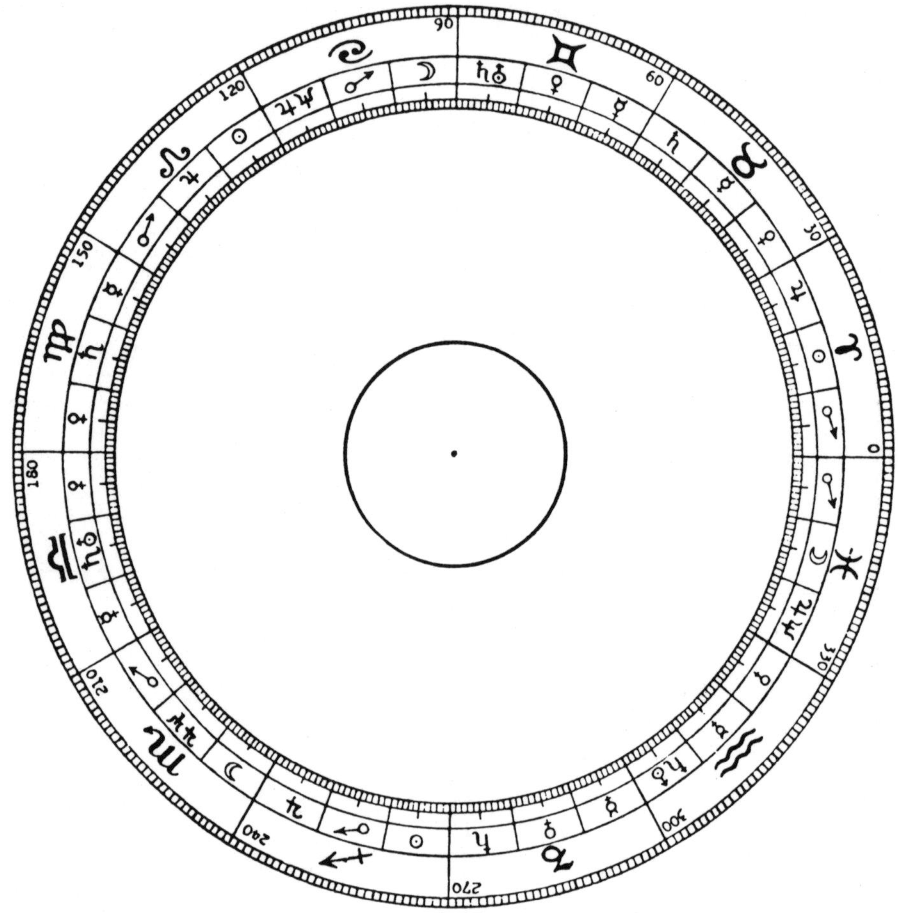
0
30
60
90
120
150
180
210
240
270
300
330

Bibliographie

Dalton, Joseph G., *Dalton's Tables of Houses: Spherical Basis of Astrology,* Macoy Publishing and Masonic Supply Company, Richmond, Virginia, 1975

Dernay, Eugene, *Longitudes and Latitudes in the United States,* National Astrological Library, Washington, D. C., 1945

Longitudes and Latitudes Throughout the World, National Astrological Library, Washington, D. C., 1948

Die Deutsche Ephemeride, Bd. I–VII, O. W. Barth Verlag, München

Doane, Doris Chase, *Time Changes in the USA,* The Church of Light, Los Angeles, 1966

Time Changes in the World (Except, Canada, Mexico, USA), Professional Astrologers Incorporated, Hollywood, Cal., 1971

Time Changes in Canada and Mexico, The Church of Light, Los Angeles, 1968

Ebertin, Reinhold, *Hilfstabellen zur Berechnung der Gestirnstände,* Ebertin-Verlag, Aalen, 1971 (heute Freiburg)

Ebertin, R., *Transite – Deutung von Gestirnkonstellationen,* Ebertin-Verlag, Freiburg

Greene, Liz, *Kosmos und Seele,* Wolfgang Krüger Verlag, Frankfurt/M., 1978

Grimm, A. M. und Hoffmann, G., *Die geographischen Positionen Europas,* Ebertin-Verlag, Aalen, 1971 (heute Freiburg)

Hausmann, Hans, *Weltzeit-Tabelle zur Umwandlung von Zeitangaben nach bürgerlicher Normalzeit in Weltzeit und umgekehrt,* Ebertin-Verlag, Aalen (heute Freiburg), 1965

Jones, Marc Edmund, *The Guide to Horoscope Interpretation,* Sabian Publishing Society, New York, 1961

Koch, W. A. und Schäck, E., *Häusertabellen des Geburtsortes für die nördlichen Breiten 45° bis 56° bei einer Ekliptikschiefe von 23° 27' 00,* Verlag E. Schäck, Neunkirchen/Saar, 1962

Pronay, Alexander von, *Das große Transitbuch,* Rohm-Verlag, Bietigheim, 1977

Pronay, A. v., *Die große Partnerschaftsanalyse,* Rohm-Verlag, Bietigheim, 1979

Raphael, *Raphael's Astronomical Ephemeris of the Planet's Places,* W. Foulsham and Company, Ltd., London, New York, Toronto, Cape Town, Sydney. Erscheint jährlich.

Vore, Nicholas de, *Encyclopedia of Astrology,* Philosophical Library, Incorporated, New York, 1947

Bildquellen

Wir danken folgenden Verlagen für die freundliche Genehmigung, die nachstehend erwähnten astrologischen Arbeitsformulare und Tabellen abbilden zu dürfen:

O. W. Barth, Verlag, München: Abb. 45

Baumgartner-Verlag, Schnega-Warpke: Abb. 1, 2, 3, 4, 7, 15, 16, 17, 40

Ebertin-Verlag, Freiburg: Abb. 6, 34, 37, 41, 42, 44, 47, 48, 58, 59

Verlag E. Schäck, Neunkirchen/Saar: Abb. 46

Arbeitsgemeinschaften und Seminare

Wenn Ihnen dieses Buch Freude gemacht hat und Sie gerne mit anderen Erfahrungen austauschen wollen: In vielen Städten der Bundesrepublik bestehen astrologische Arbeitsgemeinschaften, z. B. in Bensheim, Berlin, Celle, Erlangen, Essen, Frankfurt, Hamburg, Heidelberg, Köln, Mannheim, München, Neu-Isenburg, Nürnberg, Reutlingen, Stuttgart sowie in Genf, Kreuzlingen und Zürich in der Schweiz.

Wochenend-Intensiv-Seminare für Anfänger und Fortgeschrittene finden in Frankfurt, Heidelberg und München statt.

Nähere Auskünfte über die Adressen der Arbeitsgemeinschaften und Seminare erteilt Astro-Daten, Postfach 10-5661, D 6900 Heidelberg kostenfrei gegen adressierten Freiumschlag.

Index